海高校服务国家重大战略
出版工程资助项目

教育部人文社会科学研究规划基金
“多元主体参与的高职院校现代教育治理体系研究”(14YJA880051)项目研究成果

高职院校现代教育治理体系建设的理论与实践

罗尧成 著

上海科学技术文献出版社
Shanghai Scientific and Technological Literature Press

图书在版编目（CIP）数据

高职院校现代教育治理体系建设的理论与实践 / 罗尧成著．
—上海：上海科学技术文献出版社，2020
出版传媒教育改革与前沿理论出版工程
ISBN 978-7-5439-8192-8

Ⅰ．① 高…　Ⅱ．①罗…　Ⅲ．①高等职业教育—教育管理—研究—中国　Ⅳ．① G719.2

中国版本图书馆 CIP 数据核字 (2020) 第 195021 号

上海高校服务国家重大战略出版工程资助项目

责任编辑：孙　嘉
封面设计：袁　力

高职院校现代教育治理体系建设的理论与实践
GAOZHI YUANXIAO XIANDAI JIAOYU ZHILI TIXI JIANSHE DE LILUN YU SHIJIAN
罗尧成　著
出版发行：上海科学技术文献出版社
地　　址：上海市长乐路 746 号
邮政编码：200040
经　　销：全国新华书店
印　　刷：常熟市人民印刷有限公司
开　　本：650mm×900mm　1/16
印　　张：20.5
字　　数：265 000
版　　次：2021 年 5 月第 1 版　2021 年 5 月第 1 次印刷
书　　号：ISBN 978-7-5439-8192-8
定　　价：68.00 元
http://www.sstlp.com

“出版传媒教育改革与前沿理论出版工程”总序

文化发展战略不仅关系到中国特色社会主义事业“五位一体”的整体布局，也关系到中国社会的文明进步和中华民族的伟大复兴。现阶段重点是提高我国文化整体实力和竞争力，推动文化事业全面繁荣、文化产业快速发展，实现建成社会主义文化强国的宏伟目标。这也是新的历史时期特别是“十三五”期间我国文化发展的方向。上海出版印刷高等专科学校积极参与国家的文化发展战略，申报并获批建设“出版传媒教育改革与前沿理论”上海高校服务国家重大战略出版工程项目，这是一个重大机遇。该项目建设对于推进学校的教育教学改革、提高人才培养质量、提升教师科技服务能力、推进学科专业建设、促进出版传媒业转型升级、建设区域文化高地，都具有重要意义。

“出版传媒教育改革与前沿理论”重大战略出版工程项目首批由五本专著构成，包括两本高职教育改革专著和三本出版传媒学科理论探索论著，选题围绕学术研究的热点问题展开，体现了实践前沿和学科专业领域理论前沿的研究成果。著者均具有博士学位和较好的学养，是相关管理实践与理论研究领域的专家。专著的成稿还基于教育部人文社科研究项目、上海市教委科研创新重点项目以及博士后研究项目的支持，有效地保障了该工程的出版质量，实际上是多课题研究的集大成者。

专著《国家骨干高职院校建设的理论与实践》围绕师资建设、校企合作、专业建设、社会服务、教学改革、管理改革等主题，对国内骨干高职院校建设的理论与实践研究进行了充分论述，并重点分析了上海出版印刷高等专科学校国家骨干高职院校建设取得优异成绩的经验与特色，提出了我国重点高职院校后骨干建设时期的改革建议，为提升高校办学水平、更好地促进人才培养提供了有价值的指导。

专著《高职院校现代教育治理体系建设的理论与实践》针对"多元参与"这一高职院校现代教育治理体系建设特征，分析了高职院校现代教育治理体系建设的目标指向与运行机制、学校章程建设、人才培养改革、师生权益保障、国内外经验，剖析了上海出版印刷高等专科学校作为上海唯一一所实施现代大学制度建设试点的高职院校的改革探索经验，为高职院校教育治理结构的优化、人才培养质量的提升提供了有益借鉴。

专著《网络危机舆情演化仿真与沟通问题研究》针对新媒体环境下危机沟通的研究主题，聚焦互联网空间中无组织异质群体对危机事件的感知行为，探讨了网络危机舆情热点的形成及演变机制，从复杂适应系统的视角入手，对网络危机舆情演变进行多主体建模仿真研究，采取情景模拟、系统参数空间搜索等方法对模型进行分析，结合仿真方法及案例分析，研究成果能为组织在危机状态下的沟通策略提供决策依据。

专著《图书在线评论对销售绩效的影响机制研究》针对大数据背景下线上图书消费者的购买行为特征，采用在线评论文本挖掘方法和计量统计模型等，分析了在线评论的不同维度特征对图书销售的知晓效应、说服效应影响，以及图书类型等其他因素对在线评论与销售绩效关系的调节效应影响，依据分析结论提出了图书在线评论营销策略，为出版企业进行市场洞察和制定营销策略提供有益的理论指导与实证依据。

专著《学术出版的知识服务研究》以用户的知识需求为切入点，在分析学术出版机构知识价值链、学术出版机构与用户之间的知识供应链、用户自身的知识价值链的基础上，设计构建了集知识管理、增值、服务为一体的学术知识营销服务平台，并评价论证出最优的功能模块、运行机制、支撑环境。从知识链的角度展开分析，为研究学术出版的价值，增强学术出版知识服务的可行性、有效性提供了有价值的参考。

根据出版传媒业转型发展对于学校科技服务及人才培养提出的新要求，上海出版印刷高等专科学校当前正在推进以提升办学层次、建设“特色性应用技术型本科院校”为目标的改革实践。“出版传媒教育改革与前沿理论”重大战略出版工程项目的实施，是学校开展相关改革探索的重要载体，也是深化理论研究的平台。衷心希望上海出版印刷高等专科学校通过承接国家和上海市更多的类似项目，加强教育改革深层次问题研究，推进行业发展共性与前沿问题的探索，营造更好的学术研究氛围，务实推动学校的师资建设、办学水平再上新台阶，为提高出版传媒人才培养质量，推动上海国际文化大都市建设，推动我国出版传媒业的转型升级做出新的更大贡献！

全国人民代表大会教育科学文化卫生委员会主任委员

柳斌杰

2016.4.6

前　言

现代教育治理体系的建立，是新时期我国高等职业教育打造“中国教育升级版”，真正承担起培养符合我国产业结构调整与转型发展需要的大批高素质技术技能型人才的关键。高职院校“完善科学规范的教育治理体系”的建立，不仅是实现高职院校自身可持续发展的需要，同时也是贯彻落实《中共中央关于全面深化改革若干重大问题的决定》《国务院办公厅关于深化产教融合的若干意见》及《中国教育现代化2035》等相关决议和政策文件提出的“加快现代职业教育体系建设，深化产教融合、校企合作”“推进教育治理体系和治理能力现代化”的有力举措。

当前，我国职业教育的改革发展迎来新契机，党的十九大报告做出了“中国特色社会主义进入了新时代”的重大判断；《国务院关于印发国家职业教育改革实施方案的通知》（国发〔2019〕4号）明确了“职业教育与普通教育是两种不同教育类型，具有同等重要地位”的职业教育新定位；2019年，“中国特色高水平高等职业学校和专业建设计划”（简称“双高计划”）正式实施。为了实现国家的职业教育改革发展战略目标，我国职业教育也面临着治理理念不够明晰、治理能力相对薄弱、治理体系不太健全、现代大学制度建设还有待完善等多方面的治理挑战。高等职业教育作为一种独立的教育类型，使得其现代教育治理体系的探讨不能依附于普通高校的相关研究进行。因此，在新时代，全面、系统、深入地开展高职院校现代教育治理体系建设研究，成为我国高等职业教育改革发展过程中的重要而紧迫的课题。

本书围绕“高职院校”“多元主体参与”和“治理体系建设”等关键词，以政府、行业企业、教师和学生等多元主体参与学校治理，以及学校治理组织结构的建设为主线，以国外高校多元主体参与治理的典型做法为借鉴，以多元主体参与治理的支持保障为落脚点，对我国高职院校现代教育治理体系建设进行了理论分析和实践探索，旨在为新时代多元主体参与我国高职院校现代教育治理体系的构建及改革实践提供相应指导。

在理论分析部分：基于研究背景和研究内容的阐释，对高职院校现代教育治理体系建设的相关概念、理论基础、目标要素及运行机制等内容进行了阐述；同时结合文献研究，分析了政府、行业企业、教师和学生四大主体在高职院校现代教育治理体系中的作用；此外，结合协同学理论，对多元主体参与高职院校治理的组织结构建设进行了论述。

在实践研究部分：开展了行业企业参与高职院校现代教育治理方式、内容等的调研；基于章程文本探究了公办高职院校政治权力组织、行政权力组织、学术权力组织、民主监督权力组织和校企合作治理组织等五类治理组织的设置现状、建设存在的问题；此外，还以案例形式研究了政府、行业企业、教师和学生四大主体参与高职院校治理的典型模式。

在比较借鉴部分：分析了美国社区学院董事会参与学院治理的特色内容，德国“双元制”职业教育模式下政府和行业企业参与职业教育治理的经验，澳大利亚政府和行业企业参与职业教育治理的做法，为国内高职院校现代教育治理体系的构建提供借鉴启示。

全书最后聚焦新时代高职院校现代教育治理体系建设的支持保障，提出了确立教育的法治理念与法治思维，完善章程为核心的制度体系建设，构建支持治理体系建设的统筹机制，推进高职院校的行政改制与机构建设等四个方面的举措思路。

本书系笔者承接的教育部人文社会科学研究规划基金“多元主体参与的高职院校现代教育治理体系研究”（14YJA880051）项目研究成果，其中部分章节内容已发表于《高校教育管理》《教育与职业》等学术期刊。项目实施期间，笔者所在单位上海出版印刷高等专科学校成为上海市教委首批现代大学制度建设试点高校。作为学校现代大学制度建设试点工作实施部门及全市七所试点院校工作平台的负责人，笔者将本课题研究与学校的现代大学制度建设试点工作进行有机结合，并推动了上海市教育委员会主编的《现代大学制度建设：理论与实践探索》的诞生。

上海出版印刷高等专科学校肖纲领，上海理工大学教育经济与管理专业研究生张紫辉、杨芳、李娟、侯凤飞、赵月月、黄娟、罗美玲等参与了部分章节的材料整理与初步撰写，研究生许宇飞、周蜜、彭若薇、庄敏、姚锦文、陈林等做了专著内容的校核工作，全书由罗尧成统稿。本书撰写过程中，参考了国内外诸多学者的相关研究成果，在此一并表示感谢！不当之处，敬请批评指正！

罗尧成

2021年4月

目　录

第一章
高职院校现代教育治理体系研究的背景与内容

开展多元主体参与的高职院校现代教育治理体系研究，有助于推进新时代高校治理的现代化，有助于高职院校集聚多方优质资源办学，进而推动高职教育的快速发展。本章在阐述研究背景与意义的基础上，界定了相关概念，同时对已有相关研究文献进行了梳理和述评，明确了全书的研究思路设计，阐述了全书的研究框架内容。

第一节　研究的背景与意义

党的十八届三中全会提出，我国全面深化改革的总目标是完善和发展中国特色社会主义制度，推进国家治理体系和治理能力现代化。自此，“治理”思想与理念逐渐进入我国社会发展的各个领域，成为国家“第五个现代化”的内容而得到社会各方的关注。在教育领域，教育治理体系与治理能力现代化，也成为此后较长时间内我国教育领域重要的发展目标。党的十九大报告再次重申了“完善和发展中国特色社会主义制度、推进国家治理体系和治理能力现代化”这一全面深化改革的总目标。开展多元主体参与高职院校现代教育治理体系研究，就是基于这一时代背景的价值方向选择。多元主体参与高职院校治理，也为高职院校集聚各方物质、信息等资源进行现代化提供了必要的保障。因此，这一主题研究具有重要的时代背景和现实意义。

一、助推国家治理能力与治理体系建设

国家治理体系由经济治理、政治治理、文化治理、社会治理、生态治理五大体系构成。教育领域的治理，与国家治理体系中的文化治理和社会治理息息相关。从长远来看，教育领域培养人才，就是为国家现代化治理提供必要的智力资源，因此推动教育领域的治理，就是为国家治理体系的建设与健全做贡献。研究多元主体参与高职院校治理体系建设，就是要研究高职院校不同的利益相关者如何通过民主协商形成合力，建设我国高等职业教育乃至高等教育的现代教育治理体系，这无疑能推动国家治理体系的建设。多元主体参与，既体现了人民民主专政的本质要求，又体现了人民群众参政议政权力的行使。多元主体参与的高校治理结构，是在推进“四个全面”战略布局、实现“两个一百年”目标与实现中华民族伟大复兴的中国梦背景下构建中国特色社会主义民主的必然要求①。因此，只有站在国家治理体系建设的高度审视多元主体参与高职院校现代教育治理体系建设，才能更全面、更深刻地把握该研究主题的时代和宏观价值。

二、推动新时代高等院校治理的现代化

治理现代化是当前我国各级各类教育发展的重要目标指向。在

① 王频，王好.基于多元主体参与的高校治理结构探析[J].学校党建与思想教育，2016(3)：71－73.

2018年1月举行的教育工作座谈会上，时任国务院副总理刘延东强调："要按照新时代、新思想、新矛盾对教育的新要求，瞄准社会主义现代化强国'两步走'目标，加强顶层设计，谋划各级各类教育发展战略，加快推进教育现代化。"[①]当前，我国高等教育步入改革深水区，各种问题和矛盾不断涌现，迫切要求我国高等教育努力实现治理能力现代化，通过治理能力的提升来化解这些矛盾和问题。总体而言，尽管我国高等教育治理能力的现代化水平不断提升，但国内不少高校仍然存在治理模式单一、治理体系不健全、治理结构不合理、运行机制不完善等诸多问题，亟须通过改革予以解决。高等院校普遍存在着治理能力不强的现状，而在高职院校中，这一状况更加明显。高等职业教育作为我国高等教育的重要组成部分，研究多元主体参与高职院校现代教育治理体系建设，就是要深入探究不同的利益相关主体如何有效参与高职院校治理，如何提高参与高职院校治理的效率和效能，从而有力推动我国高等教育解决教育综合改革面临的突出问题，推动我国高等教育治理的现代化，树立正确理念，建立健全各项制度，形成有序、高效的运行机制。

三、实现高职院校集聚多方面资源办学

高校的办学，涉及从学生培养、教学改革、科学研究到资源配置、后勤保障、社会服务、国际交流与文化传承等诸多内容，这些事项关涉到不同的利益相关主体，离不开各利益相关主体的积极参与。对于高职院校而言，其职能的有效发挥，也与各利益相关主体密切相关，尤其是推进高校治理现代化，提升高校治理能力，应汇聚各方智

① 刘延东.奋力谱写建设教育强国时代新篇章[N].人民日报，2018-01-26(02).

慧。高等职业教育既需要政府部门为其指明发展的政治方向，又需要其给予相应的财政经费投入保障，同时对其进行有效监督；作为高职院校开展校企合作、产教融合最核心主体的行业企业，更应该通过与高职院校的紧密合作，共同进行人才培养、科技研发，从而推进高职院校培养现代产业发展所需要的高素质技术技能型人才，同时推动企业技术更新和产品迭代。社会其他主体如第三方评价机构，则为现代高职院校的建设与发展提供外部评估信息反馈，助力高职院校进行自我诊改。高职院校内部的行政管理人员、广大教师和学生，与学校的改革发展更甚密切，既是高职院校发展的推动力，也是高职院校发展成果的享有者，与高职院校形成荣辱与共的局面。开展多元主体参与高职院校治理研究，就是要为多元主体和谐、高效地参与高职院校治理提供帮助，助推高职院校集中各类优势资源，实现治理的科学化、高效性。

第二节　主要概念内涵界定

本书的核心概念包括多元主体参与、现代教育治理体系、协同运行机制等。在开展相关研究前，对这些概念进行内涵界定，有利于研究的聚焦，对于科学地开展研究具有基础性作用。

一、多元主体参与

（一）参与

对“参与”这一概念，国内外有许多解释。国外早在古希腊政治学中就提出了“参与”的思想。在德国政治哲学家 V. 格哈特（Volker Gerhardt）看来，政治的根本原则是参与、代表和建构，其中参与是“政治的第一原则"[①]。德国学者冯·莫尔特克(H. von Moltke)认为"参与"即"对一持续的社会过程的组织活动,这一活动以组织中最低层次的人们愈来愈多地参与决策以及行动上愈来愈大的自主权为特征"。美国学校管理和组织行为学领域的专家罗伯特·欧文斯(Robert G. Owens)对"参与"做了比较明晰的界定:"参与是个人思想和感情都投入一种鼓励个人为团队目标做出贡献、分担责任的团队环境之中。参与是思想和感情的投入。它是名副其实的投入,而不仅仅是在管理中摆摆样子和走走过场。这样的投入极大地激励了参与者,从而发挥他们的主动性、创造性和积极性。"[②]

"参与"一词,在现代汉语中的意思为参加其事等。国内一些书籍对参与的内涵进行了界定,如《现代汉语词典》将"参与"解释为:"参加(事务的计划、讨论、处理)。"而在《简明国际教育百科全书:教育管理》一书中,"参与"指"与正式职位上的人从某种程度上分享管理权"[③]。学者陈向明教授认为,参与是主体在特定条件和平等地位的基础上自主解决问题的自愿、自发、自由的行为[④]。

可见,"参与"不是针对个人而是针对由多人组成的团体或环境来说的,其本质是加入一定的事项或活动中,将个人融入一定的团队环境中,分享管理权限,并承担相应的责任;参与的特点是自愿性和平等性。

(二) 多元主体参与

多元主体参与,即多元利益相关主体参与。当现代大学逐渐走出象牙塔、走进社会中心,承担其"社会责任"、履行其社会职能时,多元社会主体,也逐渐走入大学并不断获得对大学治理的话语权。大学作为

---

① [德] V. 格哈特.参与——政治的第一原则[J].培容译.世界哲学,2008(5):49-59.

② [美] 罗伯特·欧文斯.教育组织行为学[M].窦卫霖等译.上海:华东师范大学出版社,2001:374.

③ 中央教育科学研究所比较教育研究室.简明国际教育百科全书.教育管理[M].北京:教育科学出版社,1992:400.

④ 郑兴.学生参与大学内部治理的研究[D].南宁:广西大学,2014:11.

公益性的学术组织，特别强调与社会各界建立合作关系，争取校内外各方面力量对大学的广泛支持与参与①。基于对高职院校利益相关者的考察，高职院校的利益相关主体主要有政府、以行业企业为代表的社会力量、校内行政人员（以大学校长为代表）、教师和学生、学生家长等多个方面。

基于“参与”的含义和高职院校“多元利益相关主体”内涵的界定，高职院校“多元主体参与”的内涵可以概括为：政府、以行业企业为代表的社会力量、校内行政人员（以大学校长为代表）、教师和学生等多元利益主体，对于高职院校办学事务的介入。这种参与是多个主体以自身身份和所代表的利益为基础，以自愿性和平等性为原则，其要求是高职院校分散一定的管理权力，多元利益主体在高职院校办学和人才培养过程中承担一定的责任，做出相应的贡献，并享有对应的权利，从而形成高职院校治理的协同效应。

二、现代教育治理体系

（一）治理

英语中的“治理”（governance）一词，源于拉丁语和古希腊语，原意是控制、引导和操纵。长期以来，它与统治（government）一词交叉使用，并且主要用于与国家公共事务相关的管理活动和政治活动中。自20世纪90年代以来，西方政治学家和经济学家赋予该词新的含义，该词也就从政治学走向了社会经济领域②。

20世纪90年代以来，国内外专家学者对治理的内涵有较多的界定。治理理论的主要创始人之一詹姆斯·N.罗西瑙（J. N. Rosenau）

---

① 郑海霞，秦国柱.公共理性：多元主体参与大学治理的价值诉求与路径选择[J].现代教育管理，2009(5)：32-34.

② 俞可平.治理与善治[M].北京：社会科学文献出版社，2000：1-2，4-5.

在其代表作《没有政府的治理》和《21世纪的治理》等文章中，将治理定义为一系列活动领域里的管理机制，它们虽未得到正式授权，却能有效发挥作用①。英国地方治理指导委员会(Local Governance Steering Committee)的发起人之一罗伯特·罗茨(R. Rhodes)认为，治理涉及一个全新的社会统治、控制方式转型的过程，意味着统治的含义有了变化，是一种新的统治过程②。

在汉语中，《新华词典》对治理的解释，一是统治、管理，二是整治、整修。《高级汉语大词典》将"治理"解释为整治调理和整修改造。可见，日常使用的"治理"一词与学界讨论的"治理"含义有着明显差异。

就"治理"的学理含义，国内不少专家学者进行了界定。有专家表示，治理有统治、管理的意思，但又不同于统治、管理。治理的对象是整个国家和社会，是双向或多向的；而统治、管理一般是单向的，主要指向人民、公众或某个群体。治理的目的是通过积极地参与、沟通、协调、激励、规范和约束，形成一种遵循正确的价值取向、朝向一定目标的良好的秩序和状态③。有学者从政治理论的视角理解治理，认为治理突出民主和自治的价值，强调政治权力的下移和权力运行的双向性，突出制度(正式和非正式制度)的合法性，意味着主体的多中心化④。还有学者在对公共治理的概念与内涵进行梳理后指出，治理的概念层出不穷，但归结起来包含管理主义、多元主义、制度主义、网络性和对两分法边界的跨越等，其最重要的特点是公共性，即为了达到集体的秩序和共同目标，公共、私人部门和非营利组织共同参与其中，相互之间形成伙伴关系，通过谈判、协商和讨价还价等政策手段来供给公共产品与服务，

① [美]詹姆斯·N.罗西瑙.没有政府的治理[M].南昌：江西人民出版社，2001：5.
② 俞可平.治理与善治[M].北京：社会科学文献出版社，2000：86－106.
③ 李忠杰.国家治理现代化的相关内涵[J].国家治理，2014(5)：4－14.
④ 马全中.从政治理论的视角理解治理[J].中国社会科学院研究生院学报，2013(3)：24.

管理公共资源的过程①。

综上,治理可以从宏观和微观两个方面来理解:宏观上的治理是一个分析框架,它研究的是政府、市场、社会的相互关系及其演化的路径,以及在此关系中的权力分配和偏好选择问题;微观上的治理是一种治理结构,探讨与宏观治理构架相符合的微观政府结构,即需要怎样的政府组织模式来与宏观的治理框架相匹配的问题,以及如何匹配的具体问题。

（二）学校治理

要理解学校治理必须先对教育治理加以界定。就教育治理而言,无论国外还是国内,现成的直接论述还相对较少,目前尚无明确或比较完整的定义。借助或套用治理的理念,可以将教育治理理解为:政府、社会组织、市场、公民个人等主体通过参与、对话、谈判、协商等集体选择行动,共同参与教育公共事务管理,生产或提供教育公共产品与公共服务,并承担相应责任。其目的是形成以学生发展为本、面向学校教育实际、积极回应内外环境变化、促使教育自主发展的新型教育公共服务体系。教育治理的主要特征有:治理主体多元化,治理权力多中心化,治理机制弹性化,治理组织网络化②。

也有学者指出,教育治理是国家机关、社会组织、利益群体和公民个体,通过一定的制度安排进行合作互动,共同管理教育公共事务的过程,它是多元主体参与的合作管理、共同管理、共同治理,而不是过去那种单一主体的政府管理③。

因此,可以将学校治理理解为学校不同的利益相关者,包括学校管理者、教师、学生、政府、社会组织、市场、公民等,以一定的正式制度和非

① 余军华,袁文艺.公共治理:概念与内涵[J].中国行政管理,2013(12):52－56.
② 姜美玲.教育公共治理:内涵、特征与模式[J].全球教育展望,2009(5):39－46.
③ 褚宏启,贾继娥.教育治理与教育善治[J].中国教育学刊,2014(12):6－10.

正式制度安排共同对学校的发展产生影响，并承担各自责任的行为。学校治理不同于单一主体的管理，是多元主体参与学校管理，权力呈现多中心化。当然，学校治理一方面需要处理好学校与政府、社会、市场等的外部宏观关系，另一方面需要对学校内部的微观管理体制机制加以规范。

（三）现代教育治理体系

关于现代教育治理体系的概念内涵，石中英认为，现代教育治理的四个价值基础分别为法治、自由、民主和公正①。也有研究者指出，管办评分离是建立现代教育治理体系的关键，教育治理体系的现代化，包括教育治理主体的现代化、治理理念的现代化和治理机制的现代化三个层面的内容。而推进教育治理主体的现代化，最根本的是推进教育家办学，让懂教育的人办教育。实现教育治理理念现代化的关键是，推进教育治理的科学化、民主化和法治化；实现教育治理机制现代化的关键是，将广大人民群众纳入教育决策和管理主体，完善学校内部治理机制，建立现代学校制度②。

还有学者指出，现代教育治理是以最大化实现公共教育公益性为目标、兼顾教育的公平与效率的制度安排；现代教育治理并不将私利排除在外，而是力图通过科学的设计将公共利益与其他利益相关者的利益有机结合；现代教育治理是多元主体共同参与下的协商合作，满足现代教育的多元化需求，实现教育供给、生产和监督的分离；在现代教育治理中，政府作为公共教育事业的最大供给者具有不可推卸的义务和责任；政府通过各种非正式或正式制度的激励和安排，调动市场机制以充分实现学校教育生产的自主性、创造性以及社会组织对教育的监督和评价功能。③

---

① 石中英.现代教育治理的四个价值基础[J].中国教师，2015(09)：13－14.

② 张志勇.管办评分离是建立现代教育治理体系的关键[J].人民教育，2014(03)：1.

③ 王珊，苏君阳.走向现代教育治理的教育管理权力重构[J].现代教育管理，2015(05)：27－31.

对于现代教育治理体系的概念内涵,孙绵涛做了比较充分的论述。他指出,现代教育治理体系中的“现代”指的是中国当下这个现代;教育既指各级各类教育,也指各级各类教育中的教育活动、教育体制、教育机制和教育观念;治理指的是通过一定的规则和程序对相互冲突和利益相互竞争各方进行调解的一种过程;体系是由事物或现象各在素所组成的结构系统。依据对这四个概念的理解,现代教育治理体系是由谁治理(政府、学校和社会),治理什么(协调政府、学校、社会的关系,协调各级各类教育的关系,协调教育活动、教育体制、教育机制和教育观念的关系,以及这四个范畴子要素的关系),以及如何治理(治理依据、治理原则、治理程序、治理过程和治理结果处理)三大基本要素及其十二个子要素组成的结构系统①。

通过对已有相关研究的梳理,本研究沿用孙绵涛对于现代教育治理体系的理解框架。即现代教育治理体系也应该重点解决治理主体、治理内容、治理方式三大要素及其子要素的相互协调关系,治理主体涉及的内容包括政府、学校和社会;治理内容包括协调政府、学校、社会的关系,协调各级各类教育的关系,协调教育活动、教育体制、教育机制和教育观念的关系及其四个范畴子要素的关系;治理方式涉及的内容包括治理依据、治理原则、治理程序、治理过程和治理结果处理等。高职院校现代教育治理体系建设,就是要建设具有当下特征,能够协调高职院校的治理主体、治理内容和治理方式的结构系统。

三、协同运行机制

(一) 机制

机制,泛指一个系统中,各元素之间相互作用的过程和功能。在英

① 孙绵涛.现代教育治理体系的概念、要素及结构探析[J].教育研究与实验,2015(06):52-56.

语中通常用“mechanism”表示。在工具书中，机制一方面表示机器的构造和动作原理，另一方面表示生物机构的相互关系。在组织管理理论中，机制主要指一个工作系统的组织或部分之间相互作用的过程和方式[①]。机制通过制度系统内部组成要素按照一定方式的相互作用实现其特定的功能[②]。在各种领域中，机制都体现为某种主体自动地趋向于一定目标的趋势和过程。机制只能形成而不能构建，这是理解机制这一概念的关键。机制与制度既有联系又有一定的差别。就联系而言，制度的实施必须建立有效的运行机制；就区别而言，制度是静态的、具体的，可通过各种强制力量加以建立，具有及时性，而机制是动态的、抽象的，不能靠强制力来建立，其形成需要较长时间的积累[③]。

基于以上分析，可将机制界定为机构或系统中不同元素及组织部分为实现共同目的而采取的相互作用过程与方式。其具有动态性，是随时调整和变化的过程；不靠强制力得以建立，具有一定自发性，其形成也需要长时间的实践积累。

（二）协同

协同概念的发展与经济社会的劳动分工有密切的联系。当前，理论界针对“协同”概念，主要有如下几种观点：一是作为行为的协同，主要指个人、团体或组织，一起努力合作。这种协同可从权力维度、承诺程度、文化的内在化、策略维度、方法-目的维度、目标维度、识别与意识维度及问题维度等加以衡量。约翰·万纳(John Wanna)认为，从最高层到最底层，存在着五种层次的协同行为[④]。二是作为概念的协同。

---

① 白景坤.制度、体制和机制关系辨析[J].管理观察，2008(8)：25－26.

② 吴亚东，李钊.对体系、制度、机制、体制相关概念的辨析与理解[J].现代商贸工业，2010(4)：237－238.

③ 李景鹏.论制度与机制[J].天津社会科学，2010(3)：49－53.

④ WANNA J. Collaborative government: meanings, dimensions, drivers and outcomes[M]//O'FLYNN J, WANNA J. Collaborative Governance: A new era of public policy in Australia?. ANU E Press, 2008: 4－5.

一些学者的定义较为简单，即多个行为主体为了共同目标而一起共事；也有学者强调行动者的主动性，将协同定义为主动行动者之间的互动过程。如汤姆森（Thomson）与佩里（Perry）将协同界定为一种自主或半自主行动者通过正式或非正式协调所进行的互动过程①。同时，有学者强调行为者之间的相互信任与分享，还有学者在前述各种界定的基础上增加了责任分担的内容②。

较协调与合作而言，协同是一种更加持续和固定的关系，需要建立新的结构，以便构建权力体系，发展共同愿景，开展广泛的共同规划③。同时，在协同关系中，各方共担风险和责任，共享收益，投入足够多的时间，具备很高程度的信任，共享权力范围。

（三）协同运行机制

结合机制和协同的概念，可以将“协同运行机制”界定为实现组织或系统的一定目标，其内在机构或成员之间相互作用的系列规则体系与过程方式。这种机制涉及多元化的主体，既可以是政府、企业、非营利组织之间宏观层面上的协同，也包括各类性质的组织机构内部各单位与机构之间的合作与互动。具体协同方式则通过新结构、权利体系、共同愿景及规划、共担风险与责任等形式实现。

第三节　文献梳理与述评

在“中国知网”数据库，以“高职＋治理”为关键词，进行论文检索发

---

① THOMSON，MARIE A，PERRY J L. Collaboration process：inside the black box[J]. Public administration review，2006，66(s1)：20－32.

② 田培杰.协同治理：理论研究框架与分析模型[D].上海：上海交通大学，2013：28－30.

③ MATTESSICH，PAUL W，MONSEY B R. Collaboration：what makes it work[M]. Saint Paul，MN：Amherst H. Wilder Foundation，1992：39.

现，已有研究可分为对国外的研究和对国内的研究两部分：国外研究着重对高职院校治理特点的整体性论述，较多地开展国别研究；国内研究主要包括高职院校治理机制整体性研究、外部治理研究、内部治理研究等诸多方面。基于国内外相关研究文献的分析，有助于全书形成科学的研究思路，并建立起合适的分析框架。

一、高职院校治理的国外研究

根据美国最早研究大学治理的专著——科森(J. J. Corson)1960年所著的*Governance of College and University*，国外研究高等院校治理与制度建设的文献分为“理论研究、实践研究、本国经验介绍”三类。周光礼(2011)[①]研究认为，发达国家大学的治理结构及管理制度有三种主要模式：以德、英、法为代表的体现校内利益相关者意志的权力机构领导下的校长负责制，以美国为代表的体现校外利益集团意志的董事会领导下的校长负责制，以日本为代表的由政府任命的校长负责制。这是对高等教育整体而言的宏观研究。

对国外高等职业教育的治理情况进行的研究，主要包括对国外高等职业教育治理特点的整体性论述和分国别研究两个方面。

一是对国外高等职业教育治理特点的整体性论述。赵明安(2009)[②]指出，德国高职院校办学模式为国家控制下的教育行政主导、行业协会与企业积极参与的办学模式；美国学院采取董事会领导下的院(校)长负责制，学术事务由受校董会委托、由教师组成的学术理事会处理；英国高等职业院校中，行业、企业参与资格标准的制订与修订，雇主

① 周光礼.学术与政治——高等教育治理的政治学分析[J].中国地质大学学报：社会科学版，2011(3)：77-85.

② 赵明安.高等职业教育办学模式的国际比较[J].武汉船舶职业技术学院学报，2009(2)：1-6.

在职业教育基金会任职,企业直接参与校领导班子,为学校评估提供资助,开展合格办学等。赫鲁·努格罗(Heru Nugroho)和克里丹托·苏伦德罗(Kridanto Surendro)(2014)①的研究表明,驱动高等职业教育治理的实现因素有两类,其中主要驱动力是信息和组织机构;而组织的原则、政策、框架、运行、文化、道德、行为、人员、技能和能力、服务和基础设施等则是辅助性驱动因素。孙晓庆(2015)②研究指出,德国职业院校治理凸显学术自治,美国高等职业院校治理推行共同治理模式,澳大利亚高等职业院校推行董事会治理,日本高等职业教育采用法人化治理结构。陆启光(2016)③指出,国外高职院校内部治理的特点包括体系完善且职责分明,既相对独立又相互制约,教师和学生的主体地位得到充分体现等。

二是对国外高等职业教育治理特点的国别研究。刘丛(2011)④认为,美国社区学院多元治理的结构特点包括:"购买制"投入机制体现政府责任,董事会治校体现民主开放价值观念,团队面向市场依法自主经营学校,他方认证制度监控教育教学质量。杨建国(2012)⑤指出,德国应用技术大学的内部治理结构,普遍采用了与其国家制度相一致的决策、执行、监督相互制约的机制。学校管理层面主要由校议会、校务会和校监会构成,校议会行使决策权,校务会行使执行权,校监会行使监督权;在学术和教学管理方面,教授对专业如何设置等重大问题有较大

---

① NUGROHO H, SURENDRO K. Main and support enablers of vocational higher education governance [C]//ICoICT. 2014 2nd International Conference on Information and CommunicationTechnology. 2014: 276 - 281. http://ieeexplorei.eee.org/stamp/stampj.sp? tp=&arnumber=6914079.

② 孙晓庆.基于国际比较视野的高职院校治理结构研究[J].职教论坛,2015(23):49 - 52.

③ 陆启光.国外高职院校内部治理特点及启示[J].职教论坛,2016(1):87 - 91.

④ 刘丛.美国社区大学多元治理结构的运行与启示[J].中国高等教育,2011(2):61 - 62.

⑤ 杨建国.德国应用技术大学内部治理结构对我国高职院校制度建设的启示[J].成都航空职业技术学院学报,2012(2):1 - 5.

的建议权，对课程内容和教学方式有决定权；通过学生代表入选校议会成员体现学生在学校重大决策中的参与权力。程晋宽、朱子君(2014)①指出，美国社区学院校长作为学院的行政首脑，扮演着多重职责和角色，拥有学院治理的领导权力，但在美国社区学院中并没有出现校长权力扩张以及滥用权力的现象，主要原因是社区学院中存在着各个管理机构相互制衡的制度。夏伟(2015)②进一步研究了美国社区学院的“共同治理”模式，共同治理一般可分为一院制、两院制、三院制、混合制四种子模式，选举制度、议事制度、监督制度是治理机制的核心。张命华(2016)③指出，澳大利亚 TAFE 学院有着完善的管理体系，设置理事会管理学校，院(校)长的聘任由理事会做出决定，学院下属的管理机构主要有行政管理机构、教务管理机构以及人才资源管理机构等。罗尧成、肖纲领(2016)④指出，美国社区学院董事会的治理结构特点包括：人员构成体现多元利益相关者共治原则，职能定位注重多方沟通和统筹决策监督，运行机制与行政系统的独立与协作，采取多种举措提升董事会履职的专业性。

二、高职院校治理的国内研究

(一) 关于高职院校治理机制整体性研究

曹雪明(2012)⑤认为，构建高职院校治理结构应做好以下工作：

---

① 程晋宽，朱子君.美国社区学院治理结构中校长权力的制衡及启示[J].职业技术教育，2014(31)：84-88.

② 夏伟.美国社区学院的“共同治理”模式及其启示[J].职业技术教育，2015(24)：57-60.

③ 张命华.澳大利亚 TAFE 学院治理结构研究[J].亚太教育，2016(1)：217-218.

④ 罗尧成，肖纲领.高职院校理事会的职能定位与运行机制——美国社区学院董事会的经验借鉴[J].高校教育管理，2016(1)：105-110.

⑤ 曹雪明.关于高等职业院校治理结构的思考[J].中国职业技术教育，2013(16)：88-90.

一是完善相关立法，重构外部治理结构，依法保障办学自主权；二是完善内部治理机制，实现共同治理；三是优化内部组织结构，构建服务型、扁平化管理体系；四是搭建参与平台，形成政府主导、行业指导、企业参与的高职教育新格局；五是充分发挥校园文化的整合效应。孙云志(2014)①提出了“有限主导-合作共治”的高职院校治理新模式。“有限主导”强调高职院校能够在宏观层面对未来治理方向有掌控权，政府应主导高职院校未来的治理走向；而“合作共治”强调高职院校应积极调动政府、行业、企业、社区、研究机构、普通本科院校、学生家长等各方面的力量，构建起这些参与主体间的治理协同关系，进而在高职院校治理中形成合力。欧阳恩剑、刘波(2015)②认为，从单一主体向多元共治，从行政控制向合作共治，是高职院校治理现代化的最主要特征，高职院校治理现代化的路径在于落实办学自主权，通过章程完善固化治理结构，以院系二级管理分配权力资源。

（二）对高职院校外部治理的研究

在高职院校的外部治理主体中，最主要的是政府和行业企业这两个主体。对于高职教育与政府的关系，廖伦建，戴国强(2012)③认为，政府在高职院校校企合作中应发挥“主导、主控”作用，具体表现在四个方面：产业结构调控，职教经费调控，人才信息调控，法规政策调控。王其红、史国栋(2013)④认为，区域高职教育发展的政府责任主要体现在体制层面、制度层面、机制层面与行动方式上的整体推

---

① 孙云志.“有限主导-合作共治”：高职院校治理模式的新路径[J].教育发展研究，2014(Z1)：67-71.

② 欧阳恩剑，刘波.从管理到治理：我国高职院校权力运行模式的轨迹变迁[J].职教通讯，2015(22)：6-10.

③ 廖伦建，戴国强.论政校行企在高职教育资源中的有效配置[J].教育与职业，2012(30)：12-14.

④ 王其红，史国栋.区域高职教育发展的政府责任[J].教育发展研究，2013(19)：38-42.

进。李建元(2013)①以福建省高职院校为例,认为当前地方政府在高职教育管理中存在着不够重视高职教育、行政主导模式加剧了学校办学的行政化倾向、不适当干预抑制了高职院校的办学自主权,以及支持高职教育改革发展的政策相对缺位等问题,建议中央政府要确立高等职业教育类型观,同时完善特色现代大学制度,改善和加强对高职教育的宏观管理,做到"有所为"与"有所不为";同时加强对高职院校的资金和人才支持,增强其办学活力。刘化喜(2013)②研究指出,为化解高职院校外部发展困境,应该建立高职教育地方政府统筹管理机制,完善高职教育与地方产业联动发展机制,强化高职教育创新发展保障机制,建设高水平区域共享型职教基地,探索打通高职教育进入本科层次的瓶颈。吴桂纯(2015)③指出,政府监管高职院校发展定位的职能包括:构建职业教育体系,优化高职院校制度建设;加大政府投入力度,引导与支持高职院校进行体制改革;整合社会资源,鼓励高校与社会进行产学研合作。他还指出,当前政府对高职院校的监管存在的问题有:重视建设,轻视监管;职责不清;干预过多,管得过细;政策无保障;监督机制不健全,评估体系不完善等等。

许多学者分析了高职院校与行业企业的外部治理关系。王毅(2014)④认为,校企合作应由"合作"向"融合"发展,由"松散型"向"紧密型"发展,由"股东会中心治理"向"董事会中心治理"发展。基于校企合作法人型公司人格独立,施行董事会中心治理模式,实现所有权与经营权相分离。乔莉莉(2015)⑤的调查指出,校企合作各项制度较为健全,

---

① 李建元.政府在高等职业教育管理中的角色转变问题研究[D].泉州:华侨大学,2013:18－34.

② 刘化喜.论新形势下高职发展的地方政府职责[J].职教论坛,2013(1):81－84.

③ 吴桂纯.高职院校发展定位中的政府监管研究[D].广州:华南理工大学,2016:22－29.

④ 王毅.产学研融合法人董事会治理的法律解构研究[J].宁波职业技术学院学报,2014(2):6－8.

⑤ 乔莉莉.校企合作视域下高职院校完善治理结构研究——以辽宁部分行业高职院校为例[J].辽宁经济,2015(10):66－67.

但合作深度不够；行业、企业和社区参与职业院校治理有待完善；学校章程和制度建设处于起步阶段。曾东升(2015)①认为，应从整体性治理的分析视角，探索从政策保障机制、信息协调机制、利益分配机制、组织协调机制及多元评价机制等方面构建校企协同合作机制的实现路径。张培(2016)②认为，高职院校应创新校企合作体制机制，围绕战略协同、文化嵌入和共同治理三大支撑维度，构建校企合作运行的保障条件和长效机制，促成人才培养机制创新和校企合作主体协同创新。赵善庆(2016)③认为，高职院校校企合作存在外部和内部障碍，外部障碍包括：政策影响很大但远未到位，理论认同但实际背离，财政支持增大但低于本科标准，企业有所需要但并不重视；内部障碍包括：管理体制机制不合理，专业课程不切实际，双师素质名实难副，办学质量不高。他建议对存在的内外部障碍加以破解。

（三）对高职院校内部治理的研究

这方面的研究可以分为内部治理的机制分析、内部治理组织结构的设计、内部治理主体的权力配置和内部治理的改革实践四个部分。

关于高职院校内部治理的机制分析。陆勇(2012)④认为，高职院校的内部治理结构，应加快学校章程制定、深入探索现代大学内部治理结构与内涵建设，并与领导班子、干部队伍建设、校园文化建设三结合，构建和完善高职院校内部权力结构体系及其运行机制。周建松(2013)⑤

① 曾东升.整体性治理视角下的校企协同合作机制研究[J].教育与职业，2015(23)：10－13.

② 张培.高等职业教育校企合作长效机制构建研究[J].教育理论与实践，2016(6)：15－17.

③ 赵善庆.高职院校校企合作障碍的破解对策[J].无锡商业职业技术学院学报，2016(1)：1－5.

④ 陆勇.高职院校内部治理结构改革的探索[J].中国职业技术教育，2012(34)：95－96.

⑤ 周建松.正确把握高职院校长的职责与使命[J].中国高等教育，2013(22)：48－49.

对高职院校校长的地位、职责与使命进行了分析，为完善党委领导下的校长负责制提供了视角。胡正明(2015)①认为，当前高职院校的外部环境不够完善、内部组织相对封闭、制度建设相对滞后等影响着高职院校内部治理；高职院校要通过更新院校治理理念、优化院校组织结构、完善内部治理制度、提升内部治理能力和培育内部治理文化等方式，实现内部治理的独特性，强化院校内部治理进而提高办学水平。林春明(2015)②认为，高职院校可以通过制订并实施院校章程以规范内部关系、落实院系两级管理，构建合理的内部治理组织架构，健全决策参与机构，完善内部治理运行机制来提升、加快内部治理改革，从而提升治理水平。

关于高职院校内部治理组织结构的设计。单强(2012)③介绍了苏州工业园区职业技术学院以股东会、董事会和校长为核心的治理结构，该校实施董事会领导下的校长负责制，其董事会融合了政府、企业和学校三种资源，分别从政策、经费、专业等方面为学院的发展提供强大的支持。陈寿根、刘涛(2012)④认为，高职院校内部治理结构亟待改革，应以法人治理理论、利益相关者共同治理理论、委托代理理论和教育消费理论为指导，在学校内部建立起党委主导的理事会决策制度，基于专门委员会策划的院长执行制度和标准，评估和奖惩一体化的质量监督制度，形成与外部治理制度相衔接的内部治理体制与机制。李小娃(2015)⑤认为，高职院校治理存在政府干预过度、行业企业参与不足，

---

① 胡正明.高职院校内部治理的独特性及其实现路径[J].中国高教研究，2015(5)：91－94.

② 林春明.高职院校内部治理现状与改革对策[J].教育与职业，2015(34)：9－12.

③ 单强.高职院校的治理：股东会、董事会与校长——以苏州工业园区职业技术学院为个案[J].高校教育管理，2012(4)：31－37.

④ 陈寿根，刘涛.高职院校内部治理结构的制度设计[J].教育发展研究，2012(17)：59－63.

⑤ 李小娃.高职院校治理改革：理论命题与实践问题[J].职业技术教育，2015(16)：20－23.

以及内部治理结构与治理机制不合理等问题。因而高职院校治理改革的方向是：完善法人治理结构，明确政府、行业企业等主体的角色定位，完善董事会下的治理机制，推进学术权力制度化。高葵芬、童顺平(2016)①对《高等学校学术委员会规程》进行了分析，认为高职院校学术委员会应平衡内部权力结构，提升高职院校学术权力，加强章程制度建设。

关于校长、教授、教师和学生等的权力配置。在教授治校方面，郑军(2014)②建议建立符合高职院校办学特点的二级院(系)教授委员会，并从功能、人员和结构上加以突破。刘敏、胡耘通(2014)③认为，高职院校的学术权力具有社会性、职业性和应用性等特点，当前高职院校学术权力表现出学术理念的唯理性偏差、学术组织的功能性缺位、学术管理的行政性干预等异化问题，需要从学术理念、学术权力组织、学术管理等方面进行矫正。邱开金、程振设(2015)④等认为，推进高职院校治学，学术权力组织和制度的建立健全是基础，素质、能力和绩效是关键。在师生民主管理方面，胡玲丽、张继恒(2012)⑤以及吴勇(2013)⑥等较为重视学生权利，认为高职院校现代大学制度建设应该确保学生参与学校治理。刘松、皮连根(2012)⑦则分析了高职院校二级学院教代会制度，认为要不断深化二级教代会制度建设，推进民主管理，实行

---

① 高葵芬，童顺平.高职院校学术委员会建设探析——基于《高等学校学术委员会规程》的思考[J].职教论坛，2016(1)：48-51.

② 郑军.高职院校二级院(系)教授委员会制度运行存在问题及对策分析[J].中国职业技术教育，2014(34)：94-96.

③ 刘敏，胡耘通.高职院校学术权力异化及其矫正[J].社会科学家，2014(9)：123-126.

④ 邱开金，程振设.高职院校推行教授治学的对策研究[J].职教论坛，2015(4)：39-44.

⑤ 胡玲丽，张继恒.高职院校治理结构研究——以构建学生主导下的治理结构为视角[J].职教论坛，2012(19)：19-21.

⑥ 吴勇.论高职院校学生权利文化构建中"参与"理念的渗入[J].职教论坛，2013(29)：70-73.

⑦ 刘松，皮连根.试析高职院校二级教代会制度建设[J].工会论坛——山东省工会管理干部学院学报，2012(5)：30-31.

系务公开，全面履行维护职能。罗星海、陈方晔（2014）①认为，高职院校学术权力和行政权力之间具有统一性、相互依存性、特殊性和相对独立性，其行驶过程具有相互协调性和制约性，为有效处理两者间的关系，高职院校要积极贯彻《高等学校学术委员会规程》，建立健全学术权力组织和制度，培育学术权力基础，充分发挥院长的协调平衡作用。

关于高职院校内部治理的改革实践。王明伦（2011）②分析了江苏联合职业技术学院集团化发展的举措，认为该校实施五年一贯制高等职业教育，通过实行"小学院、大学校"的集团化办学模式，开创了我国学院主导型高等职业教育集团化发展之先河。该校通过院务委员会、教学指导委员会、专业协作委员会实现了管理、决策及教学质量保障的协调，实现了集团的共生。刘涛（2013）③论述了常州职业技术学院基于共同治理等理论开展的办学理事会辅助党委的决策制度、专门委员会策划的院长执行制度、质量管理委员会统筹的监督制度。姜媛（2014）④的研究显示，天津开发区职业技术学院作为天津市教育体制改革的试点单位，其构建现代学校制度的探索主要内容包括：改革传统办学体制，建立现代学校法人治理结构；改革内部运行机制，释放管理活力；坚持产教结合、校企合作的人才培养模式，增强服务社会能力；通过人格健全教育、人文素养教育、职业素养和企业文化教育、社会责任教育和生命伦理教育，促进学生全面发展。

高职教育是高等教育体系的有机组成部分。关于高等教育现代教

---

① 罗星海，陈方晔.论高职院校学术权力与行政权力的关系[J].职业技术教育，2014(13)：41－46.

② 王明伦.学院主导：江苏高等职业教育集团化发展之创新——以江苏联合职业技术学院为例[J].中国职业技术教育，2011(33)：20－24.

③ 刘涛.共同治理视阈下公办高职院校内部治理结构改革的实践探索[J].职教论坛，2013(18)：14－17.

④ 姜媛.构建现代学校制度的探索与实践——以天津开发区职业技术学院为例[J].办公室业务，2014(16)：40－41.

育治理的专著和学术论文为研究高职院校的现代教育治理提供了有价值的参考与借鉴。其中，对高等教育治理进行分析的专著主要有：周世厚的《利益集团与美国高等教育治理：联邦决策中的利益表达与整合》(2012)，祁占勇的《高等学校法人内部治理结构研究》(2012)，孙霄兵的《探索完善中国特色现代大学制度》(2012)，刘绍怀的《现代大学制度理论与实践研究》(2013)等。诸多学者已充分认识到多元主体在参与高职院校现代教育治理中的重要性。孙云志(2015)①探究了高职院校参与式治理合法性的再建构路径与多元主体治理秩序的重塑问题，认为高职院校有必要开展参与式治理的制度创新与实践。欧阳恩剑、刘波(2015)②指出，高职院校实现由管理到治理的嬗变，既是社会治理现代化的时代要求，也是高职院校内在发展的客观需要。从单一主体向多元共治，从行政控制向合作共治，是高职院校治理现代化的最主要特征。雷世平、姜群英(2015)③认为，高职院校治理能力现代化的第一个标准是治理主体的多元化，治理主体的多元化强调多元合作治理，共同发挥政府、学校、市场、师生、行业企业、社会的作用。

三、相关研究成果的述评

通过对相关研究成果的综述，我们发现：章程建设是高职院校现代大学制度建设的重点，同时，治理的机制和内外部治理，都为研究者所重点关注。其中，外部治理较为重视高职院校与政府和行业企业的治理关系；内部治理则较为重视学校的机构设置、教授治学和师生民主

---

① 孙云志.高职院校参与式治理合法性的建构与多元主体秩序重塑[J].教育与职业，2015(36)：9－13.

② 欧阳恩剑，刘波.从管理到治理：我国高职院校权力运行模式的轨迹变迁[J].职教通讯，2015(22)：6－10.

③ 雷世平，姜群英.高职院校治理能力现代化的内涵及其衡量标准[J].职教论坛，2015(31)：41－45.

参与管理等内容。当然，也有不少专家学者研究了国外高等职业教育现代教育治理的经验，指出其可以为我国高职院校现代教育治理体系建设提供有益参考。

但现有研究也存在一些不足之处，主要有四个方面：第一，针对高职院校现代教育治理的研究落后于普通高校现代教育治理的研究，表现是：研究起步时间相对较晚，研究数量偏少，研究质量整体不高。第二，目前研究对于什么是高职院校现代教育治理体系，如何根据高职院校特点开展现代教育治理体系建设的观点还较为分散，意见不太统一。第三，针对高职院校多元利益主体，包括政府、行业企业、教师、学生等主要利益主体，该如何有效参与高职院校的治理，并未得到系统研究，使得结论的实践价值不高。第四，在研究方法上，多为文献分析，进行理论思辨，调查、访谈及案例研究比较缺乏，导致一些高职院校实施的现代教育治理体系建设探索，还没有得到有效梳理，相关内容不成体系。这些因素导致高职院校现代教育治理体系建设还缺乏较为科学的理论框架，因而从宏观和微观两个层面对高职院校的治理体系进行审视，或以其中某个方面为突破口分析高职院校现代教育治理结构的特色，是研究的创新所在。

第四节　研究的框架内容

第一章，高职院校现代教育治理体系研究的背景与内容。阐述了本研究的背景和意义；对核心概念进行了内涵界定；同时对已有研究文献进行了梳理和述评；基于已有研究及研究设计，介绍了本书的研究框架内容。

第二章，高职院校现代教育治理体系建设的理论分析。主要介绍了高职院校现代教育治理体系建设涉及的治理与善治理论、利益相关者理论和系统与协同理论等理论基础;分析了高职院校现代教育治理体系建设的目标、要素;从政府、行业企业、内部主体等角度,阐述了高职院校现代教育治理体系建设的运行机制。

第三章,政府参与高职院校现代教育治理体系建设。从契约视域下政府与高职院校的关系、政府在高职院校治理中的作用角度,分析了政府参与高职院校治理的职能定位;探究了政府参与高职院校治理在政策法规、管理方式、评估工作等方面存在的问题;从完善政策法规、明晰政府与院校职权关系、建立科学的质量评估体系等角度,提出了政府参与高职院校治理的相关对策。

第四章,行业企业参与高职院校现代教育治理体系建设。围绕行业企业参与高职院校治理的方式、内容等进行了调研分析;指出行业企业参与高职院校治理存在着动力不足、范围较窄、程度不深、组织平台较少等问题;探究了美国行业企业参与社区学院治理存在的政策法规的激励性、运行机制的科学性、组织平台的多样性等特点;就行业企业参与高职院校治理,从政策法规、运行机制、治理内容和组织平台等角度提出了改革完善举措。

第五章,教师参与高职院校现代教育治理体系建设。基于高校教师较多参与的学校组织——学术委员会、教职工代表大会、校企合作理事会,分别从组织的定位及职能、建设意义及现状、运行存在的问题、相关思考等角度对上述三个组织进行了具体论述。

第六章,学生参与高职院校现代教育治理的调研分析。调研分析了学生参与高职院校现代教育治理的意愿、实际参与情况、影响因素等内容,分析了学生参与学校治理存在的不足;对国内、国外学生参与高校治理的经验进行了分析;最后从完善政策法规、提供多种渠道、树立理念信心等角度,提出了优化高职院校学生参与学校治理的对策建议。

第七章,多元主体参与高职院校治理的组织结构分析。基于高职院校治理组织协同运行存在的问题,运用协同学理论,对高职院校治理组织协同运行进行了理论构建。基于章程文本，分析了公办高职院校政治权力组织、行政权力组织、学术权力组织、民主监督权力组织和校企合作治理组织等五类治理组织的设置现状、建设存在的问题，并提出了相应的对策建议。

第八章，国外高职院校治理体系建设改革的经验借鉴。分析了美国社区学院董事会参与学院治理的特色内容，德国“双元制”职业教育模式下政府和行业企业参与职业教育治理的经验，澳大利亚政府和行业企业参与职业教育治理的做法与经验，为国内高职院校现代教育治理的实践改革提供借鉴参考。

第九章，高职院校现代教育治理体系建设的多元主体参与实践。研究了政府、行业企业、教师、学生四大主体参与高职院校治理的典型模式，并通过案例形式，对这些实践模式进行了梳理，以期形成可供推广的做法与经验。

第十章，高职院校现代教育治理体系建设的支持保障。围绕新时代高职院校现代教育治理体系建设的支持保障，提出了确立教育的法治理念与法治思维，完善章程为核心的制度体系建设，构建支持治理体系建设的统筹机制，推进高职院校的行政改制与机构建设等思路、举措，为高职院校现代教育治理体系的理论建设与实践运用提供必需条件和良好环境。

第二章
高职院校现代教育治理体系建设的理论分析

高职院校现代教育治理体系建设，离不开相关理论的指导，需要开展对其目标和要素的分析。本章内容涉及治理与善治理论、利益相关者理论和系统与协同理论等研究理论。重点探讨高职院校现代教育治理体系建设应该有着怎样的目标和要素，政府、行业企业、内部主体等该如何形成高职院校现代教育治理体系建设的运行机制。对上述问题进行有效探析，有利于为后续研究奠定良好的理论基础。

第一节　高职院校现代教育治理体系建设的理论基础

开展多元主体参与的高职院校现代教育治理体系研究，主要运用的理论有治理与善治理论、利益相关者理论和系统与协同理论等。对这些理论的内涵、观点等进行阐释，是开展后续研究的前提。

一、治理与善治理论

（一）治理理论

20世纪80年代以来，随着经济全球化、信息化、政府规模扩大、管理失灵、公民社会崛起等方面的发展，全球都被卷入一场公共管理改革浪潮中，为治理理念走入经济社会提供了一定的背景①。20世纪90年代以来，治理被不断赋予新的含义，取得较快发展。治理理论的主要创始人之一美国学者詹姆斯·N.罗西瑙（James N. Rosenau）在其代表作《没有政府的治理》中，将治理界定为一系列活动领域里的管理机制，是一种由共同的目标支持的活动，这些管理活动的主体不一定是政府，也无须依靠国家的强制力量来实现②。

治理理论认为：（1）治理的主体是多元化的，且各主体之间既相互独立又相互依存；（2）治理是各利益主体间的互动过程；（3）治理过程中各利益主体间的互动与合作是基于信任而实现的；（4）治理的实现需要以民主为基础③。

治理理论的论点主要包括以下几个：一是去中心化，强调权力的让渡与分权；二是多中心化，强调政府之外的多种治理主体参与到公共事务的治理中来，政府与其他组织一起共治；三是反对夸大纯粹的市场的作用；四是多种层次的治理与多种工具使用的并存。治理理论同时强调，在治理中，国家（政府）和公民双方的角色均要发生改变，国家能力将主要体现在整合、动员、把握进程和管制等方面，公民则是积极的

---

① 杨拥梅.从管治到善治——基于治理理论的高校学生管理模式创新研究[D].上海：华东师范大学，2006：53-55.

② [美]詹姆斯·N.罗西瑙.没有政府的治理[M].南昌：江西人民出版社，2001：5.

③ 魏琳.治理理论视阈下的学生参与高校管理研究[D].济南：山东师范大学，2014：10.

决策参与者、公共事务的管理者和社会政策的执行者①。

自从1989年世界银行首次使用“治理危机”(governance crisis)一词以来,“治理”被广泛运用于政府管理研究中,治理理论已经是在经济学、政治学、社会学及法学等社会科学领域均有广泛运用的、有广泛影响的理论②。21世纪初期,治理理论被引入教育领域,教育界开始了一系列对治理理论的探讨及运用治理理论指导教育的实践。

治理理论对教育领域的主要启示包括:确立多中心治理的理念,转变政府在教育管理中的职能,建立新型的政府与高校的外部关系;加强社会对教育事务的参与度;多主体参与高校内部管理,建立新型的高校内部关系。高职院校现代教育治理体系建设,只有将政府、行业企业、学校师生等多元利益主体纳入其中,实现治理权力的去中心化和分散化,实现分治,才能减少高职院校传统管理的弊端,使得高职院校的建设与发展得到更多外部主体的关注和参与,促进高等职业教育治理体系与治理能力的现代化。

（二）善治理论

善治理论是20世纪90年代兴起的一种公共管理理论。“善治”一词有三个来源:一是从中国传统的政治语汇中看,“善治”相当于“善政”,意思是好的政府和好的政治手段,代表民众对政府的理想和期望。二是来源于对英文“good governance”的翻译,即“良好的治理”,代表新的治理理论,强调社会管理主体的多元化。三是源于我国学者对各家观点的研究,认为“善治就是使公共利益最大化的社会管理过程”③。可以说,善治理论发轫于治理理论,是治理理论的衍生和繁衍、完善和

---

① 王诗宗.治理理论及其中国适用性:基于公共行政学的视角[D].杭州:浙江大学,2009:40-42.

② 翁士洪,顾丽梅.治理理论:一种调适的新制度主义理论[J].南京社会科学,2013(7):49-56.

③ 俞可平.治理与善治[M].北京:社会科学文献出版社,2000:8-11.

提升、升华和超越①。

善治(good governance),作为治理的一种方式,强调健全有效的治理,其本质上是一种合作管理,既包括主体多元化的权力分享与责任分担,也强调多元主体的认同和自主自治;既是协商合作的过程,也是利益博弈的过程;既关注信息公开,也重视对成员诉求的回应。因此,俞可平指出,“善治是使公共利益最大化的社会管理过程”,本质是“政府与公民对公共生活的合作管理”。

对一个组织而言,善治的价值理性在于追求管理效率,善治的工具理性立足于民主管理。善治是一种对以自上而下的统治为手段、就事论事的碎片化行政为特征、以利用经验的简单管理之管理模式的扬弃。善治是使不同利益主体缓解或放弃冲突,并以共同的目标为纽带,以互动合作的方式走到一起的旨在追求效率的管理模式。善治的提出及其势在必行,很大程度上是因为现代管理对象的日益复杂、多样、快变而必须重视管理过程的整体性和动态性。相对治理,善治是一个更适于组织改革和管理的、较少政治色彩的概念,其目的在于解决由于官僚管理模式导致的管理不善、效率不高等诸多问题②。

法国学者让-皮埃尔·戈丹(Jean-Pierre Gaudin)注意到,在1976年詹姆斯·马奇(James March)和约翰·奥尔森(Johan Olsen)合著的《组织中的二重性与选择》中有一篇文章,题为《大学治理》(“University Governance”)。戈丹认为,这是研究大学治理的最早的文章。这不仅说明学界对大学治理的关注和研究早于其他领域,更说明大学确实更需要通过治理来改善行为、提高效率。从产生背景和基本内涵看,善治与治理关系密切。在英国学者罗伯特·罗茨(R. A. W. Rhodes)归纳

---

① 黄国辉.善治理论视阈下高校治理的现实困境分析[J].教育评论,2015(3):14-16.

② 眭依凡.论大学的善治[J].江苏高教,2014(6):15-21.

的治理类型中,善治最能反映社会对大学,以及大学自己对治理体系构建的诉求和呼应。强调大学善治,主要是因为大学本身就不是一个需要统治的组织,目前的大学管理存在着诸多挑战,大学必须找到新的更有效率的管理方式①。

善治是大学现代治理结构的具体化,大学的善治本身是一种符合大学属性、特征及规律的管理之"善",这种大学的管理之"善"较之大学的统治更有利于把大学带入大学的理想——"至善",而这正是大学治理体系现代化的目的所在。高职院校的发展与社会发展状况相互依存,结合善治理论,运用合法、效率、透明的原则,明确多元利益主体在高职院校治理过程中的权利与责任,通过相互之间对高职院校的共同合作管理,提高管理效率,最终形成一种健全有效的治理模式,使得高职院校多元利益主体相互间的利益最大化,实现共赢。

二、利益相关者理论

斯坦福大学研究小组于 1963 年首次提出利益相关者理论。该理论认为,所有利益相关者对组织的生存和发展都有贡献,同时需要承担相应的风险;组织的有效运作必须依赖组织对所有利益相关者的合理利益的考量②。弗里曼(Freeman,1984)③认为,利益相关者是指那些能够影响组织目标实现,或者被组织目标实现的过程所影响的任何个人和群体。利益相关者理论是西方经济学家在研究公司治

① [法] 让-皮埃尔·戈丹.何谓治理[M].钟震宇,译.北京:社会科学文献出版社,2010.

② 张汉军.利益相关者理论视角下高职教育质量问责困境与变革路径[J].教育与职业,2014(29):11-13.

③ [美] 弗里曼.利益相关者理论[M].北京:知识产权出版社,2013.

理时提出的一种理论主张，传统公司治理理论观点强调“股东至上”，利益相关者理论是对传统公司治理理论的一种补充，提醒公司应该更多地关注股东以外的其他利益主体的利益，以确保实现公司价值长期的最大化。

“利益相关者”的概念在教育界首先被提出，是1998年10月9日联合国教科文组织在巴黎通过的《二十一世纪世界高等教育宣言：展望与行动》，其中指出：“高等教育所有的利益相关者——国家和高校的决策者、教职工、研究人员和学生、高校行政和技术人员、产业界和社区、非营利性组织——应更新为高等教育的一个要素矩阵。”[①]随后，利益相关者理论在教育领域尤其是高等教育领域得到极大发展。美国学者亨利·罗索夫斯基（Henry Rosovsky）将利益相关者理论首先应用于高职教育领域。作为兼具公益性和利益性组织目标的高职教育事业，其成功举办也受到如社会、政府、企业、学生及其家长等各方利益相关者的影响，高职教育质量的维持与改善，有必要在充分考虑高职教育各利益相关者所关切内容的基础上，深入剖析高职教育质量问责的既有问题，并据此提出相应的变革路径[②]。

国内学者张维迎（2004）、李福华（2007）等认为，大学是一种典型的利益相关者组织。大学是非营利性机构，没有人或组织能够获得大学的剩余价值，每一个人或组织都不能独立地控制大学，大学只能由利益相关者共同控制。李福华（2007）[③]根据利益相关者与大学密切程度不同，把利益相关者分为四个层次：第一层次是教师、学生、行政管理人员等核心利益相关者；第二层次是校友和财政拨款者等重要利益相关

① UNESCO. World declaration on higher education for the twenty-first century: vision and action[EB/OL].(1998-09-09)[2019-03-08]. http://www.unesco.org/education/educprog/wche/declaration_eng.html.

② [美]亨利·罗索夫斯基.美国校园文化：学生·教授·管理[M].济南：山东人民出版社，1996.

③ 李福华.利益相关者理论与大学管理体制创新[J].教育研究，2007(7)：36-39.

者;第三层次是与学校有契约关系的当事人,为间接利益相关者,如科研经费提供者、产学研和作者等;第四层次是当地社区和社会公众等边缘利益相关者。

黄浩岚(2013)①认为,利益相关者理论以利益相关者共同利益最大化为目标,符合人们对高职教育社会责任和伦理方面的要求,高职教育具有教育与经济的双重职能及开放、合作的跨界属性,高职工学结合人才培养质量建设是一个关系众多利益主体的公共事务。按照资本形态分类,可将高职教育利益相关者分为:(1) 物质资本利益相关者,具体包括政府及其支持机构、受教育者(在校学生)、校企合作单位(用人单位)、贷款提供者及其他捐资助学者;(2) 人力资本利益相关者,包括院校职工(教师、管理人员)、受教育者(在校学生)、校企合作单位(用人单位)、行业(学会/协会);(3) 社会资本利益相关者,包括校友(已毕业学生)、社会组织(社区、媒体、社会活动团体)、一般公众(特别是具有消费预期的学生及其家庭)。由此可知,高职院校作为高等院校的重要部分,利益相关者理论对于高职院校同样具有适切性。

利益相关者理论要求高职院校在进行治理时充分考虑不同利益相关者的利益诉求。本研究尤为关注学生这一利益相关主体的利益。但当前,我国大学治理中存在行政权力泛化导致学生主人翁意识相对不足,容易从属于学校行政权力,导致学生在学校事务中忽视自身的管理和监督权利。当学生自身权利与行政权力、学术权力发生冲突时,尤其是涉及学生根本利益的管理制度的制订、修改与重大事项决策时,很少或者几乎没有学生参与②。

借鉴利益相关者理论,高职院校必须重塑“学生利益优先”的治

---

① 黄浩岚.高职教育利益相关者理论研究的若干问题[J].教育与职业,2013(21):5-8.

② 王华伟.利益相关者理论视阈下大学治理中的学生参与研究[J].现代教育科学,2014(5):143-146.

理理念，认识到学生是学校的重要利益相关者，进而重视学生主体的利益诉求，调动学生参与学校管理的积极性。在具体实践上，可以通过章程建设或相应规章制度明确学生的权利范围，同时形成多重机制，畅通学生的利益诉求表达机制，强化学生作为利益相关者对学校建设与发展的参与程度，同时通过参与学校治理培育学生的公民意识和民主精神。

三、系统与协同理论

（一）系统理论

系统这一概念由来已久。但是，作为一种独立的理论，系统论是由美籍奥地利生物学家贝塔朗菲（Ludwig Von Bertalanffy）开创的。他在1932年提出了系统论的思想，1937年提出了一般系统论原理，奠定了这门科学的理论基础，1968年发表的专著《一般系统理论：基础、发展和应用》（*General System Theory: Foundations, Development, Applications*）确立了这门科学的学术地位。贝塔朗菲提出的一般系统理论认为，生命有机体都是一个完整的系统，各个系统都是一个更大的系统的子系统[①]。所有系统都具有整体性、关联性、等级结构性、动态平衡性、时序性等基本特征。

整体性观念是系统理论的核心思想，它指的是任何一个系统都有一定的结构，而且系统整体性功能不仅是一个个单独部分的功能的简单相加。没有结构的，没有整体功能的系统是不存在的。系统是处在一定相互关系中，与环境发生关系的各个部分组成的整体；组成系统的各单元、因子、部分，就是要素。系统内部各个要素的组成

① 全国社会工作者职业水平考试教材编写组.社会工作综合能力[M].北京：中国社会出版社，2015：100.

形式，即结构；功能是指系统在一定环境中所发挥出来的作用。结构决定功能，不同的结构具有不同的功能。系统的整体功能，不仅包含各部分单独的功能，而且还有各部分相互联系形成新的结构而形成的功能。系统理论中的整体性观点，要求高职院校在组织机构的设置及其协同运行中要树立系统观念，进行系统分析和系统管理，坚持整体性原则。

高职院校作为一个整体，也是一个系统；学校的各个组织、各个机构、各个部门、各个群体都是高职院校的子系统。因此，在高职院校治理过程中应该坚持系统理念，以整个学校的总体目标为目标，妥善处理好整体与局部之间的关系，实现“系统整体的功能大于各个孤立部分功能的总和”。要实现这一目标，就要明确高职院校内部各个组织机构的功能目标，并且要求每个组织机构的目标不能与学校的整体目标发生冲突。另一方面，结构决定功能的发挥，高职院校内部的子系统相当多，这些子系统所形成的高职院校内部结构的不同，其发挥出来的功能自然会有差异。如学校领导班子的任命，学校组织机构的设置，校院之间的职权划分，各种规章制度的建立都需要合理地进行安排，形成科学、合理的结构，实现高职院校整体治理的优化。

（二）协同理论

协同理论（Synergy Theory）是 20 世纪 70 年代德国物理学家赫尔曼·哈肯（Hermann Haken）创立的一门跨学科理论，研究的是复杂大系统在一定外部条件下，系统内部各个子系统之间相互作用产生协同效应，使系统从无序混沌状态向有序状态转化的机理和变化规律①。作为系统科学的一个重要分支，协同理论提供了一个新的视角，重在强调复杂系统的内部，为了达到共同目标而通过结构的有序优化，以实现

---

① 陈稚兰，李必强，胡继灵.原始性创新的协同理论观[J].科学学与科学技术管理，2005(1)：59－60.

更少的内部摩擦、更好的整合效果和更高的工作效率，形成功能倍增、良性循环的协同效应①。协同理论主要包括三个方面的重要内容：

第一，协同理论中最为核心的原理是支配原理，从系统内部稳定因素和不稳定因素之间的相互作用角度，描述了系统从无序变化到有序的过程②。系统在接近临界点或不稳定点时，支配系统其他变量行为的少数几个集体变量，对系统有序变化起主导作用的关键变量，具有直接促进系统发展变化的巨大影响力③。该原理强调的是协同中主导子系统或关键变量的核心作用。

第二，"协同导致有序"是协同理论的重要思想，有序是协同的产物④。所谓有序主要指形成了协同运动，其关键是系统内子系统间的有机联系、协作和配合。只有系统中各要素彼此关联，才能形成有序结构，达到协同效应。这一原理主要强调协同中各子系统或要素进行沟通、联系与互动的过程。

第三，自组织是促使系统产生协同效应的根本动力。即无须外界的控制和特定干预，在没有外部指令的情况下，其内部子系统之间能够按照某种规则，自行组织、自行演化，自动形成一定的结构或功能，使系统自主地从无序走向有序，具有内在性和自生性特点⑤。当外部能量、信息和物质等条件向系统输入时，通过系统自身所具有的自组织功能，可以使系统达到新的稳定，形成新的时间、空间或时空有序结构⑥。这

① 范莉莉.基于协同理论的残疾人中高等职业教育发展探索——以残疾人中高等职业教育衔接影响因素为视角[J].教育理论与实践，2016(27)：24－26.

② 廖红，蔡心红.协同学理论建立过程中对人们研究自然事物的启示[J].贵州教育学院学报(社会科学版)，2000(3)：67.

③ 白列湖.协同论与管理协同理论[J].甘肃社会科学，2007(5)：228－230.

④ 蒋俊东.协同论对现代管理的启示[J].科技管理研究，2004(1)：151－152.

⑤ 孙班军，朱燕空.协同论在企业集团核心竞争力构建中的应用[J].商业时代，2007(31)：60－61.

⑥ 李柏洲，董媛媛.基于协同论的企业原始创新动力系统构建[J].科学学与科学技术管理，2009(1)：56－60.

一原理主要强调协同中各子系统或要素进行沟通、联系与互动的内在机制，是形成某种规则以及自动形成的结构与功能。

协同理论对于高职院校现代教育治理体系的建设具有如下启示：一是要注重高职院校内部治理组织协同运行中关键组织的作用；二是强调治理组织间的互动，明确高职院校治理组织间的沟通与联系，以推进高职院校治理组织的协同；三是重视高职院校治理组织协同运行规则的制订，以形成自发式的协同效应。

第二节　高职院校现代教育治理体系建设的目标要素

高职院校现代教育治理体系建设，需要有目标进行指引，同时，需要厘清其建设的相关要素，从而明确建设的对象和方向。通过分析高职院校现代教育治理体系建设的总体目标、外部目标和内部目标，从治理主体、治理结构和治理组织三个层面分析高职院校现代教育治理体系建设的要素，有利于深入分析高职院校现代教育治理体系的建设实施。

一、高职院校现代教育治理体系建设的目标分析

（一）高职院校现代教育治理体系建设的总体目标

高职院校现代教育治理体系建设的总体目标，主要见于一些相关的政策和文件规定、相关机构及学者提出的期望。《国家中长期教育改革和发展规划纲要（2010—2020 年）》提出，职业教育治理体系现代化的总体目标为，“到 2020 年，形成适应经济发展方式转变和产业结构调整要求、体现终身教育理念、中等和高等职业教育协调发展

的现代职业教育体系”[1]。欧洲培训基金会认为，职业教育治理的目的在于加强利益相关者之间的相互作用，改进政策的问责制、透明度、一致性、效率和有效性[2]。高职院校治理现代化将为高职院校的发展提供整体性、全面性、系统性的发展战略，统筹解决现代化进程中的不均衡、不协调问题，最终形成一个局面：即让高职院校内部的一切劳动、知识、技术、管理、资本的活力竞相迸发和让其内部的一切创造社会财富的源泉充分涌流的局面[3]。谷峪、李玉静认为，我国职业教育治理体系现代化的基本目标是：完善分级管理、地方为主、政府统筹、社会参与的管理体制，构建政府、院校、社会新型关系，推进管、办、评分离，转变政府职能，建立“系统完整、科学规范、运行有效”的现代职业教育治理体系，提高职业教育行政、高职院校治理能力，提高职业院校运行效率与效益，以期真正形成“政府宏观管理、学校自主办学、企业积极支持、社会广泛参与、职能边界清晰、多元主体共治”的格局[4]。

（二）高职院校现代教育治理体系建设的外部目标

根据上述高职院校现代教育治理体系建设的总体目标，高职院校外部治理的目标在于搭建政府、市场、社会、学校协调互动的多主体制度运行系统，以促进校企合作、产教融合，实现外部多元治理主体对学校办学的深度参与[5]。一方面，政府是高职院校办学的重要管理方和

---

① 中华人民共和国中央人民政府.国家中长期教育改革和发展规划纲要(2010—2020年)[EB/OL].(2010-07-29)[2018-07-01].http://www.gov.cn/jrzg/2010-07/29/content_1667143.htm.

② 李玉静.建立多元主体共同参与的职业教育治理体系[J].职业技术教育，2014，35(07)：1.

③ 雷世平，姜群英.高职院校治理能力现代化的内涵及其衡量标准[J].职教论坛，2015(31)：41-45.

④ 谷峪，李玉静.现代职业教育治理：框架构建和内容解析[J].职业技术教育，2015(16)：8-13.

⑤ 蓝洁.职业教育治理体系与治理能力现代化的框架[J].中国职业技术教育，2014(20)：9-13.

监督主体。政府部门对于高职院校尤其是公办高职院校的资源投入，使得高职院校与政府之间有着密切的联系；同时，政府部门通过出台政策和规范监管，为现代高职院校的治理提供了政策制度保障。另一方面，行业成为现代高职院校治理核心的参与主体。具有高等性、职业性和地域性的高职院校，自诞生以来，就与行业产业和市场有着千丝万缕的联系。不少高职院校也在长期的办学过程中，坚持走“校企合作、工学结合”之路，探索形成了多种校企深度合作的人才培养模式。《国务院办公厅关于深化产教融合的若干意见》(国办发〔2017〕95 号)明确指出，“深化产教融合，促进教育链、人才链与产业链、创新链有机衔接，是当前推进人力资源供给侧结构性改革的迫切要求”，因而迫切要求“深化校企合作、产教融合、协同育人”①。从“产教融合”的视角来看，高职院校现代教育治理体系建设的外部目标，应该高度关注以企业和产业为核心的外部治理主体对于高职院校办学的参与，走产教深度融合之路。同时，作为利益相关主体多元化的组织，高职院校的办学还涉及家长、校友、评价机构等多元组织，这些外部主体均在一定程度上影响着高职院校的办学和人才培养，因而高职院校的外部治理结构，也有必要将这些主体纳入其中。

（三）高职院校现代教育治理体系建设的内部目标

高职院校内部治理体系建设的目标包括两个方面：形成内部治理结构，完善制度体系。一是形成合理有效的治理结构，2011 年以来，教育部颁布了《关于坚持和完善普通高等学校党委领导下的校长负责制的实施意见》《高等学校学术委员会规程》《学校教职工代表大会规定》《普通高等学校理事会规程(试行)》等系列文件，为高职院校的内部治理结构明确了方向。总体来说，高职院校内部治理结构主要包括两个

---

① 中华人民共和国国务院.国务院办公厅关于深化产教融合的若干意见(国办发〔2017〕95 号)[EB/OL].(2017－12－19)[2018－07－10].http://www.gov.cn/zhengce/content/2017－12/19/content_5248564.htm.

方面：其一，明确党委权力、行政权力、学术权力和民主监督权力的职权范围，完善议事规则、规范议事过程，建立沟通机制、强化分工协作；其二，推进系部二级管理，下放教学、科研、教师、学生和财务资产管理权到二级学院，实现人才培养和科技研究管理重心的下移[①]。二是建立完善的内部治理制度体系。2013 年教育部公布了《全面推进依法治校实施纲要》，规定到 2015 年，我国将全面形成一校一章程的格局。当前，高职院校大多实现了教育部提出的"一校一章程"的要求，因此其内部治理的重要目标将转为建立以章程为核心的"1＋N"现代大学制度体系。在这一体系中，章程是高职院校内部的"根本宪章"，也是高职院校全面推进"依法治校"的重要基础。以章程为统领，实现学校内部治理的制度体系建设，有利于深入推进和逐步规范高职院校的各项教育教学活动。

二、高职院校现代教育治理体系建设的要素分析

（一）治理主体

关于高职院校的治理主体，可以通过利益相关者理论加以阐述。高职院校是典型的利益相关者组织，因而有必要由利益相关者共同治理。由于高职院校的利益相关者存在不同的利益诉求，要协调好个人和组织利益，实现高职院校价值最大化，有必要根据各利益相关者与高职院校的利益相关程度以及参与大学治理的意愿及能力，按照非均衡分散分布原则，在各利益相关者内部配置剩余控制权，从而实现高职院校利益相关者的共同治理[②]。

---

① 陈寿根.推进高职院校内部治理现代化的关键点[J].教育发展研究，2018(5)：3.

② 潘海生.作为利益相关者组织的大学治理理论分析[J].中国地质大学学报(社会科学版)：2007(09)：17－20.

李福华[①]根据利益相关者与大学密切程度不同，把高等院校的利益相关者分为核心利益相关者、重要利益相关者、间接利益相关者和边缘利益相关者四个层次。黄浩岚[②]根据投入与影响来源将高职院校利益相关者分为外部和内部利益相关者，按照资本形态分为物质、人力、社会、生态利益相关者，按密切程度则分为重大、重要、一般利益相关者的三维分类法。借鉴她的分类方法，高职院校主要利益相关者分类情况如表2-1。根据这一分类，高职院校现代教育治理体系建设的参与主体主要包括各级政府、合作企业、合作院校、在校学生、教职员工、行业组织、毕业校友、社区及媒体等社会组织。

表2-1 高职院校主要利益相关者分类表

投入与影响来源		资本形态				密切程度		
		物质	人力	社会	生态①	重大	重要	一般
外部	各级政府	√				★		
	合作企业	√	√			★		
	行业组织		√				★	
	毕业校友			√			★	
	社会组织②			√				★
	合作院校③	√	√			★		
内部	在校学生	√	√			★		
	教职员工④		√			★		

资料来源：根据相关学者的研究成果绘制。

① 主要内涵为当下民众和子孙后代，因是非主要利益相关者，故未列出。

② 主要包括：社区、媒体、社会活动团体。

③ 此处主要针对中外合作办学的单位而言。

④ 主要包括：学校行政管理人员和教师。

① 李福华.利益相关者理论与大学管理体制创新[J].教育研究，2007(7)：36-39.

② 黄浩岚.高职教育利益相关者理论研究的若干问题[J].教育与职业，2013(21)：5-8.

（二）治理结构

鉴于高职院校存在着多元治理主体，高职院校必须建立和完善现代大学治理结构。高职院校的治理结构分为外部治理结构和内部治理结构两个方面。其中，外部治理结构主要是处理政府、行业企业等外部治理主体与高职院校的关系，内部治理结构主要是处理高职院校内部教师、行政管理者及学生等主体间的关系。就外部治理机构而言，一方面，应该完善政府与高职院校的治理关系，尤其应该建立相对独立的高校法人制度。构建"政府宏观管理、市场适度调节、社会广泛参与、学校依法自主办学"的法人治理结构是现代大学制度的基本要求，也是市场经济国家行之有效的方法[①]。这就要求政府部门简政放权，转变职能职能，真正做到"管办评分离"，落实高职院校办学自主权。另一方面，应该形成行业企业深度参与高职院校办学的结构。职业教育具有"跨界"的本质属性，行业企业是其核心的利益相关者和治理主体，因而完善高职院校的外部治理结构，要求加强行业企业和社会组织对高职院校建设的投入、管理、评估等工作，高职院校应该积极与行业企业建立深度融合的关系，《国务院办公厅关于深化产教融合的若干意见》（国办发〔2017〕95 号）的颁发，为行业企业的深度参与提供了政策保障。2019 年 2 月，时任教育部职业教育与成人教育司司长王继平在教育部新闻发布会上透露，目前正在制订关于产教融合型企业建设的具体办法，可见，高职院校与行业企业形成产教融合治理结构，这是未来我国高等职业教育改革发展的重要内容。

就内部治理结构而言，高职院校应该围绕党委权力、行政权力、学术权力和民主监督权力，形成"党委领导""校长负责""双师治学""民主管理"的现代大学内部治理结构。这是在普通高等院校"党委领导""校

---

① 徐敦楷.落实高校办学自主权，完善现代大学治理结构[J].中国高等教育，2010(19)：5－8.

长负责”“教授治学”“民主管理”基础上，适应高职院校内部治理结构做了优化的结果。其中，高职院校内部治理结构，要求贯彻《中华人民共和国高等教育法》和《中国共产党普通高等学校基层组织工作条例》等文件精神，积极落实“党委领导下的校长负责制”。高职院校教师队伍重在建设“双师型”教师，因而其治学更加强调“双师型”教师的参与。高职院校要不断完善学术委员会、专业建设委员会等学术治理组织建设，促进广大“双师型”教师积极参与学校的学术事务。同时，高职院校必须开辟民主管理与监督的途径，为广大师生参与学校决策管理，维护自身合法权益提供必要的制度保障。

（三）治理组织

治理组织是高职院校现代教育治理体系建设的核心要素。治理组织的良好运行，为高职院校优化治理结构，提升治理能力奠定了基础。因此，高职院校现代教育治理体系建设，必须重视治理组织的建设工作。

高职院校现代教育治理体系涉及的权力主要有政治权力、行政权力、学术权力、民主监督权力，因而高职院校现代教育治理体系涉及的治理组织主要有政治权力组织、行政权力组织、学术权力组织、民主监督权力组织。同时，基于行业企业在高职院校现代教育治理中的深入参与，也有必要以一定的治理权力组织对高职院校的校企合作、产教融合加以协调，这类组织即为校企合作治理组织。概括来讲，高职院校现代教育治理体系建设，需要尤为重视政治权力组织、行政权力组织、学术权力组织、民主监督权力组织及校企合作治理组织等五类治理组织的建设和运行工作。已有的高职院校实践和相关研究，对于这五类治理组织的重视程度还不够，随着高职院校治理现代化程度和要求的提升，高职院校需要进一步加大对于其治理组织的建设力度，同时强化相关的研究，以完善的治理组织的建设和规范运行，推动高职院校治理组织形成协同效应。

第三节　高职院校现代教育治理体系建设的运行机制

运行机制，对于体系建设具有重要支撑作用，是一个系统或体系取得运行成效的关键。多元主体参与高职院校现代教育治理体系建设，必须形成良好有序的运行机制。高职院校现代教育治理体系建设的运行机制主要可分为政府的间接调控机制、校企紧密合作机制、院校内部权力分配机制、多元参与决策机制等。分析这些机制的形成机理和运行规律，将为多元主体参与高职院校现代教育治理体系建设提供有力指导。

一、完善政府对高职院校的间接调控机制

（一）建立完善政策法规，发挥政府的宏观引导职能

我国政府与高职院校的关系具有典型的“国家控制模式”特征。高职院校办学主体是国家及教育行政部门，高职院校的建立、经费来源、专业设置、招生计划、教学过程、科学研究、毕业分配、人才引进、基本建设、后勤服务等，都遵循国家或主管部门的指令办事，形成了以单一行政配置机制为主的运行机制，高职院校与政府的关系比较单一，属典型的行政隶属关系。这种集权度高的教育管理模式会带来如下不足和问题。一是导致高职院校办学中的政策失灵。我国教育行政部门不仅对高职院校实施教育政策、办学方针上的宏观引导，也将权力的触角不断伸向如学科设置、学制规划等具体的事务，对高职院校进行着事无巨细的行政管理，大大消耗了政府部门的精力、人力和财力，使得其在本应该着重关注的宏观层面上缺少必要全面的规划，于是出现了诸如政策

失灵、效率低下等一系列问题①。二是影响学校办学活力的有效发挥。长期以来，政府既是教育的举办者，又是教育的办学者和管理者。高职院校在长期外控的管理模式下形成了对政府的依赖，充当被动执行的角色。政府对于高职院校办学的评价标准也更多地站在政府的立场，对高职院校的办学特色和效益重视不够，缺乏有效的评价方法，误导高职院校盲目追求"大"和"全"，使高职院校管理者、教职工、学生和学生家长等在学校管理中处于一种被动、消极的状态。这在一定程度上损害高职院校自主办学的积极性和主动性，压抑了高职院校的办学活力②。三是制约了高职院校的竞争性发展。在以政府控制为特征的办学模式下，高职院校封闭办学、自成体系，高职院校之间表现为行政控制下的利益一致性，不存在竞争，更没有形成高等职业教育的生源、资源、人才、信息市场，整个高等职业教育系统实际上就是政府集中管理的一所大学③。在这样的情况下，高职院校缺乏竞争、积极发展的动力，会在很大程度上影响高等职业教育的改革发展。

新的时代背景下，政府应改变对高职院校的管理模式，通过完善相关法律政策，加强政府的宏观调控。(1) 完善职业教育相关法律法规，明确高职院校与政府的权责关系及权责范围。修订《中华人民共和国职业教育法》等职业教育法律，通过明确界定各自行使权利的形式，保证高职院校办学自主权能以法定的形式和内容得以真正落实。要明确规定三种权力：高职院校享有的自主权、政府拥有的管理和监督高职院校权、政府和高职院校共同享有的权利。(2) 出台已有法律的配套实施细则，确保法律法规的执行效率。《中华人民共和国职业教育法》

① 蒲蕊，徐蕾.对教育放权改革的思考[J].教育学报，2015(10)：13－18.

② 田贤鹏，陈恩伦.试论高校的办学自主权与内涵式发展的辩证关系[J].教育与职业，2014(30)：5－7.

③ 罗建国.我国高等教育政府评估的困境与对策分析[J].高等教育研究，2007(3)：28－34.

及其相关法律规定，缺乏具体的、详细的、可操作性解释的实施细则，使得法律的条款难以落到实处，因而有必要通过一定的实施细则，确保有关高等职业教育的条款，对高等职业教育的建设与发展有真正的规范引导作用。(3) 完善高职院校自主权的救济途径，保障高职院校自主权。救济途径包括两种：一是高教行政复议。即高职院校作为高教行政相对人，认为教育行政机关的具体行政行为侵犯其合法权益而提出申请，请求复议机关对具体行政行为进行复查并做出决定的一种制度。二是高教行政诉讼。高教行政诉讼是指高职院校作为教育行政相对人，认为教育行政机关或其他教育行政执法主体所实施的具体行政行为侵犯其合法权益，依法向人民法院起诉，人民法院对被诉行为的合法性进行审查并依法作为裁决，以保证教育行政的公正性和合理性，保护高职院校的合法权益。

(二) 实施绩效拨款，建立科学的政府投入机制

我国高等教育从 1986 年起迄今，采用的是“综合定额＋专项补助”的拨款模式。高等教育财政拨款模式主要表现在以下几个方面：一是高等教育财政拨款主要为国家政策所主导和强制推动；二是拨款以高等学校师生规模而非高校实际成本为依据；三是拨款机关全是政府机构，拨款的整个操作程序都受到政府的直接干预，拨款机制还属于政府的直接运作模式①。这种拨款模式存在以下不足：(1) 高等学校扩张缺乏有序性，高等教育资源浪费现象明显。在综合定额加专项补助的经费分配方式中，综合定额办法虽然也实行了公式拨款方式，但参数过于单一，拨款方式比较简单，不能准确地反映高等教育实际办学成本的变化规律，因而国家无法对不同高职院校的办学活动及其功能做出有效区分并据此划拨经费。在综合定额既定的情况下，高校获得的教育

① 钟云华，胡惠伟.我国高等教育财政拨款模式演变及展望[J].黑龙江高教研究，2009(1)：68－70.

经费又取决于各院校的规模，在某种程度上刺激了一些高校盲目扩大招生规模，争夺有限的教育资源，重复建设，形成各高校间过分同质化的局面，影响办学效率①。(2) 拨款过程的公正性和透明度不高。我国的高职院校拨款机构是政府职能部门，职员都是政府人员，拨款的整个操作都是政府的直接运作行为。其运行机制为政府制定拨款标准、方式，确定拨款对象，再由政府自身运行。政府拨款体制本身只有政府自己在运作，缺乏大学和社会的共同参与，来自“第三方”的监督作用不明显。

高校绩效拨款是指政府将高职院校在办学、科研等方面取得的绩效(包括效率、效益、质量等)，或将高职院校所获得的资助与对资助运用的评价结果作为拨款的主要依据，通过衡量高职院校的办学绩效以及评价其科研成果来确定一系列绩效指标，再根据绩效指标对高职院校进行绩效评价，然后依据绩效评价结果来决定对其拨款方向和数额。绩效评价结果好，获得的拨款就多，反之就少。绩效拨款有利于高职院校提高效率，将结果导向和顾客中心的理念融入办学过程；把资金分配与教育生产联系起来，以使那些培养更多学生和质量更高的高职院校得到更多的资源；使高等教育财政资源的分配机制更简单、公平、透明和自主，提高资源配置的效率及合理性；促进高职院校之间的质量竞争。

为努力提高高职院校财政拨款与管理的科学性、公开性、公平性，提高高等职业教育财政资金分配的竞争性、择优性及效益，政府要充分运用评估和拨款手段促进各高职院校特色化和比较优势的形成。一是建立拨款中介机构，使政府和高职院校之间有一个“缓冲器”。包括各种拨款委员会、教育基金会等，科学进行一般性拨款和

---

① 王成端，周小波.基于公平和绩效的高等学校教育事业费拨款问题研究[J].现代教育管理，2011(8)：17-20.

专项拨款的决策①。其主要职责为收集高职院校发展信息，评估高职院校整体财政运作，确保经费使用的效益和效率。中介机构的设立，有利于改变高职院校对行政主管部门的从属地位，改变对高职院校的拨款和管理上政出多门、条块分割的局面，促进政府政策目标的实现，也有利于统一拨款标准，提高拨款的整体效益，体现公平、透明和有效的原则，实现高校的公平有序竞争，防止高职院校之间在资源分配上差距过大，从而理顺政府、社会和高职院校三者之间的关系。当然，中介机构本身也应接受来自政府和社会的监督。二是建立健全高职院校质量评估制度，将评估结果与高职院校拨款直接挂钩。运用绩效指标对高职院校的拨款使用的效益、效率和质量进行衡量，以决定后续拨款的多少、方向、形式和方法等②。这种做法有利于督促高职院校把有限的资源用到实处，提高效益，有利于促进高职院校间的良性竞争。这也要求政府承担起制定适合我国国情的绩效拨款指标的工作，将拨款与评估密切结合，鼓励高职院校合理竞争获取资源，以优化资源分配，提升高等职业教育的整体办学水平。

（三）引入第三方评估，实现政府的问责与监督

长期以来，政府对高职院校办学的各个方面实行统一领导，高校也倾向于依赖政府，办学自主权不足。这种集权领导和控制存在以下明显不足：（1）弱化了高职院校的责任意识。长期以来，政府对高职院校集中领导，政府既是管理者，又是办学者，还是评估者。政府过多的管制会造成高职院校长期的依赖性，缺乏责任心和使命感③。高职院校在没有获得办学自主权的情况下，在承担责任方面容易将其推向外

① 刘金龙.英、日、德高等教育财政拨款体制及其启示[J].现代教育管理，2009(12)：94-96.

② 钟云华，胡惠伟.我国高等教育财政拨款模式演变及展望[J].黑龙江高教研究，2009(1)：68-70.

③ 蒲蕊，徐蕾.对教育放权改革的思考[J].教育学报，2015(10)：13-18.

部。(2) 政府独家控制评估权,缺乏监督,影响了评估的公正性。无论是在评估过程中,还是评估结束后,都有很强的封闭性,政府的独家评估容易导致权力寻租①。一方面,评估主体所采用的数据来源、评估方法和指标体系等方面缺乏透明度;另一方面,评估结果只有被评估单位知晓,往往并不向社会公布。

《国家中长期教育改革和发展规划纲要(2010—2020 年)》指出:"鼓励专门机构和社会中介机构对高等学校学科、专业、课程等水平和质量进行评估。建立科学、规范的评估制度。探索与国际高水平教育评价机构合作,形成中国特色学校评价模式。"社会中介机构是在学校与政府、企业之间起桥梁作用的社会组织或机构,不是国家行政机构的组成部分,而是独立于学校与政府之外。社会中介评估机构对高校的教育质量开展评估,一方面实现了政府的赋权,使得政府对高职院校的集权领导转向宏观控制,推动了高职院校办学自主权的落实;另一方面有助于评估结果的公正性和客观性,促进了高职院校参与评估的积极性和主动性。通过引入第三方评估机制,能有效地实现对高职院校教育的问责与监督。

在治理背景下,政府应该积极转变职能,摒弃过去的集权化模式,实行对高职院校的宏观调控。(1) 完善社会中介机构相关法律法规的建设,保障中介组织的权威性。一是出台关于教育评估中介机构组织的法律,规范教育评估中介机构的性质、职能、组织形式、责任和义务,用法律的形式来确定评估中介机构的独立法人地位,保证社会中介组织的权威性和合法性。二是建立规范教育评估中介机构行为方式的法律,规范评估中介机构的评估行为,防止和抑制不正当行为,维护评估中介机构客观、公正的社会地位和服务对象的合法权益,使其得到社会

① 张继平.我国高等教育评估价值取向的转向发展[J].教育研究与实验,2013(5):48-52.

的认可与高校信任。(2) 引入激励与制约机制，扶持社会评估中介机构的发展。政府可以从物质和精神两个层面，激励社会中介机构参与评估。一方面，可以通过建立专项财政资金，支持中介机构的发展；另一方面，通过实施荣誉称号制度，激发社会评估机构参与相关工作的积极性。(3) 定期开展对社会评估中介机构及其人员的资格认证，防止机构的泛滥。政府通过制定相应的评估认证标准，对社会评估中介机构及从业人员资格严格考核，严把评估组织准入关，同时强化过程管理，维护社会中介机构良好的声誉和专业权威。

二、形成高职院校与企业紧密合作机制

(一) 通过人才共育，制订校企合作的人才培养方案

校企合作的广度和深度是影响高职院校进行教育教学改革、提高人才培养质量的关键因素。目前高职院校的校企合作，还存在以下问题：(1) 校企合作形式和内容单一。高等职业教育的人才培养目标决定了高职院校需要实施校企双方的深度合作，提高人才培养质量。校企合作领域包括学生顶岗实习、就业、人才培养方案的共同制订、企业员工培训、教师队伍建设、校企共建实习实训基地、产品研发等方面。但从目前各高职院校的校企合作模式来看，校企双方合作的领域绝大多数停留在学生顶岗实习和就业层次，合作的形式和内容都比较单一，成效不太明显[①]。(2) 企业参与内在动力不足。企业作为校企合作的参与主体之一，参与校企合作就意味着需要付出正常生产经营之外的更多精力与高职院校进行合作，且大部分合作项目难以在短期内获得经济效益，这更加降低了企业参与校企合作

① 韩春燕.利益相关者视角下高职院校政校企协同人才培养机制研究[J].教育与职业，2015(19)：10－12.

的积极性与原动力①。多数企业认为，企业只要能够确保正常的生产经营活动，获得经济效益，实现经营目标就可以了，至于培养学生是学校的事情，与企业无直接关系，并不需要投入额外的人力、物力和财力，没有意识到主动与学校合作培养未来所需人才以及校企双方资源共享的重要性。

在校企合作中，高职院校与企业要加强合作和联系，共同培养人才。通过订单式培养，校企共定人才培养方案。订单式培养模式即高职院校根据企业的用人标准和岗位要求，与用人单位共同确立培养目标方案，制订并实施教学计划，实现人才的定向培养②。高职院校在进行专业设置和课程改革时，应当邀请企业参与，企业应当根据自己的需要，结合未来岗位发展态势，对高职院校的教学提出建议，高职院校则应当根据学生实践能力较弱的现状，强化学生的企业实践。通过订单式校企合作，不仅能将高职院校的人才培养同企业的人才需求紧密结合，形成“人才供需共同体”，还能明确校企双方在人才培养中的权利和责任，确保订单人才培养的质量。

为了更好地实现人才共育，校企双方要做到：（1）签订人才培养协议。“订单”是订单班人才培养模式的核心，要求校企双方在市场调研的前提下，根据企业的要求和高职院校的办学条件，双方签订人才培养协议，包括双方合作的具体内容、合作的对象、达到什么样的培养规格、如何进行培养等方面的内容。（2）校企共同开发专业和课程。根据经济和社会发展需要，校企双方经过深入的市场调研，按照技术领域和职业岗位群的实际要求，合理开发专业。企业专家与高职院校教师定期开展研讨，共同开发融入企业最新技术和职业岗位需求的实训模

---

① 叶继强.高等职业教育校企合作保障机制研究[J].教育与职业，2015(10)：30－32.

② 张茂盛.职业院校校企合作办学模式探析[J].中国职业技术教育，2012(7)：89－91.

块、技能考核标准及配套教材等课程教学资源，实现课程教学与实际岗位能力的紧密对接。(3) 校企共建实习实训基地。积极探索以“股份制”形式共建校内实训基地。学校以校舍、师资、实验实训设施及其他无形资产折合入股，企业以资金、生产设备等入股，按照“设备生产化、训练岗位化、功能多样化、管理企业化、服务开放化”的运行模式，建成集教学、生产、科研、职业培训、技能鉴定及社会服务为一体的综合性实训基地。进一步拓展校外实习基地，建成覆盖所有专业群方向的实习就业网络，为实习教学提供必要条件。同时进一步完善学生顶岗实习管理制度，加强对学生顶岗实习的管理与指导，坚持学校管理和实习企业管理相结合，以企业管理为主的原则，保护学生在实习期间的合法权益，切实提高顶岗实习的质量。

(二) 通过过程共管，优化校企合作办学制度

高职教育校企合作是高职院校与企业在不同利益基础上资源共享、通力合作，达到互惠互利的一种合作模式。为确保校企合作的顺利实施，平衡双方利益、寻求合作激励点，以实现合作目标，校企双方必须加强校企合作的过程管理。高职院校与行业企业能否长期合作，取决于双方利益平衡点的寻找与把握，而能否使合作产生最大效益，则取决于长期合作中双方逐步探索建立的各种保障机制。校企双方建立各种科学、严格的教学管理制度，建立健全各种教学规范性文件，有明确的岗位职责及分工细则，有规范且能严格执行的人才培养方案、课程标准、教学规程等一系列教学文件，保证教学环节的完成及达到预期实训效果。

通过优化校企合作办学实施细则，充分调动企业参与职业教育的内在积极性，努力健全校企共管的决策管理机制。(1) 成立校企合作理事会。理事会的理事长、副理事长等主要职务由校企双方负责人共同担任，理事会成员中的企业人员所占比例应大于 50%，以发挥企业的主体作用。在理事会会议上，围绕高职院校的联合办学、联合人才培养、联合科技研发、教育培训服务等方面展开，企业对高职院校的办学

方向、培养规模和层次、教学改革、人才培养、专业设置和中长期发展规划等重要问题，提出指导性建议，学校则广泛听取意见。(2) 建立校企合作管理机构。企业应该设置独立的校企合作部门，负责管理校企合作中的资金使用、参与人员的安排、传达相关政策及宣传工作、参与校企合作的效果评估等工作。高职院校应该设置专门的校企合作办公室，负责校企合作的时间、对象安排，校企合作的效果评估、资金使用、政策宣贯等。(3) 制订校企合作办学章程，保证校企合作办学有章可循。高职院校和企业在合作进程中必须制订内容详细、科学合理的合作章程，规定人才培养规格，确保合作过程中的每个细节有章可循。高职院校和企业参与合作的各部门，在详尽的规章细则指导下，各尽其责、各司其职、分工明确、相互配合，确保合作工作顺利开展。

(三) 通过利益共享，实现校企合作互利共赢

校企合作的本质是资源共享、互惠共赢。但在目前的校企合作中，高校和企业利益共享机制没有完全建立，校企合作的互利共赢没有较好实现。主要表现在以下方面：(1) 高校忽视企业的利益诉求。对企业而言，作为人才的需求者和使用者，希望通过与高职院校的合作，利用人才和智力优势更好地解决企业生产中的技术问题，促进企业的技术更新和产品换代，进而提高企业的经济效益。但在校企合作中，大多数高职院校往往只站在自身角度考虑问题，服务企业能力弱，缺乏良好实力帮助企业解决技术问题，所培养的技术人才针对性不足，对企业缺乏吸引力，使得企业很难在与高职院校的合作中满足自己的利益诉求。(2) 企业对参与高职院校人才培养缺乏应有重视。在校企合作的认识上，企业缺乏长远目光，认为给高职院校提供实习机会，不仅不能为企业带来利润，还会干扰企业的正常生产秩序①。因而，企业更多关注

---

① 张冬霞，路梦婕.我国高职校企合作的现状、问题及对策研究[J].职业教育，2015(5)：10－13.

的是本企业人力资源的需求而不是人力资源培养的过程，对长期的投资和等待缺乏兴趣和动力，仅仅把校企合作作为解决短期"用工荒"的手段，把学生当作廉价劳动力，没有给学生提供合适的锻炼和学习平台。

高职院校和企业虽然属于不同的社会组织机构，有着各自不同的目标、任务和价值追求，但两者理应是相互依存、相互影响、共生共荣的关系。尽管两者的利益诉求表现出不同的形式，但却有共同的利益基础，一方利益的获得总是以对方利益的创造为条件，总体上是和谐的利益关系。这就要求校企双方必须形成共同的利益基础和发展目标，并在此基础上良性互动。(1) 高职院校应努力寻找利益结合点。在与企业合作的过程中，高职院校必须关注企业利益，寻找利益结合点，充分调动企业与高校合作的积极性，保证校企合作的长久开展。为寻找互利共赢的基础，高职院校要善于引导企业从社会进步和企业发展战略的高度来认识校企合作的重要意义，主动寻找企业在校企合作中的需求点，努力构建合作的利益平台。(2) 高职院校要不断提高服务行业企业的能力。高职院校应以提高办学质量为核心，不断提高校企合作能力，建设一支能够为企业提供技术攻关、员工培训、科技成果转化等方面服务的教师科研队伍，培养出能够适应企业生产、服务一线要求的高素质技术技能型人才，搭建服务于校企共同发展的信息、技术等各种共享平台。(3) 政府要加强对校企合作的指导。一方面，通过增设相关校企管理和研究合作教育的部门和人员，或者给高职院校更多的办学自主权，让高职院校能及时适应行业企业的要求，无论是专业设置、课程设置还是实践教学的改革，都应该让高职院校拥有更多的自主权。另一方面，制订优惠政策，鼓励企业全方位参与、合作、举办职业教育，此外，推进制度创新，降低企业参与职业教育的制度成本和经济成本。

（四）通过责任分担，实现合作主体的权责对等

高职教育人才培养是一个复杂的系统工程，单靠高职院校实现高素质技术技能型人才的培养目标并不现实。要利用有利的社会资源并充分发动政府、行业企业、相关社会组织等利益相关者协同联动，建立政校企协同人才培养“责任共担”的机制，才能有效促成这一目标的实现。然而，在目前的高职院校人才培养机制中，政府、以企业为主体的用人单位以及其他的社会组织还没有较好发挥应有的作用，主要表现在：(1) 政府法律政策的力度偏弱。目前我国倡导校企合作的文件不少，但上升到法律层面的文件只有 1996 年通过并施行的《中华人民共和国职业教育法》。由于《中华人民共和国职业教育法》作为职业教育的一般性法律文献，不可能对校企合作进行全面规约，因此尚难确保校企合作的深入开展①。(2) 企业合作意识不强。在校企合作过程中，企业参与的积极性差。企业没有形成对校企合作的正确认识，人才需求观念比较落后，难以产生与高职院校合作的愿望②。很多企业错误地以为人才培养仅仅是高校的职责，缺乏长远认识，只想有更多的能够满足自己需求的人才出现，却不想真正投入到人才培养的过程中来，没有认识到参与人才培养也是一种生产投资。(3) 高职院校缺乏对自身能力的准确定位。高职院校是否具有服务企业的能力，是否能提供高品质的服务，是实现校企合作的前提。因为这种合作应是对等的，是一种交换关系。而在现实中，高职院校在校企合作中考虑更多的是如何借助外部资源，为培养高素质技术技能型人才服务，强调政府以及行业企业支持职业教育的责任和义务，而很少思考如何用自身的优势为行业企业提供技术支持和服务。

---

① 张海峰.高职教育校企合作制度化研究[J].教育与职业，2010(17)：11 - 13.

② 张媛.当前我国高等职业教育校企合作培养模式[J].教育与职业，2014(35)：30 - 31.

责任共担原则是高职院校政-校-企三方协同进行人才培养的重要原则,也是提升高职人才培养质量的一种保证机制。政府、企业和高职院校作为人才培养的主要利益相关者,在人才培养的过程中,要承担各自的责任,尽到自己的义务。由于政府、企业和高职院校在人才培养过程中扮演的角色、发挥的作用和获得的收益有所不同,其所承担的责任也各不相同。(1) 政府应加强校企合作的统筹管理。首先,颁布相关政策,明确在教育过程中的责任义务以及基本权利。通过法律来明确企业参与人才培养的职责,并将企业参与人才培养的质量好坏作为衡量企业资质和缴纳税款的参考依据,通过强有力的法律手段来保证校企深度合作。其次,制订税收优惠政策。在全面开展校企合作的进程中,政府应当进行干预,使得企业参与人才培养可以通过一些优惠政策去实现。根据对教育的贡献程度,给予企业一定的税收优惠以及其他方面的支持,这能够大大提高企业与高职院校建立合作关系的热情。(2) 企业要积极参与校企合作。首先,企业要树立正确的校企合作意识。应站在长远发展的战略高度,深刻意识到自身是高职教育校企合作的直接受益者,充分认识到校企合作培养技术技能型人才为企业发展带来的效益和创造的价值。其次,主动参与高职院校人才培养的全过程。包括制订人才培养方案、设置专业和教学计划、安排课程内容、改革教学方法、建设实习实训基地、培养双师型师资等。(3) 高职院校必须以提高办学质量为核心,不断提升服务企业的能力。首先,应提高教师的社会服务能力,建设一支能够为企业提供技术攻关、员工培训、科技成果转化等方面服务的教师科研队伍;其次,学校应提高学生的专业基础能力与基本素养,培养出能够适应企业生产、服务一线要求的高素质技术技能型人才,让学生进入企业实习提高自身专业能力的同时,能给企业创造价值,为企业培养和稳定人才发挥积极作用。只有这样,企业才会在校企合作过程中有所收益,从而提高参与校企合作的积极性。

三、完善高职院校内部的权力分配机制

（一）坚持党委领导下的校长负责制，协调政治权力和行政权力

高等学校的党委是学校的领导核心，是政治权力的中心，履行党章等规定的各项职责，把握学校发展方向，决定学校重大事项，监督重大决议执行，支持校长依法独立负责地行使职权，保证以人才培养为中心的各项任务完成。党委书记主持党委全面工作，负责组织党委重要活动，协调党委领导班子成员工作，督促检查党委决议贯彻落实，主动协调党委与校长之间的工作关系①。校长是学校的法定代表人，拥有行政权力。校长是大学行政负责人，是大学法人代表，校长在学校党委领导下，贯彻党的教育方针，组织实施学校党委有关决议，行使高等教育法等规定的各项职权，全面负责教学、科研、行政管理工作。校长向党委报告重大决议执行情况，向教职工代表大会报告工作，组织处理教职工代表大会、学生代表大会、工会会员代表大会和团员代表大会有关行政工作的提案，支持学校各级党组织、民主党派基层组织、群众组织和学术权力组织开展工作。

1988 年，《中华人民共和国高等教育法》确立"党委领导下的校长负责制"作为我国高校内部领导体制。其意旨在强调一种和整个国家的领导体制相一致的政治领导和集体领导体制，凸显大学的公共性特征。但在实践中，党委的政治权力和校长的行政权力经常面临冲突②。由于认识上的偏差和执行过程的偏向，高职院校党政关系也存在一些配合上的问题。这也会导致高职院校决策中的党政矛盾、多头指挥、互相推诿等问题的产生。

---

① 刘庆东.我国高校政治权力与行政权力的整合与协调[J].山东社会科学，2009(7)：157－160.

② 王明清.现代大学制度视域下我国公立高校内部治理结构改革[J].黑龙江高教研究，2013(7)：1－4.

党委领导下的校长负责制是中国共产党对国家举办的普通高等学校领导的根本制度，是高校坚持社会主义办学方向的重要保证，必须毫不动摇、长期坚持并不断完善。党委领导下的校长负责制是一个不可分割的有机整体，必须坚持党委的领导核心地位，保证校长依法行使职权，建立健全党委统一领导、推进党政分工合作、协调运行的工作机制。党委领导下的校长负责制是一种具有中国特色的大学制度安排，坚持和完善党委领导下的校长负责制是建设中国特色现代大学制度的前提。

我国高职院校管理实践表明：过分强调政治权力容易出现党政不分、党委包揽行政事务的现象，不利于高职院校的管理；过分强调行政权力，削弱党对高职院校的领导，又不利于高职院校的社会主义办学方向的实现。因此，要从以下方面协调好高职院校的党委和校长的权力：（1）党委和校长要相互支持。党政一把手的相互支持和密切配合是保证党委领导下的校长负责制健康运行的关键。党委书记、校长要以身作则，相互尊重，相互信任，加强团结，共谋学校事业发展，努力成为社会主义政治家和教育家。（2）明确党委和校长的职责和职权。要明确："党委领导"是校长负责制的"党委领导"，党委不能包办、代替校长行使法律规定的职权；"校长负责制"是党委领导下的"校长负责制"，不能削弱党委领导，更不能脱离党委领导。党委书记应积极支持校长在职权范围内开展工作，不应包揽行政事务，校长也应主动向党委报告情况，在决定重大事项前，党政一把手应及时通气、沟通思想、取得共识。党委领导下的校长负责制需要科学处理两者关系，既要科学定位、各司其职，又要有机结合。（3）党委和校长要定期沟通。党委会议有关教学、科研、行政管理工作等议题，应在会前听取校长意见；校长办公会议（校务会议）的重要议题，应在会前听取党委书记意见。意见不一致的议题暂缓上会，待进一步交换意见、取得共识后再提交讨论。通过定期沟通，及时交换意见，有利于党委和校长在重大问题上达成共识，避免冲突和矛盾的发生。

（二）完善学术委员会建设，实现行政权力与学术权力的平衡

高校学术委员会由以教授为主的学术人员组成，是高校学术管理的专门机构，是教授参与学校学术管理的主要方式。学术委员会主要负责高校的教学与科研工作，主要职责包括：制定课程计划、规定院系及学科的发展方向、确定学生录取标准和学位标准、确定教师和科研人员的聘任和晋升标准等等。学术委员会制度的本质是教授治学，是学术权力强有力的外在表现形式。高校成立学术委员会具有坚实的法律法规基础。《中华人民共和国高等教育法》第四十二条规定："高等学校设立学术委员会，审议学科、专业的设置，教学、科学研究计划方案，评定教学、科学研究成果等有关学术事项。"《国家中长期教育改革和发展规划纲要（2010—2020 年）》也规定："充分发挥学术委员会在学科建设、学术评价、学术发展中的重要作用。探索教授治学的有效途径，充分发挥教授在教学、学术研究和学校管理中的作用。"《高等学校学术委员会规程》明确规定："高等学校应当依法设立学术委员会，健全以学术委员会为核心的学术管理体系与组织架构；并以学术委员会作为校内最高学术机构，统筹行使学术事务的决策、审议、评定和咨询等职权。"这些法律政策不仅为高校设立学术委员会提供了法律，还规定了学术委员会的定位。尽管如此，高校学术权力和行政权力仍然存在失衡现象。主要表现在：（1）学术权力存在弱化现象。传统上，高校以行政权力为主导，常常忽视学术权力，并逐渐形成重行政权力、轻学术权力的权力结构，学术权力常常被弱化。在高职院校中，这种现象更为普遍，原本是作为服务性机构的行政管理机构却掌握了较多事务的决断权，诸如科研项目、学科规划、学位审定、专业建设、教师队伍建设、成果评定等学术事务的管理及学术资源的配置都以行政管理的方式运作，学术主体较少参与其中，即使参与了也不具发言权①。高职院校学术

① 彭秋发，刘桂辉.对高校内部权力结构调整的思考[J].教育与职业，2012(2)：22－23.

人员应有的权力得不到体现，影响了学者及学术组织参与高校学术管理的积极性。(2) 学术权力存在政治化现象。学术委员会是高校的学术审议机构，但是从学术委员会的成员构成看，不少教授、专家是拥有行政职务的“双肩挑”干部，学术委员会的审议决策过程具有行政化运作的意味①。在这种情况下，学术权力和行政权力交织在一起，难以独立发挥实质作用。位于行政职位之上的学术人员也往往以行政身份活跃于校内机构，造成了学术的“官僚化”。这样，行政人员就成为大学治理的核心，学术人员反而屈居一角，成为高职院校内部的“弱势群体”。

高职院校的行政权力与学术权力有着不同的运行轨迹，两者在高职院校治理中的作用不可替代，缺一不可。行政权力是高职院校组织正常运行不可或缺的因素，高职院校职能的多样化、组织的复杂性，需要有强有力的行政权力发挥作用。学术权力在高职院校管理中也具有重要地位，高职院校的目标主要通过教学、科研活动来实现，离开了学术活动，高职院校也就失去了存在的价值。学术权力与行政权力具有各自的合理性和局限性，两者相辅相成，共同服务于高职院校的整体目标②。高职院校应该营造学术权力与行政权力和谐共处的良好局面，这是优化高职院校治理结构的必然要求。

高职院校有必要通过完善学术委员会制度，实现学术权力和行政权力的平衡。(1) 转变观念，有效地发挥学术委员会的作用。一方面，高职院校党政领导要转变观念。建立学术委员会以后，遇到学术相关事务，党政领导不仅应当咨询学术委员会的意见，与学术委员会成员商讨，还需要共同来决定。另一方面，进入学术委员会的专家也要转变观念，提高认识，对学校的学术事务要有一种责任感，积极参与到学术事务管理之中。(2) 完善相关政策法规，保障学术委员会的合法权利。

---

① 刘庆东.高等学校内部权力耦合机制研究[J].教育与职业，2011(15)：18－20.

② 王红叶.试论高校内部学术权力与行政权力的冲突与协调[J].史志学刊，2007(2)：157－158.

有关的政策法规要明确规定学术委员会应统筹行使学术事务的决策、审议、评定和咨询等职权，避免决策过程中过多的行政干预。同时，确立高职院校学术委员会的最高学术地位，一旦学术委员会做出最终决议，任何机构与个人都无权要求学术委员会擅自改变决议。(3) 优化学术委员会的成员组成，保证学术权力的发挥。高职院校学术委员会是教授("双师")治学的主要载体，组成人员直接决定其作用的发挥和运行的成效。因此，有必要对其人员组成进行优化，要向"双师型"教师倾斜，"双肩挑"的学校党政领导和职能部门负责人的比例不宜过高，并应当有一定比例的青年教师。高职院校应当根据学校的专业设置情况，合理确定院系的委员名额，保证学术委员会的人员组成具有广泛的代表性和专业性。

(三) 建立教代会制度，有效实现高校内部权力的监督

民主监督机制是高校内部权力运行中不可或缺的组成部分。强化高校内部民主监督，是确保高校内部权力正确行使的迫切需要，也是完善现代大学制度的本质要求和基本保障①。高职院校教职工代表大会制度是我国《高等教育法》规定的"教职工参与民主管理和监督"的基本形式之一。教代会基本任务包括依法行使职权、协调各方面的利益关系，维护教职工依法享有的权益，保障学校的民主管理和监督的顺利开展，维护校园和谐稳定等。我国《高等学校教职工代表大会暂行条例》明确规定，教代会具有审议建议权、审议通过权、讨论决定权和监督评议权四项职权。审议建议权主要是指教代会要定期开展会议，会上校长要进行学校工作报告，教代会成员对校长工作报告中涉及的学校发展、建设等重大问题提出意见。审议通过权主要是指那些关系到校内教职工切身利益的改革方案必须由教代会审议并通过后，才能由学校实施。讨论决定权主要是指由教代会审议决定如何使用福利费以及安

① 孙中宁.高校内部权力运行机制研究[D].长春：吉林大学，2011：28.

排其他福利事宜。教代会审议通过的事项不同于审议决定的事项。监督评议权主要是指教代会要服从学校党委的领导，不盲从、不偏袒，用客观公正的态度对学校各级领导干部进行全方位的综合评议。但是，高职院校教代会运行目前存在以下几方面的问题：（1）教代会代表构成不尽合理。高职院校教代会代表中行政人员的比例，特别是具有行政领导职务的人员比例远高于专任教师的现象普遍存在。许多高职院校的主席团成员均由具有行政领导职务的人员组成，几乎没有教师代表。这种以行政领导为主体组成的高职院校教代会，在审议学校重大决策、向大会提交提案的过程中，势必倾向行政权力，无法代表普通专任教师的利益和价值诉求，也就无法对高职院校的重大决策行为和行政行为进行有效监督①。（2）教代会虚化现象比较突出。教代会一般一年召开一次，其对高职院校重大决策的影响也相对有限，教职工代表大会制度在高职院校发展和治理实践中的作用没有得到有效发挥。同时，教职工代表大会没有足够强大的权力，便无法形成制约管理权力的约束机制，难以实现对高职院校管理权力的有效监督。教职工代表大会不能发挥应有的权力制约和监督作用，直接的后果是民主参与的失灵②。（3）教代会提案制度不甚健全。教代会提案是教职工代表在经过调查、研究，广泛征求意见的基础上，就本学校在改革、发展以及教职工普遍关心的问题，按照规定程序提出，提请教代会讨论，并转交学校相关部门处理、落实并答复的意见和建议。很多高校的教代会代表民主意识和法制观念淡薄，对于提案工作缺乏应有的热情，导致了现实中上报的提案缺乏创新、敷衍了事的情况大量存在，提案的整体质量较低③。这种

---

① 董凌波.论高校教代会制度监督功能的失落与复归[J].教育评论，2015(7)：40－42.

② 孙世一.基于高校内部治理的教代会制度建设[J].黑龙江高教研究，2013(5)：40－42.

③ 刘穗燕，王春虎.完善和创新教代会提案工作的思考[J].首都师范大学学报(社会科学版)，2009(1)：94－96.

现象，高职院校较为常见，时间一长，教代会提案越来越不受重视，以至于直接影响了教代会职能的发挥。

从当前我国高职院校内部治理结构改革来看，教代会制度是高职院校内部实现民主监督的重要形式，强化教代会对高职院校内部治理的监督功能，可以为高职院校现代大学制度建设提供动力。1985 年颁布的《高等学校教职工代表大会暂行条例》明确指出，“高等学校教职工代表大会是教职工群众行使民主权利，民主管理学校的重要形式”；《国家中长期教育改革和发展规划纲要（2010—2020 年）》第四十条“完善中国特色现代大学制度”中，明确指出要“加强教职工代表大会建设，发挥群众团体的作用”；2012 年教育部颁布的《学校教职工代表大会规定》也明确，“学校教职工代表大会是教职工依法参与学校民主管理和监督的基本形式”。可见，对高职院校各项事务进行民主管理和监督，是当前高职院校教代会制度的主要功能。

高职院校应该完善教代会制度，充分发挥教代会的作用。(1) 加强教代会制度的法制建设。在高职院校办学自主权不断扩大的背景下，国家应为高职院校教职工代表大会制度提供相应的配套政策，通过立法的形式，将高职院校教代会真正建成实质性的权力机构，使教职工代表大会真正成为高职院校内部的权力实体。教代会能否有效运作，既有赖于国家法律法规的支持，也有赖于高校内部细化的运作规范。因此，高职院校教代会的组织机构一定要积极承担起教代会的建章立制工作，要通过制度来规范教代会，细化教代会各环节运作规范。(2) 规范教代会代表构成。高职院校教代会代表的选拔应该是民主选举的结果，选拔的具体工作由工会主持。教代会代表由全体教职工通过全体教职工大会直接选举后，要经过公示程序方可产生。教代会代表应以教师为主体，实现党员与群众、教师与行政人员、领导干部与普通教职工、男性与女性教职工、学院与学院之间的比例平衡。同时，教代会代表必须不断强化自身的民主意识，增强法律意识，积极投身到教代会的各项工作中。(3) 健全教代会提案制度。在每次教代会召开之前，要做好提案的征集工作。提案的形成需要大量的调查研究和归纳分析，通过调查研究找出管理中存在的问题之后，教代会代表要针对问题提出切实可行的方案。提出方案后，重在落实。提案的落实要分情况对待，即经过反复论证之后，有利于高职院校改革与发展的提案要及时地落实，而对于条件尚不成熟，短期内无法落实的提案要向提案代表解释原因，以获取教职工的理解。同时，提案的执行情况要单独向提交提案的教代会代表通报，征求提案代表的意见，以进一步提高提案的质量。

(四) 完善大学章程，实现高校内部权力的制衡

大学章程是高职院校治理体系的基石，是高职院校治理的总章程和根本大法。制订并实施章程来完善高职院校的内部治理，其核心内容主要包含两个方面：一是通过章程来确定党委领导、校长治校、教授治学、民主管理、社会参与等院校领导管理体制，规范院校内部各权力主体的权、责、利关系，明确学术与行政两种权力的边界，确定院校的相关组织机构与职能；二是厘清院校与政府、社会三者的关系，明确三者的权力界限，确定社会组织即有关人员参与院校建设与治理的可能范围与方式等。目前制约高职院校发展的内部问题主要出现在两对关系的协调上。一是政治权力与行政权力的协调。我国大学实行党政双轨领导管理体制，党委和行政两套系统共同行使办学权力，这导致高职院校内部党政关系的错综复杂。尽管有关制度规定大学党委书记并不独立行使领导管理权力，只是作为党委会的召集人和党委决策的实施保障者，但在高职院校的实际办学中，党委书记往往又具有大学第一行政领导人的身份，对高职院校行使全面的领导职权，从而导致与校长难以和谐共事，甚至关系僵化①。二是行政权力与学术权力的协调。相对

① 别敦荣.我国大学章程应当或能够解决问题的理性透视[J].中国高教研究，2014(3)：1-7.

于教师和学术而言，高职院校的行政权力存在干扰学术权力正常运行的现象。学术权力与行政权力只有相对独立和相互支撑，才能更好地承担高职院校的学术管理责任，而现实情况是两者关系失衡的现象较为明显。虽说本科院校和高职院校都面对行政权力的强势，但高职院校学术权力组织的话语权更为薄弱，所起的作用更为有限，甚至有些高职院校的学术权力组织形同虚设——要么有名无实，基本上不行使学术权力；要么按照党政领导的意图进行所谓的学术决策①。行政权力超出了边界，过分地以行政管理的规律而不是以学术规律干预了学术事务，学术权力得不到保障②。

《国家中长期教育改革和发展规划纲要(2010—2020年)》中明文规定："各类高校应依法制定章程，依照章程规定管理学校。"《国务院关于加快发展现代职业教育的决定》提出："职业院校要依法制定体现职业教育特色的章程和制度，完善治理结构，提升治理能力。"章程是高职院校的"宪法"，制定并实施章程是高职院校依法办学、民主管理、规范学校内部关系的基本准则，与以依"法"治校为主要特征的高校内部管理体制改革趋势相契合。高职院校章程明确规定了大学的办学目标、办学性质、办学方针、办学任务、人才培养模式、业务范围、学科专业设置、机构设置、经费筹措、校内各类人员的职责和行为，一旦付诸实施，高职院校所有成员都要遵照执行。高职院校章程能够对其内部教育主体利益进行调整和分配，能够缩小分歧，扩大共识，通过最大限度地体现、满足和保障师生员工共同利益的制度措施，来调整利益格局，协调利益关系，进一步增进高职院校的和谐。

高职院校章程要明确高校内部各个权力的边界，通过规定各项权

① 傅新民，谈应国，罗政华.高职院校章程下的学术权力与学术事务研究[J].职教论坛，2015(28)：49-52.

② 王文杰，张莉."教授治学"的困境与"大学章程"的破解之道[J].高校教育管理，2014(1)：42-47.

力的具体范围，更好地实现高校内部权力的制衡。(1) 明确党委权力和校长权力的边界。《高等教育法》规定高校实行党委领导下的校长负责制，但是，如何协调和理顺党委系统和行政系统的关系，在保证党委统一领导高职院校各项工作的同时，又能确保以校长为首的行政序列有效负责地开展工作，现行法律和制度尽管给出了一定的规定，但在实践中仍需诸多智慧，需要通过建立以章程为核心的制度体系加以规约。(2) 划定学术权力和行政权力的边界。学术权力和行政权力是存在于高职院校中的不同主体，都有其存在的合理性。大学章程首先要保证学术权力的地位，将关系到高职院校发展的重大学术事项交给教授、学者及"双师型"教师来决定。在高职院校内部管理制度的设计上，要明确规定，所有学术业务问题都必须由学术机构通过充分论证、做出决定。学校行政决策层应该完善学术委员会、教学委员会等学术性组织的制度性规定，进一步明确这些组织的工作职责、组织机构、工作制度，逐步赋予学术权力组织管理自身学术事务的权责。要通过制度限制和制约行政权力，明确行政部门职能，防止其干预学术权力组织职责范围内的权力行使。(3) 界定师生权力的边界。我国大学比较重视对师生的管理，但更多的是把师生当成被动管理和要求的对象，而对于师生合法权益的保护比较欠缺。为体现师生的主体地位，在高职院校章程的制定过程中，有必要把师生的法律权利和义务进一步具体化，以明晰高职院校和师生的权力边界。(4) 划清学校与学院的权力边界。在推进二级管理的背景下，高职院校的内部管理，应特别注重学校向学院合理地让渡权力，这种权力的下移需要通过章程建设来实施和巩固。在章程制订过程中，对权力在院系(部)两级进行分配时，要注意防止出现两种情形。一是向系(部)层级赋权过少，改革没有进展，导致权力"一收就死"；另一情形是向系(部)层级赋权过多，又没有合理的监督机制，导致权力"一放就乱"。学校层面应根据党委制订的学校发展愿景和战略规划，遴选系(部)主要负责人，制订并执行资源在系(部)分配的原则。学院拥有人、财、物的系(部)分配和管理权力,有权对人才的引进、培养和使用,以及干部的任用、提拔和考核等做出符合学校宏观规划的决策。

四、构建高职院校多元参与的决策机制

(一)推行理事会制度,实现多元利益主体集体决策

理事会制度是一种集体决策制度,理事会是现代高职院校运行机制的核心,行使高职院校的重大决策权。理事会的成员包括高职院校党委委员、举办方和主管部门、所在地政府、行业组织、重要合作单位、校友、教职工代表等,其成员主要(一半以上)来自外部。理事会加强了高职院校与社会的联系。由于理事会成员中有相当多的社会知名人士、企业家,因此理事会在扩大高职院校影响力、提高知名度,加强与海外地区开展学术交流、师资培训、联合办学,加强与企业的合作等方面都起到了积极作用。理事会是高职院校内外各利益相关者组织与社会各界代表沟通合作和协商的平台。理事会的决策内容主要涉及的是高职院校的大政方针、对外关系和学校的财政、资产等。为了健全集体决策机制,推进决策的科学化、民主化、法治化,凡是涉及重大的事项,要充分听取利益相关者的意见。在现行的高职院校理事会运作中存在的主要问题有:(1)理事会成员构成相对单一。高职院校理事会成员是由学校主要领导、著名校友、企业家代表等组成,缺少教师代表、学生代表和社区代表。根据利益相关者理论,大学教师、学生作为学校的核心利益相关者,有学校发展情况的知情权,应当将其纳入理事会,参与学校管理。此外,参与成员多是上级委派任命的,容易导致理事会成员构成的单一化,从而影响理事会运作的协调性和决策的科学性。(2)理事会决策功能未有效发挥。在现有的领导体制和法律框架下,高职院校理事会实行咨询参与制,主要为高职院校的发展规划制定、重要政策出台、重大改革项目开展提供咨询和论证意见。理事会在很大程度上

被定位为一个筹资平台，发挥的只是咨询、建议、监督的职能。(3) 理事会制度缺乏法律保障。完备的法规是高职院校理事会成立和运行的法律保障。但是，我国公立高职院校设立理事会并没有明确的法律规定。《普通高等学校理事会规程(试行)》未对理事会的法律地位、定位和参与高校管理的边界做特别说明，理事会在法人地位、权责结构、运行机制、管理模式以及资金管理等方面均没有明确的法律规范，工作形式性较为明显，盲目性、随意性较大，使得大学理事会在大学的治理中难以发挥应有的作用。

《国家中长期教育改革和发展规划纲要(2010—2020 年)》指出："探索建立高等学校理事会或董事会，健全社会支持和监督学校发展的长效机制。"实施理事会制度有利于现代大学制度的构建。从宏观角度即高职院校与外部(政府和社会)的关系看，理事会作为高职院校与政府和社会联系的媒介，既能实现政府对高职院校的支持与指导，增强高职院校与社会的联系，又能避免外部行政权力的干预，并保证社会通过实际参与实现对高职院校内部日常运行的监督。从微观角度即高职院校内部治理结构看，理事会的建立将实现决策权力、行政权力、学术权力和监督权力的平衡。发挥理事会的决策、监督及筹措办学资源等作用，一方面代替了政府部分原有职能，减轻了行政压力，利于实现政校分离；另一方面扩大了高职院校的自主权，有助于彰显学术权力在高等职业教育管理中的本位价值，实现行政权力与学术权力的制衡。

大学是一个典型的利益相关者组织，秉持平等和民主参与精神，在管理上应吸纳多方意见和建议，高职院校内部应致力于理事会建设，更好地发挥理事会的决策作用。(1) 健全理事会法律制度。要加强国家相关法律建设，明确高职院校理事会的性质、定位、运行机制等。通过完善法律建设，使高职院校理事会成为学校真正的治理机构，让高职院校理事会实至名归，为理事会发挥治理作用提供法律保障。同时，要建立理事会章程。在章程中对高职院校理事会的定位、职能、人员组成及其权利和义务、内部组织结构和工作制度等做出界定，构建起理事会的基本运行框架。理事会章程的制定及修改应充分征求各利益相关主体的意见，以保证章程内容的公正性和科学性。（2）实现理事会的决策职能。在坚持党委领导下的校长负责制的前提下，我国高职院校理事会应定位为决策机构。理事会不仅具有对高职院校办学方向和定位、规模和层次、教学改革、校企合作、专业设置、招生就业和中长期发展规划等重大事项的咨询权和建议权，高职院校在制定重大政策、年度工作计划以及实施重大改革和重要项目时，要把相关方案提交理事会审议，充分听取意见和建议，由理事会成员做出决策建议，从而使理事会有更多机会参与到学校治理中来。（3）规范理事会的成员构成。构建高职院校理事会的主要目的是促进校企合作长效机制的建立，确保满足各利益相关者的利益诉求。理事会成员应包括政府、高职院校、行业、企业等利益相关方。党委书记和校长应为当然的理事会成员，这样既能体现政府的教育指导思想，把握正确的办学方向，保证理事会的决策与党委的一致性，发挥党委的方向性和领导作用，又不影响理事会参与高职院校管理职能的发挥。行业企业也应当成为理事会的重要组成部分，并占有相当比例，这样才能反映社会对技术技能人才的需求趋势以及企业作为利益相关者的所占权重，以实现高职院校管理的民主化。

（二）健全校友会制度，发挥校友交流合作纽带作用

校友会是高校与校友之间交流的纽带，它能够为学校发展提供丰富的关系资源、信息资源、智力资源和各种物资资源。高职院校校友会是适应高职院校发展需要，满足广大校友自身发展需求而产生的社会团体，以联系、服务校友，宣传、推广母校为宗旨，担负着组织协调、桥梁纽带、联络沟通、传情助推、咨询服务、智囊顾问等职能。一般来说，校友是指以学缘为纽带而聚合的一个特殊群体，包括曾经在学校学习过的各种层次和各种类别的学生，以及在学校工作过的所有教职员工。校友是学校集形象资源、育人资源、智力资源、信息资源、财力和物力资

源等于一身的重要财富。近年来，校友工作越来越得到高校的重视。我国很多高职院校已将校友工作纳入学校建设发展的整体规划，并从人力、物力诸多方面加强了校友工作力度，较多高职院校都成立了校友会组织。但是，目前高职院校校友会在运行中存在以下问题：（1）高职院校对校友会的重要性认识不足。部分高职院校的决策者没有从思想上重视校友工作，更没有把校友工作上升到事关高校发展成败的战略高度进行谋划，不能有效发挥学校在校友会建设中的主导作用，没有把校友工作贯穿于办学活动全过程，只是把成立校友会、举办校友沙龙、走访校友、接待校友返校等零星活动当作校友工作的全部①。没有充分认识到校友对于学校文化传承和发展的重要意义，导致部分高职院校校友会建设不够平衡或时冷时热，校友工作经常处于应时应急的被动状况。（2）校友会管理机构不完善。受各种因素的影响，目前我国高职院校校友会管理机构还不完善，很多高职院校还没有设立专门的校友会管理机构，由学校办公室、学生处、继续教育部等职能机构代管校友工作，即使设立了专门的管理机构，仍存在办公场所简陋、工作制度不完善、工作目标不明确、工作人员缺乏相应工作准备等诸多问题。

校友是高职院校的最具潜力的不竭资源，是高职院校建设和发展的重要支持力量。校友工作是关系到学校发展的重要工作，是学校工作的根基。在母校发展的历史长河中，校友资源是最可靠的支持力量，通过对校友资源合理的整合和利用，能够有力地推动母校的建设与发展，推动社会的进步。校友会能够为高职院校与校友之间、广大校友之间提供交流沟通平台。校友通过这个平台，能够获得归属感和精神力量，有利于他们的职业发展。高职院校通过这个平台，能够获得需要的

① 和霄雯，程化琴.中美大学校友会发展的比较研究[J].教育探索，2009(2)：141－143.

教育资源，更好地培养社会需要的人才。

为更好地发挥校友会的作用，高职院校应从以下方面进行校友会制度的完善。(1) 改变观念，重视校友资源。校友工作只有转变传统的校友工作观念，充分认识校友工作的重要性，才能形成校友和学校之间的良性互动。首先，要充分认识到校友工作对于高职院校发展的重要意义，校友工作对于学校发展来说，绝非可有可无。其次，要使校友，特别是在校生清醒地认识到母校发展对自身发展的意义和价值。培养校友和在校生的校友意识，形成校友和学校之间的良性互动。最后，校友工作者要清楚地认识到，校友对母校的作用不仅仅表现在对学校提供资金的支持，更重要的是对学校提供精神上、道义上和舆论上的支持。(2) 完善校友会组织机构设置，提高组织能力。高职院校校友会工作的复杂性、广泛性的特点，要求校友会组织机构的设置应建立分工明确、运行高效的工作部门。在组织机构设置方面，在秘书处下设立不同的职能部门，如宣传联络部、服务活动部、合作发展部等，在明确各部门职责的同时，也要加强部门间的协作。宣传联络部：主要负责沟通联络校友，包括校友网、校友数据库的建设与维护，校友通讯录、校友刊物的编辑出版等；服务活动部：负责组织开展各类校友活动，为广大校友提供形式多样的服务；合作发展部：促进母校、校友、企业之间的合作交流等。在用人机制上，可采取专职工作人员与志愿者相结合的方式，在保证一定数量的专职工作人员后，招募一些热情的校友志愿者。(3) 畅通渠道，鼓励校友参与学校管理。首先，要培养校友参与"管理"学校的意识。培养校友参与学校管理意识，要从在校生开始，通过让他们参与一些学校事务，培养他们参与"管理"学校的积极性，树立学校主人翁意识，并有意识地培养今后的校友会负责人。要创造各种机会，为在校生和毕业生搭建交流平台，让在校生对"校友"的认识更加具体和深刻。其次，校董或理事中必须包含一定数量的校友。学校董事会或理事会可以考虑吸纳杰出校友一同管理学校，为学校发展建言献策、贡献力量，提高他们关心、帮助、推动学校建设发展的积极性和主动性。

（三）建立校务委员会制度，发挥校务委员会应有职能

校务委员会指国家举办的普通高等学校，根据面向社会依法自主办学的需要，设立由办学相关方面代表参加的，参与学校改革发展重大事项的决策咨询、审议和监督机构。校务委员会旨在坚持和完善党委领导下的校长负责制，进一步扩大决策民主，保障与学校改革发展相关的重大事项，在决策前能够充分听取相关方面意见。校务委员会是社会参与高等学校治理的重要组织形式，是实现科学决策、民主决策的辅助性议事决策机构。我国公立高校校务委员会成员主要包括：学校举办者、主管部门代表和共建单位代表，学校党政领导、学术权力组织负责人和教师代表、学生代表，认同学校使命、为学校发展做出重大贡献的社会组织代表和社会人士代表、杰出校友代表和校外资深专业人士代表以及学校邀请的其他代表。校务委员会委员产生方式包括当然委员、指定委员和推举委员。其中，当然委员包括学校党政领导、学术权力组织负责人。担任相关职务的人员为委员会当然委员。指定委员包括学校举办者、主管部门代表和共建单位代表，由相应单位指定人员担任。推举委员包括教师代表、学生代表，社会组织代表和社会人士代表，杰出校友代表和校外资深专业人士代表，由学校相关机构推荐。

校务委员会为准决策机构，其拥有重大决策审议权，对高校办学方针、教学、科研、基建、财务等重大问题进行指导和审议；在保证实现各方利益相关者权益的前提下，校务委员会负责对相关决议进行议论，决定是否通过并提交党委最终审议。高等学校校务委员会可结合实际，参与以下事项的决策咨询、审议和监督：审议通过校务委员会章程及其修订案；决定校务委员会委员的增补或者退出；参与审议学校章程拟定与修订、发展与改革规划、学科建设与专业设置、年度预决算报告等重大事项；参与审议学校开展社会合作、校企合作、协同创新的整体方案、重大项目及重要协议等，支持学校开展社会服务；审议学校面向社

会筹措资金、争取资源的规划或计划,监督筹措资金的使用;参与评议学校办学质量,就学校办学特色与教育质量进行评估,提出合理化建议或者意见;接受校长年度述职并提出质询以及学校章程规定或者学校委托的其他职能。

当前,我国高校的内部治理结构可以归纳为"党委领导、校长负责、教授治学、民主监督"。建立校务委员会制度要处理好党委、校务委员会和校长的关系。首先就党委和校务委员会的关系而言,校党委全面负责校教职工及学生的党建工作,确保办学方向和战略规划符合党和国家基本战略纲领,校务委员会负责学校重大事务的辅助决策与监督,为了保证校务委员会的决策及活动符合党的原则与政策,校党委有权就校务委员会的决策及活动行使监督权。其次,就校务委员会与校长的关系而言,校务委员会负责学校重大事务的辅助决策与监督,而校长负责校内日常行政事务管理,校长对校务委员会负责,接受校务委员会的监督、质询及建议。只有明确党委、校务委员会和校长的关系,才能有效避免机构交叉重叠、重复设置的问题。

当前,我国部分高校依据《普通高等学校理事会规程(试行)》,成立了理事会。一些公立或民办高校设立了董事会。其中,公办高职院校的理事会处于起步阶段,还存在理念认识不够到位、运行机制不够健全、功能发挥相对不足等问题,民办高校的董事会则存在法律地位不明确、职责界定不清晰、运行机制不完善等不足。这些不足限制了多元利益主体参与高职院校重要事项的咨询和决策,不利于高职院校现代教育治理体系的建设。

为更好地促进多元利益主体间的关系,建立和完善高职院校的校务委员会制度势在必行。(1) 健全相关法律法规。完善的校务委员会制度需要有完备的法律做支撑,否则该设想终究是"空想",难以落地。建议完善《普通高等学校理事会规程(试行)》,对有关高职院校校务委员会的性质、地位及运行机制等相关内容,加以必要的规范解释。

(2) 健全校务委员会工作机制。高职院校校务委员会一经建立就应该纳入规范化、制度化的轨道，并通过制订“校务委员会章程”以及“章程执行细则”“议事规则”等配套制度来支撑和约束校务委员会的运转。使得高职院校校务委员会拥有健全的组织机构、完善的工作体系、合理的工作制度、明确的权利义务关系。高职院校应结合校情，完善校务委员会参与决策的机制，使决策咨询论证成为重大决策程序的前置程序和必经环节，让校务委员会真正参与到决策中来。建立畅通的信息沟通机制，及时了解和搜集委员意见和建议。建立委员履职激励约束机制，激发委员参与决策的积极性。(3) 建立校务委员会的良序运行机制。第一，建立例会制度。高职院校校务委员会每年至少召开一次全体委员会会议，根据需要也可不定期召开会议。会议的主要内容是对校务委员会主要职能所涉及的项目进行咨询和论证。第二，建立提前送达制度。校务委员会在召开会议之前，要在征求多方意见的基础上形成会议议题，并根据议题的重要与复杂程度，提前将有关会议内容或者讨论材料送到委员会成员手中，使他们有充分的时间来思考有关问题、发表意见并做出选择。

第三章
政府参与高职院校现代教育治理体系建设

政府是高职院校建设与发展的重要利益主体，对于高职院校现代教育治理体系建设发挥着宏观指引和政策保障作用。当前，政府与高职院校的关系可以通过契约视域加以审视，政府参与高职院校现代教育治理的职能，值得探究分析。政府参与高职院校治理，在政策法规、管理及评估方式、平台建设等方面，还存在一些问题，针对这些问题，可通过完善政策法规、明晰政府职责、建立科学的质量评估体系、建立完善的组织平台和运行体制加以解决。

第一节　政府参与高职院校治理的职能定位

高职教育是以服务为宗旨，以就业为导向的办学类型。建立健全政府主导、行业指导、企业参与的办学体制机制，有利于制订高职院校校企合作办学法规，促进校企合作制度化，进一步创新高职院校办学体制机制，深化教育教学改革，提高人才培养质量和办学水平，全面提升高职院校服务经济社会发展的能力。从国家对高等职业教育发展的方向定位来看，加强政府主导、行业指导、企业参与的高职教育办学体制已经得到广泛认可，将成为今后我国高职教育发展的着力点。在办学体制改革探索中，政府的主导作用要进一步体现，推动实现高职院校在人才培养定位、办学体制改革等方面的科学发展。

一、契约视域下政府与高职院校的关系

依法治国，是坚持和发展中国特色社会主义的本质要求和重要保障，是实现国家治理体系和治理能力现代化的必然要求，事关我们党执政兴国，事关人民幸福安康，事关党和国家长治久安。全面建成小康社会、实现中华民族伟大复兴的中国梦，全面深化改革、完善和发展中国特色社会主义制度，提高党的执政能力和执政水平，必须全面推进依法治国。

依法治校，是依法治国要求在院校领域的具体化，也是我国高职院校治理与现代大学制度建设的必然要求。当下高职院校，由于受传统的行政化管理模式和传统文化习惯的影响，高职院校治理仍存在法治精神失位、法理意识偏颇以及执法主体模糊等诸多不足。解决高职院校痼疾的根本，需要依靠法律，也需要依靠具有法律意识和依法治校的执法者对高等教育进行深入改革。史静寰[①]指出，“现代大学制度与治理体系建设，虽然指向与内涵不同，但其基础和解决的核心问题是共同的：即面对急剧变化的社会环境，回应冲突和多元的利益要求，大学必须确立组织的合法性基础，明晰使命战略定位，形成有效运行机制”。政府和高职院校间形成契约关系，是顺应高等教育管理体制均权化的趋势，以维护高校自身权利的需要，也有利于提高其办学的主动性。因

---

① 史静寰.现代大学制度建设需要“根”“魂”及“骨架”[J].中国高教研究，2014(4)：1-6.

此，我国高等教育改革实践需要引入契约来明晰政府与高校的行为边界①。

政府与高职院校契约型关系是指政府和高职院校作为缔约主体，在双方相互尊重和独立自由平等的基础上，通过讨论和协商等方式，就高职院校在办学过程中产生的管理权限划分、各自所应承担的责任以及违约行为的处理方式等内容订立契约而形成的一种新型关系。订立契约的目的是要政府把该管的事情管好，把属于高职院校的权利归还高职院校，避免出现政府完全控制或高职院校学术寡头控制的现象，形成政府有限管理、高职院校相对自治的平衡治理格局，进而促进现代大学制度建设。当然，“政府与大学建立契约关系，并不是需要双方订立共同遵守的协议或条款，实质上是指通过立法明确政府和大学各自及其相互关系上的权利和义务，确立大学与政府之间在法律上的平等地位，从根本上打破旧的不平等的行政附属关系，确保大学的独立性和自主办学的权利。同时，契约关系也督促、确保政府依法对大学进行必要的监督、协调和管理，防止大学滥用办学自主权，对社会产生负面作用”②。因此，政府与高职院校契约型关系中的“契约”是一种非正式契约，即政府和高职院校不是通过签订刚性很强的正式协议，而是具有柔性的非正式契约。这种契约是不完全契约，条款是开放型的，双方可以根据未来情况的发展，增减双方认同的内容。

高职院校与普通高校共同组成了我国高等教育系统，它们有诸多共同之处，但是也存在着明显不同。高职院校与普通高校的不同主要体现在以下几个方面：首先是教育对象的不同；其次是培养定位的不同，普通高校培养的是科研型与创新型人才，而高职院校则注重培养技

---

① 周江林.政府与高校契约型关系及体制构建研究[J].大学(学术版)，2012(2)：30－35.

② 沈加君.法人拟制说与实在说对我国大学法人制的启示[J].辽宁教育研究，2008(12)：12.

术技能型人才；再次，课程设置的不同；最后就是两者培养方式的不同。因此，根据高职院校的办学特色，政府参与高职院校治理也应该与参与普通高校的治理区别对待，政府与高职院校建立的契约关系也应该依据高职院校的特色而定。

二、政府在高职院校治理中的作用分析

政府职能是指政府依法在公共事务管理中应承担的职责和所具有的功能。政府可通过行政、经济和法律等手段，发挥计划、组织、协调、监督的作用。职业教育属于社会公共事业，需要政府的宏观调控和支持，否则无法取得长远的社会效益。《国家中长期教育改革和发展规划纲要(2010—2020 年)》指出，政府要切实履行发展职业教育的职责，把职业教育纳入经济社会发展和产业发展规划，促使职业教育规模、专业设置与经济社会发展需求相适应；统筹中等职业教育与高等职业教育发展；健全多渠道投入机制，加大职业教育投入①。

政府与高校关系的本质是职能、权力与责任的分配，政府与高校关系的调整与改革就是政府与学校之间的职能、权力与责任的转移与重新划分②。在计划经济体制下，政府与学校是领导与被领导、管理与被管理的垂直附属关系，此时的政府为“全能政府”，对学校进行全方面、多角度的管理。现阶段，我国政府与高校的关系在不断调整与变革，尤其是高等院校办学自主权得到有效扩大。当前，我国高职院校与政府的关系主要表现为：高职院校是政府教育意志的载体，

① 中华人民共和国教育部.国家中长期教育改革和发展规划纲要(2010—2020年)[EB/OL].(2017 - 07 - 29)[2019 - 04 - 27]. http://old.moe.gov.cn/publicfiles/business/htmlfiles/moe/info_list/201407/xxgk_171904.html.

② 蒲蕊.政府与学校关系的重建：一种制度分析的视角[M].武汉：武汉大学出版社，2009：5.

而政府是高职院校的规划者、协调者、投资者、监督者和相关制度政策的制定者，政府从“全能政府”逐渐向“有限政府”“服务政府”和“责任政府”转变①。

（一）政府是高职教育法规政策的制定者与执行者

高等职业教育政策法规泛指国家行政机关和权力机关制定和发布的有关高等职业教育方面的规范性文件的总称，是国家管理高等职业教育的一种重要手段，是国家教育行政管理的一项重要内容。地方政府管理地方高职院校的这种运作模式，不仅需要省地两级政府和相关的教育行政主管单位出台具体的法规和政策，还需要国家统一的法规，以便高职教育真正成为促进社会和经济发展的重要力量。我国相关高职教育法律法规的制定，能够极大地引导、促进、保障高职教育的健康发展。如《国务院关于印发国家职业教育改革实施方案的通知》（“职教20条”）（国发〔2019〕4号）指出，“职业教育与普通教育是两种不同教育类型，具有同等重要地位”“启动实施中国特色高水平高等职业学校和专业建设计划”“到2022年，……建设50所高水平高等职业学校和150个骨干专业（群）”②。这一文件对于职业教育有了全新定位，并在职业教育新定位的背景下强调启动实施“双高计划”，对于新时代职业教育的发展具有长远的政策指导作用。

（二）政府是高职教育公共服务和公共产品的供给者

1. 政府要为高职教育发展提供公共服务和公共产品

政府为高职教育发展提供公共服务和公共产品体现在三个方面：一是政府需要满足高职院校对公共服务的需求，通过公共财政

---

① 柳燕.我国高职院校治理结构评价体系探究[J].中国职业技术教育，2016(9)：84－87.

② 中华人民共和国中央人民政府.国务院关于印发国家职业教育改革实施方案的通知[EB/OL].(2018－07－25)[2019－01－24].http://www.gov.cn/zhengce/content/2019－02/13/content_5365341.htm.

给予有力保障。二是政府需要促进高职院校毕业生就业，为高职教育与社会需求的连接提供服务。把为毕业生提供更多更好的就业岗位放在地方政府公共服务的重要位置，落实和促进高职毕业生就业责任制，考核各级政府和有关部门工作的业绩要把新增就业岗位、控制高职院校毕业生失业率作为重要内容，将促进高职院校毕业生就业纳入各级政府的目标管理。三是政府提供诸如办学场地、建筑空间、环境治理这样的基本公共产品，以满足高职院校改革发展的相应需求。

2. 政府要为高职教育发展提供良好的社会氛围与环境

高等职业教育发展的社会氛围和环境，需要地方政府从舆论宣传上加大引导和支持力度，营造一个有利于高职院校发展的社会氛围和环境。对高职院校的重要作用和地位予以广泛宣传，提高全社会对它的认识，创造一个全社会重视、关心、支持高职院校发展的良好环境和氛围。如随着中国特色高水平高职学校和专业建设计划的实施，“职业教育与普通教育是两种不同教育类型，具有同等重要地位”的政策定位得到强化，政府应该加强舆论宣传，不断促进全社会形成高等职业教育与普通高等教育的“类型观”“平等观”。

（三）政府是高职教育质量的评估者和监督者

政府作为我国高等职业教育办学的重要主体，其在为高职院校提供政策保障和公共服务外，还承担了较大部分的评估和监督职能。这种评估监督职能，在传统的“管办评”一体化情况下，表现得尤为明显。从实践来看，地方政府是高职教育质量重要的评价主体，评估高等职业教育的质量，监督高职院校的运行，确保高职院校人才培养质量得到保证。这种评估和监督，既可以在宏观的高职院校层面开展，也可以深入到高职院校人才培养的微观过程。随着“管办评”分离理念和实践的深入推行，政府部门对于高职院校办学和人才培养的评估和监督职能，将逐渐弱化，但并不会消失。

（四）政府是高职院校远景规划的统筹者与保障者

政府部门在制定社会和经济发展总体规划时，根据经济、社会发展的需求，将高职院校的发展结构和规模进行统筹规划，促进经济与高职院校的协调发展。高职院校的壮大可以看作是地方产业升级的重要手段，高职院校的发展能够作为推动社会和经济发展的一项重要基础建设和战略措施，因而必须列入政府部门的工作日程和重要议事项目。政府部门在制定高等职业教育管理规划的同时，明确公共财政的支持力度和经费预算，通过制定多元化的投资融资政策保障高职院校的经费，并且及时根据产业结构调整规划，引导学校进行专业结构调整。可以说，政府部门的规划，为高职院校紧跟经济社会发展趋势和行业产业转型升级步伐提供了重要指引。

第二节　政府参与高职院校治理存在的不足

政府是高职院校现代治理的重要主体，对于高职院校的建设与发展具有宏观保障作用。现有研究表明，当前政府在参与高职院校治理方面，还存在着政策法律体系不够健全、管理体制需要优化、评估方式不太合理及平台载体相对不足等问题，影响了高职院校现代教育治理体系的建设完善。

一、保障高职教育改革发展的法律政策体系不够健全

近年来，我国政府部门大力支持我国高职教育改革发展，在制度及法律法规建设方面给予了很大的支持，虽然取得了一些成果，但是在实践的过程中还存在一些问题，主要表现在如下方面：

（一）高职教育法律法规尚未形成一个相对完整的体系

我国高职教育法律法规尚未自成一体，目前对高等职业教育产生较强约束作用的法律有三部：《中华人民共和国教育法》《中华人民共和国高等教育法》和《中华人民共和国职业教育法》。高职教育处于这些法律共同的管理范围中，但是这些法律对高职教育并没有较强的针对性，内容宽泛，比较宏观，高等职业教育法律规范缺失[①]。首先，《教育法》的管理范围涉及整个教育体系，虽提到了职业教育，但是并没有具体提到高职教育，内容宽泛，可参考的范围较广，约束力较小。其次，《高等教育法》的涉及范围虽略有缩小，但是高职教育只是占到其中的一个小分支，依然没有针对性，约束力有限。最后，《职业教育法》虽然进一步将范围缩小，但是仍然涉及我国职业教育的各个阶段，职业教育虽有共性，但是同样的法律用来约束各个层次与阶段会有所遗漏，法律的强制性特征会大打折扣。

我国高职教育发展主要以上述三部法律为框架依据，同时结合我国高职教育制定的政策性文件，在政策的引导和法律的规范下运行。这样的运行模式看起来很符合逻辑，事实上，这三部法律是相互独立的，每部法律都有着自己的侧重点和立法逻辑，落实到高职教育时会出现交叉，甚至是矛盾，看起来丰富的法律体系在实际操作过程中仍存在交织情况，这些情况的存在对于高职教育的发展会带来一定阻碍。

（二）高职教育政策的制定在理念与执行上仍存在一定偏差

政策的制定者和实施者都是人，人具有主观能动性，由于理论背景、知识结构、实地调研程度和个人立场等因素都会导致政策无法绝对公平，高职教育本身仍处在发展之中，政策的不公平，对于高职教育提

① 顾坤华，赵惠莉.我国高等职业教育立法规范探究[J].黑龙江高教研究，2011(5)：90－95.

升竞争力会带来很大影响。在高等职业教育发展史上，在《国务院关于印发国家职业教育改革实施方案的通知》(国发〔2019〕4 号)和《关于实施中国特色高水平高职学校和专业建设计划的意见》(教职成〔2019〕5 号)出台之前，对于职业教育的办学定位、政策文件缺乏足够的认识。而且，现行高中升学制度中对分数线的政策划分，势必会影响高职教育生源质量，在招录政策上的“低人一等”也会加重社会对高职教育的歧视，影响高职教育的健康发展。在生均投入等方面，对于普通高校学生和高职院校学生也有区别，这些政策的实施，也会给高职教育的改革发展设置障碍。

（三）教育法律法规不能有效支撑高职教育的改革发展

《教育法》《高等教育法》和《职业教育法》这三部法律都是 20 世纪 90 年代颁布的，距离现在已有 20 余年的时间，已经不能较好适应现代高职教育改革发展的需要。而高职院校规模不断壮大，无论是办学规模、办学条件、实习实训场地还是课程设置、师资队伍都发生了巨大变化，既取得了重要的发展成果，也面临着新的发展问题。高职教育规模不断地扩大，高职生的数量已经占到了整个高等教育的半数，但现有的法律显然不适应当前高等职业教育改革发展的趋势，应该得到修订和完善。在依法治教、依法行政和依法治校的背景下审视，有必要尽快修订已有的法律，或出台针对高等职业教育改革发展的新法律，真正从宏观法律角度，为高等职业教育的改革发展保驾护航。

二、直接参与管理不利于高职院校办学自主权的发挥

（一）高职院校办学自主权的内涵界定

高职院校属于高等学校的范畴，其办学自主权与普通高校办学自主权既有诸多共性，也有各自特性。关于高校办学自主权的定义，目前学界较多认可教育法学专家劳凯声的观点，他把高校办学自主权界定

为高校及其他教育机构在法律上享有的，为实现其办学宗旨，独立自主地进行教育教学管理，实施教育教学活动的资格和能力①。因此，结合中国语境，高职院校办学自主权是指高职院校作为独立办学主体所具有的，以法律权利为依据，以学术自由为原则，结合自身的目标定位和办学特点，面向社会和市场依照章程自主决策、自主实施、自主承担责任从事办学活动的资格和能力，享有不受其他任何组织和个人干涉、侵犯的权利②。该概念包含了以下三层含义：

第一，高职院校办学自主权享有和行使的主体是高职院校，而非政府，并且以办学主体的身份面向社会、市场独立自主地办学；义务主体是政府、社会组织以及个人，有义务保障高校办学自主权的实现，其他任何组织和个人不得干涉、强迫、侵害或者破坏。

第二，高职院校办学自主权的依据是教育法律规定的法律权利，是权利能力的表现，体现它的合法性与平等性。高职院校通过制定章程，依照章程自主办学，并且结合自身的目标定位和办学特点，强调它的行为能力，各高职院校因行为能力差异形成的章程权利，凸显了办学行为的主体性、能动性和自主性。

第三，高职院校办学自主权的宗旨在于保障学术自由，遵循高职教育规律办学。这是区别于政府、企业等其他社会组织的根本标志，也是它的生命线。高职院校作为一种学术组织，在办学目标确立、专业课程设置、培养方式选择上应该独立自主，遵循学术组织的发展逻辑。

（二）政府管理方式的选择影响高职院校办学的自主性

现代社会中，职业教育将一般劳动力培养成为专业技术人才，是促

---

① 劳凯声，郑新荣等.规矩方圆——教育管理与法律[M].北京：中国铁道出版社，1999：220.

② 蒋后强.高等学校自主权研究：法治的视角[M].北京：法律出版社，2010：59-88.

进产业升级、促进就业、保障公民受教育权的重要途径。可以说，普通教育与职业教育是我国教育事业的“鸟之两翼”，缺一不可。高职教育既是职业教育的最高层次，又是高等教育的一种类型①，所以同样存在着办学自主权的问题。而办学自主权作为现代学校制度的精神内核，亦是高职院校自我发展的关键②。

高职院校主要由政府投资，为社会提供公共服务或准公共产品，其服务或产品价格由政府定价；政府实行必要的行政管制，这要求教育活动优先体现政府的意图，甚至直接用来为实现政府的目标服务。在这一背景下，政府治理主要依靠国家利用行政手段来实现，条块分割，职能交叉，模式单一，缺位、越位、错位现象不时存在，高职院校自主权难以真正发挥，教育资源得不到优化配置和充分利用。高职院校的从属地位会导致教育资源的短缺、浪费和效率低下，而且还会导致社会各阶层受教育机会不均等。

高职院校办学自主权缺失，一个重要原因就是政府职能尚未完全转变。随着高等教育体制改革的不断深入，高职院校在招生比例、专业设置、教学计划编制、经费分配与使用等方面拥有了越来越多的自主权。然而，充分的办学自主权从根本上说还远未得到。政府对高职院校虽然采用了经济、法律、评估等间接管理、评价、指导的手段，但其前提、依据和内容等方面却无不体现着直接行政管理的实质，政府和高职院校之间仍是一种比较明显的上下级关系。在一些法律规定的由高职院校行使自主权的领域内，政府的教育行政管理机构仍然可通过行政命令等方式直接干预高职院校的办学活动，不少公办的高职院校依然是政府的附属机构，而那些有民间资本参与的民办或公办私助的高职院校，虽然在学校内部管理上有更多的话语权，但是在招生、学费、课程

---

① 罗军强等.高等职业教育历史研究[M].北京：光明日报出版社，2011：9.

② 刘敏，阮李全.论高职院校办学自主权及其回归[J].国家教育行政学院学报，2013(1)：39－43.

设置、专业设置等方面也需纳入政府的管理之中，依据市场机制调整专业设置与人才培养方案的权力仍受到较大程度的制约。

近年来，我国高考生源总量有所下降，高职院校的招生形势也随之变得严峻。同时，诸多高职院校发展同质化，缺乏特色和个性，与普通高等院校相比缺乏竞争力。要摆脱这种困境，根本在于以市场为导向，面向社会自主办学，进一步扩大高职院校的办学自主权，使其拥有更大的办学自主权。目前，学界对于高职院校办学自主权的研究，始终湮没在对于普通高校办学自主权的理论探讨中，不仅缺乏针对性，而且也没有较好地落到实践层面。

三、主导式教育评估影响高职院校办学特色有效形成

我国高职院校与政府的关系具有比较鲜明的“国家控制模式”特征，高职院校在政府相对集中控制和行政约束的制度环境下运行，政府既是办学者，也是管理者，还是评估者。在计划经济时代，政府主导的行政性评估对于保障高等职业教育质量，优化高等职业教育资源配置发挥了非常重要的作用，而在市场经济的背景下，政府主导的行政性评估逐渐显露出如下弊端：

（一）遵循相对统一标准，不利于高职院校的特色培植

多年来，政府在高职院校评估中实施相对统一化的标准，由于政府在评估中的导向性和权威性，众多高职院校没有立足自身实际，而是忙于对标指标体系进行改革与建设。不同类型高职院校的培养目标、师资基础、教学环境有很大不同，政府主导式评估容易使高职院校盲目追求不合实际的统一指标，而忽视自身的发展特色。不同层次和类型高职院校在培养目标、规格、任务上有很大区别，因此对其评估标准也应存在差异。但是，政府主导制定的评估标准并未体现出对不同高职院校之间的区别，用统一类型的标准来衡量不同层次

与类型的高等教育质量，制约了高校个性的发展，不利于教育创新和高校自主性的培养，不能体现当前业界公认的“特色也是高质量”的高等教育质量观要求。

（二）缺乏多元参与监督，科学的评估结果难有效保障

政府主导的评估在相对封闭的状态下运行，社会参与程度较低，高职院校评估活动从提出者、组织者，到实施者、协调者都是政府部门，各类评估活动都是在各级教育行政主管部门的统一领导下进行。由于权力系统的封闭性，外在力量很难对政府行为进行监督。另外，政府对于高职院校评估相关信息的公开有限，导致一些重要信息非透明化、非公开化，这使得高职院校、学生、家长及社会其他利益相关者对评估过程缺乏必要的监督，评估结果的公正性也很难得到保障①。此外，高职院校评估是一项专业性很强的活动，需要评估者掌握大量的、全面的信息，需要评估人员具有相应的专业水准，这就使得由政府主导的评估在获得科学、客观的结论上存在缺陷。

（三）注重政府评价结论，社会评估机构发展相对缓慢

社会评估中介机构具有公正、独立和客观等优点，已成为世界许多国家重要甚至主导的评估力量，但其在我国的发展却相当缓慢。我国的高等教育评估大多数由政府亲自组织开展，十分强调国家教育行政部门对高等教育的统一领导和统一组织，社会评估机构参与政府组织的高等教育评估的机会并不多，社会评估力量整体还比较薄弱。另外，我国缺乏明确的法律法规来支持社会评估机构的建立和发展，社会评估中介组织的合法地位和权利得不到有效保障。此外，由于我国传统的“官尊民卑”“信官不信民”的思想，社会评估机构的评估结果缺乏应有的公信力，其业务难以得到拓展，社会评估机构的发展环境亟待

① 章宁，李峻.高等教育评估中的社会参与机制研究[J].国家教育行政学院学报，2013(7)：59－63.

优化。

在对高职院校开展评估期间，派往学校的几位专家成为考量学校教育质量的关键人物，也是最重要的评估主体。学生作为高职院校教育服务的直接受益者，对学校的教育质量最有发言权，但在实际评估中他们的主体地位最容易被忽视。学生家长是教育服务的购买者，又最了解自己子女受教育后的变化，但他们较少参与评估。用人单位是学校教育质量的直接见证者，但它们并不参与高职教育的评估。仅靠单一化的专家进行教育质量评估，根本无法全面反映出学校的真实教育质量①。因此，作为利益相关者的多元主体参与高职院校评估，对于实现高职院校的科学、健康发展具有独特的意义。

第三节　政府参与高职院校治理的对策建议

政府参与高职院校治理存在的不足，不利于实现高职院校的现代化治理，需要得到有效的改善。通过探讨分析，认为政府应该从建立完善政策法规、明晰与高职院校职权关系、建立科学的质量评估体系、强化对高职院校治理的参与等方面予以建设完善。

一、完善高职教育的政策法规，彰显政府参与治理作用

要有效地约束和规范高职教育发展过程，提高社会各方参与高职教育的合法性，应该及时出台一部为中国高职教育量身打造的《高等职

---

① 韩天学.大数据下“多元主体”的高职教育质量评估体系构建[J].职业技术教育，2015(07)：45－49.

业教育法》,此法律要对高职教育发展过程中其他可供参考法律中未涉及的内容,以及交叉或者含糊的内容加以规定,将高职教育的办学性质、所承担的社会及学术责任、办学过程中涉及的管理职责及举办资格等以法律的形式固定下来,形成一个长效稳定的教学运行保障机制。同时,制定一部完整的《高等职业教育法》也是时代发展的需求,更是建设"中国特色教育法律、法规体系"的内在要求。各级政府从原来的"直接管理"向"宏观指导"方向转变,应根据区域现代产业建设和职业发展需要,出台与之相适应的法规政策及措施,并引导社会公众关心和支持校企双主体合作办学的健康发展①。

法律的制定不可能一蹴而就。针对法律空白点,政府应引导各地根据地方特色制定一系列与当地经济发展相适应的政策,因地制宜地引导相关组织及机构参与到高职教育办学中来,为高职教育提供制度保障,必要时以政策的倾斜来确保高职教育能够得到更好的发展。政府应以其合理的法规与政策,通过管办分离、在保障高职院校基本办学条件的前提下,为高职院校的发展营造开放、公平、有序、竞争的环境。在现代教育背景下,政府必须认真研究对于高职院校的行政管理问题,处理好政府行政管理权力和高职院校学术权力的关系,在完善宏观管理与监督基本职能的前提下,使政府尤其是教育主管部门在学校管理上真正成为有限政府、法治政府,从而尽可能地避免对高职院校的过度行政干预,为高职院校创造能依法自主办学的制度环境。

二、明晰政府与院校职权关系,增强政府公共服务职能

高等职业教育事业的发展,关系到政府的指导方针、高职教育的整

① 胡昌送,李明惠.我国中专转型院校内部管理机制现状及成因分析[J].贵州师范学院学报,2010(3):76-78.

体结构和合理布局、教育经费的合理分配、高等职业院校办学条件的基本规格标准和必要的评估制度等。这些几乎都是由政府通过法制的、经济的和必要的行政手段进行宏观调控和管理，并从教育和社会发展的全局进行研究和制定。很长一段时期里，政府在高等教育管理的问题上，常常容易出现“错位”与“失位”现象，把宏观管理及院校内部微观管理的权力集于一身，出现政校不分、过度行政化的问题，影响了高等职业院校办学的积极性，需要进一步明确政府与高职院校双方的责任。

（一）加强政府宏观管理，扩大高职院校办学自主权

随着教育部《关于深入推进教育管办评分离、促进政府职能转变的若干意见》（教政法〔2015〕5号）的实施，高职院校必将从中获得更多、更大、更明确的筹划自身改革的自主权。但是，对高职院校自主权的强调并不意味着政府的缺位，尤其在当前改革的推进期、深化期更是如此。由于我国高职院校还远未成为有自主办学能力、能够自我发展、自我约束的主体，且内、外部利益关系复杂，还由于政府拥有着改革的资源和权力，为此还需要继续强化和落实政府作为改革第一逻辑主体和第一责任主体的地位，将政府由过去的“给予空间”和“放权”过渡到建立改革的推进机制，并安排、维护好制度，这既是保障改革沿着正确方向行进以及改革效率的必要之举，也是促进改革实践问题解决的关键之要。

体制变革的核心是建立现代学校制度，实现政校分开。政府不再直接管理高职院校，剥离彼此的隶属关系，取消高职院校的行政级别，使政府能在公开、公正的前提下，为学校及各类受教育者提供良好、公平、高效的服务。必须健全和完善高职院校法人制度，高职院校按自主意愿和具体情况决定资源分配、资金使用、课程设置、教师聘用、人事安排等，真正拥有面向社会和市场依法办学的自主权①。

---

① 杨国军.公共管理：高职治理结构的变革取向[J].职业教育研究，2007(1)：66－67.

（二）优化改革发展环境，增强政府公共服务功能

公共服务是政府为满足社会公共服务而提供的产品和服务的总称。它是由政府机关为主的公共部门生产的，供全社会所有公民共同消费、平等享受的社会产品①。政府为高等职业教育提供公共服务，主要包括提供良好的社会环境和社会氛围，为高等职业教育提供基础设施等公共产品，为高等职业教育提供信息等公共服务。

一方面，政府要为高职院校发展提供良好的社会环境和社会氛围。良好的社会环境是高等职业教育发展的必要条件，高等职业教育也只有在好的社会环境下才能得到健康发展。政府要进一步改善技术人员和高技能人员的工资水平和待遇，形成全社会崇尚技术的风尚，为高等职业教育改革发展营建良好的发展氛围。另一方面，政府也要为高职院校提供公共服务和公共产品。政府要加大对高等职业教育公共服务的财政投入，努力改善高等职业教育所处的境况，逐年提高高职院校的生均经费标准，保障高等职业教育的各主体平等地享受社会产品，满足高等职业院校生存和发展的基本公共产品需求。同时，政府要为高等职业教育的发展提供数据、信息等基本服务，确保高职院校的建设与发展遵循高职教育发展规律，实现与经济社会发展的相对均衡、同步。

三、建立科学的质量评价体系，助推高职院校办出特色

科学有效的评价既是对高职院校的一种监督和约束，也是确保校企合作步入正常运行轨道的有效机制。为了保证评价的公开性、公正性和权威性，政府可认定和授权第三方（如中介机构或专门的评估组织）实施评价，结果定期公布，并根据评价结果对合作双

---

① 李军鹏.公共服务型政府建设指南[M].北京：中国财政经济出版社，2004：13.

方实施奖惩①。在高职院校治理过程中，政府必须建立一套科学的质量监控与评价体系。譬如，对于高职教育改革发展最为重要的校企合作而言，可由政府牵头，行业企业主管和教育行政主管参与，共同制订校企合作的质量监控与评价体系，通过运用督导评估、分项评估、分类评估、合作条件和合作效益评估、观察分析、访谈及抽样调查等方式对校企合作的目标、过程、效益环境及质量进行定性和定量的监督与评价，以保证校企合作的健康、稳定和长久开展。

（一）制订评价规则和质量标准，发挥指导和引导职能

传统的高职院校评估是以政府为主导的自上而下的行政性评估，政府采用统一的评估方案和指标体系，不利于高职院校培育自身特色，实现自主性发展和高质量发展。在“管办评”分离和推进教学诊断与改进制度实施的背景下，政府不再规定具体的、统一的质量评估指标，而只是提供一个评估规则和基本的评估标准，高职院校在遵循评估基本规则和标准的前提下，可以根据本校办学实际、国家和社会的需要，确定自身的人才培养目标和质量标准，并以此为依据构建其内部质量保障体系，保证质量达到标准。相关专家通过考察高职院校人才培养目标的达成情况，考察内部质量保证体系的完善情况，来实现对高校的考察工作。不同类型、不同层次的高职院校，其评价的重点和中心不同，评价指标体现了灵活性和开放性。这不仅避免了评价标准单一的问题，而且激发了高职院校的办学积极性，鼓励高职院校开拓创新、办出特色。

（二）支持专业评估中介机构建设，履行监督和服务职能

传统的高校评估以政府为主导，社会专业化的评价中介机构作用得不到有效发挥。在“管办评”分离背景下，政府应积极扶持和鼓励社

① 张海峰.治理视域中的高职教育校企合作机制研究[J].教育与职业，2008(33)：11－13.

会中介机构参与评价：一方面，完善社会评价中介机构的法律法规建设，同时落实法律的权威性和执行力，建立相关法律来规范教育评价中介机构的各类活动，用法律的形式来保障评价中介机构的独立法人地位，保证社会中介组织的权威性和合法性。另一方面，开展对社会评价中介机构及其人员的资格认证，强化考核，努力维护评估社会中介机构对于高职院校办学和人才培养水平评价的专业权威和社会声誉。

（三）根据评价结果落实绩效拨款，发挥激励和督促职能

在传统的高等教育评估中，评估结果不能对高职院校的未来发展产生直接性影响，因此，高职院校对外部评估大多表现出一种消极应对的态度。政府应充分利用评估结果，通过真正意义上的绩效拨款，来促进高职院校建立内部质量保证体系，将评估内化为自身的行为。通过将拨款与质量评估结果相联系，政府以拨款作为指挥棒调节和监控高职院校的办学质量。政府建立专项的绩效财政，通过对高职院校进行办学效益评估，根据评估结果的不同，确定绩效拨款的额度。对办学效益好、人才培养质量高的高职院校，除了对其扩大招生规模等给予优先考虑外，还可加大对其财政预算资金的投入；反之，对于办学效益差、人才培养质量得不到保证的高职院校，政府要相应地减少对其教育财政预算资金的投入并限制其招生规模，情况严重的，甚至实施院校退出机制。

第四章 行业企业参与高职院校现代教育治理体系建设

行业企业是高职院校现代教育治理体系中的特色主体，对于高职院校的现代化发展具有重要的推动作用。本章围绕行业企业参与高职院校治理的概况、方式、内容等进行了调研分析，指出了行业企业参与高职院校治理存在的动力不足、范围较窄、程度不深、组织平台较少等问题，分析了相关原因，并就行业企业参与高职院校治理，从政策法规、运行机制、实质内容和组织平台等角度，提出了相关借鉴建议。

第一节 行业企业参与高职院校治理的调研分析

行业企业作为高职院校重要的利益相关方，对于参与治理的情况最有发言权。开展行业企业参与高职院校治理情况的调研，探寻影响行业企业参与的主要因素，是促进高职院校治理走向科学化、民主化和高效率的必由之路。研究聚焦行业企业参与治理的范围和参与治理的程度两个方面，设计了针对已参与高职院校治理的行业企业的调查问卷，调查行业企业参与治理的现状、存在的问题及行业企业相关人员对于改革的建议。为了较全面地了解相关情况，对调研结果的分析结合了对部分行业企业领导访谈的内容，以及相关文献资料，包括期刊论文、专著和相关新闻报道。

一、调研基本情况说明

通过实地调查、网络问卷、短信调查、职场社交 APP（领英、脉脉）的方式进行调查，并在调查过程中结合访谈的方式，对参与高职院校治理的成员进行调研。在参考大量的文献资料及其他学者研究分析的基础上，构建了行业企业参与高职院校治理的分析框架，并在此基础上，针对行业企业的特点，设计了调查问卷。在调查实施过程中，考虑到行业企业的集中程度、参与的行业协会和企业的数量及开展调研的便利性，调查分实地调查和网络调查两种形式，共计发放问卷 230 份。两种形式回收到的有效问卷共计 205 份，其中，实地调查有效问卷 38 份，网络调查有效问卷 167 份。实地调查以 2016 年 10 月举办的第六届中国全印展和纺织机械展为调研地点，对与会企业进行现场调查，其间结合访谈的方式，与行业企业相关管理人员进行了深入交流。在网络调查中，调研对象以参与上海出版印刷高等专科学校各类活动的相关行业企业领导、参加各类学术及行业会议的行业企业相关人员为主，以发送邮件和短信两种方式进行调研。

调查问卷基本信息包括被调查对象参加工作的时间以及目前的岗位。统计结果表明，参加工作 16～25 年的有 71 人，占总有效问卷的 34.63%；参加工作 5～15 年的有 70 人，占 34.15%；参加工作 25 年以上的有 45 人，占 21.95%；参加工作 5 年以下的有 19 人，占 9.27%。目前岗位情况中，中层管理人员有 98 人，占 47.80%；企业负责人有 48 人，占23.41%；技术骨干有 34 人，占 16.59%；还有 25 人属于企业的人力资源、行政管理、销售主管等，占 12.20%。具体见表 4－1。

表4-1　调查问卷描述性统计

基本信息	选　项	小　计	比例(%)
参加工作的时间	5年以下	19人	9.27
	5～15年	70人	34.15
	16～25年	71人	34.63
	25年以上	45人	21.95
目前岗位	企业负责人	48人	23.41
	中层管理人员	98人	47.80
	技术骨干	34人	16.59
	其他	25人	12.20
企业规模	50人以下	25家	12.20
	50～100人	55家	26.83
	100～300人	78家	38.05
	300～800人	18家	8.78
	800人以上	29家	14.14

被调研的企业涉及出版、印刷、新闻、电子、机械、贸易、广告、金融、设计等25个行业。企业规模100～300人的有78家，占总有效问卷的38.05%；50～100人的有55家，占26.83%；800人以上的有29家，占14.14%；50人以下的有25家，占12.20%；300～800人的有18家，占8.78%。

从数据可以看出，这些企业经营状况良好，80%以上参与调研的对象在企业中居于中层管理人员以上的职位，或是参与过高职院校各类活动的技术骨干，能够代表所在企业的管理层，且与高职院校联系紧密，对于企业制订相关政策和做出决策有一定的话语权，选择这些调研对象对于了解行业企业参与高职院校治理具有较好的代表性。

二、调查问卷具体分析

（一）行业企业相关人员参与高职院校治理的概况

1. 行业企业相关人员参与高职院校治理的频率

在对已参加高职院校治理的行业企业相关人员调查中，关于参与高职院校各类治理活动的频率，由高到低排列，一年参与 1 次，占比52.24%；半年参与 1 次，占比 24.38%；不固定参加高职院校各类治理活动的行业企业占比 11.94%；每季度参与 1 次，占 9.45%；每月参与 1 次，占比 1.99%。由此可见，行业企业相关人员以一年参与 1 次为主，参与高职院校治理频率相对较低，不能经常参与到高职院校各项治理活动当中，由于参与治理活动少，也可反映出行业企业与高职院校的联系不是特别紧密。具体见图 4-1。

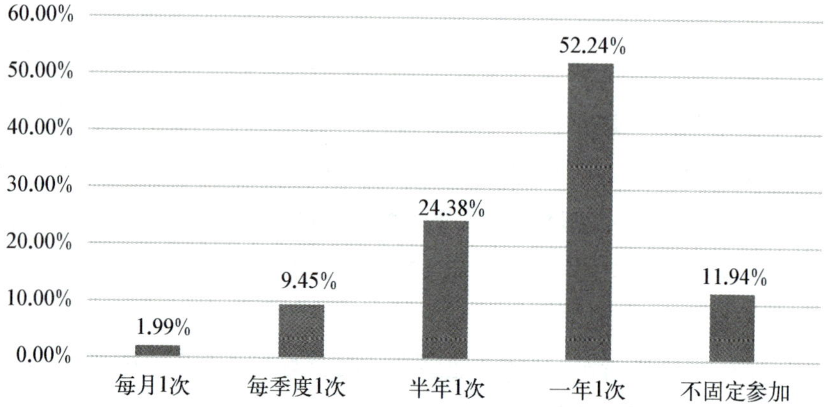

图 4-1　行业企业相关人员参与高职院校治理的频率

2. 行业企业相关人员参与高职院校治理组织的现状及意愿

行业企业相关人员参与高职院校治理的组织主要有校务委员会、学术委员会、校企合作理事会和教学指导委员会等。总体来看，校企合作理事会是行业企业相关人员参与最多的治理组织，占52.06%；其次是教学指导委员会，占25.26%；有12.37%的行业企业相关人员参与了学术委员会；有9.28%的行业企业相关人员参与了校务委员会；有9.79%的相关人员是通过会议、讲座等方式参与治理；还有14.43%的行业企业没有参加上述治理组织。具体见表4－2。

表4－2　行业企业相关人员参与高职院校治理组织的现状及意愿

参与的治理组织	现状比例（%）	参与意愿				
		非常愿意（%）	比较愿意（%）	一般（%）	不太愿意（%）	不愿意（%）
校务委员会	9.28	15.58	39.70	30.65	2.01	3.52
学术委员会	12.37	23.12	35.18	30.15	3.52	1.51
校企合作理事会	52.06	28.14	50.25	16.58	0.50	0.50
教学指导委员会	25.26	16.08	49.25	24.62	0.50	2.01
其他	9.79	5.03	7.54	16.58	2.01	1.01

数据显示，行业企业参与高职院校四个治理组织的意愿整体较高，“非常愿意”与“比较愿意”的比重之和都超过50%。但是从参与现状来看情况却不容乐观，仅参与校企合作理事会的比重超过了50%，其他均未超过。说明虽然目前高职院校有意识地强化自身对社会人才市场需求的反应能力，通过设置相应的治理组织让行业企业参与其中，期望以此来增强行业企业的话语权，使学校的发展和学生能力的提高符合行业企业要求。但是只有校企合作理事会是与行业企业的联系最为紧密的组织，参与程度较高，其他组织的参与程度相对较低。因此，应针对校务委员会、学术委员会和教学指导委员会的局限性，设置多元化的治理组织，或设置相应的平台，弥补其中存在的不足，推进行业企业协同参与。

（二）行业企业相关人员参与高职院校治理的方式及意愿

1. 行业企业相关人员参与高职院校治理的方式及意愿

关于行业企业相关人员参与高职院校治理的方式，从咨询、审议、决策和监督四个方面进行了调研。调查结果表明，通过咨询的方式参与高职院校治理的人数最多，占84.85%；有18.18%的人通过审议参与治理；有8.08%的人通过其他(会议或讲座)的方式参与；有6.06%的人对高职院校举办的各种活动履行过监督职能；仅有3.54%的人参与过高职院校的决策。具体见表4-3。

表4-3 行业企业相关人员参与高职院校治理的方式及意愿

参与治理的方式	现状比例(%)	参与意愿				
		非常愿意(%)	比较愿意(%)	一般(%)	不太愿意(%)	不愿意(%)
咨询	84.85	32.34	57.71	8.96	0.00	0.50
审议	18.18	15.42	49.75	24.88	2.49	1.00
决策	3.54	11.94	35.32	39.80	3.48	1.00
监督	6.06	13.93	47.26	25.87	3.48	0.50
其他	8.08	6.47	7.96	18.91	1.49	0.50

从参与治理的方式上看，行业企业参与高职院校的治理以提供咨询为主，参与咨询的比重远远高于参与审议、决策、监督的比重之和。一方面，从咨询到审议，再到决策，程度逐渐加深，但是由图4-2可知，行业企业参与咨询，到审议，再到决策的比例却在逐步下降。由此可知，治理程度越深，行业企业的参与度则越低，说明行业企业参与高职院校的治理尚处在起步阶段，集中在咨询这一初级层面，双方还未达至深度融合的程度。行业企业通过咨询所发挥的是参谋和服务型的作用，是辅助决策的一种手段，行业企业参与高职院校治理向横向发展还

需要政校企三方做多种探索性的工作。另一方面，行业企业在参与审议、决策、监督方面的意愿程度比例有所提高，说明行业企业愿意深入参与高职院校的治理，提高参与程度。因此，政府要出台相应的政策法规，高职院校要完善学校的规章制度建设，保障行业企业参与院校治理的权利，充分发挥行业企业在这方面的功能。

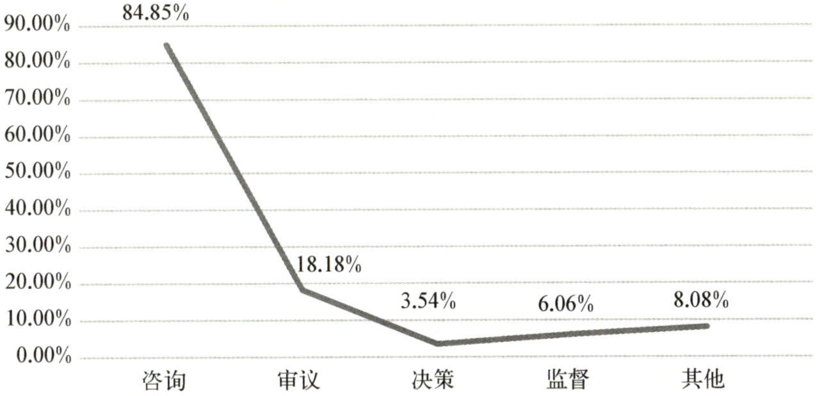

图 4－2　行业企业相关人员参与高职院校治理方式的现状

2. 行业企业相关人员对参与治理方式的评价

从咨询、审议、决策、监督四种方式来看，在咨询方面，很好参与的比重占 21.21%，较好参与的占 35.35%，一般参与的占 39.90%，没有参与的占 3.54%。说明在咨询方面整体评价较高，行业企业参与度较好。在审议方面，很好参与的比重占 2.69%，较好参与的占 13.44%，一般参与的占 40.32%，没有参与的占 43.55%。说明在审议方面行业企业参与度，以一般参与和没有参与为主。在决策方面，很好参与的比重仅占 1.08%，较好参与的只占 2.70%，一般参与的占 31.35%，没有参与的高达 64.86%。说明在决策方面行业企业评价较低，高职院校应重视行业企业在决策中发挥的作用。对监督的评价与决策相似，都是以没有参与为主，高职院校也应当注重行业企业作为第三方所能发挥的监督作用。整体来看，96.46%都能够参与咨询，其中很好参与和较好参与的比重达 56.56%，而对审议、决策、监督的评价都是以没有参与为主。通过行业企业相关人员对参与情况的评价，能够清晰地反映出行业企业通过四种方式参与治理的情况。具体如表 4-4。

表 4-4 行业企业参与治理情况的整体评价

	很好参与（%）	较好参与（%）	一般参与（%）	没有参与（%）
咨询	21.21	35.35	39.90	3.54
审议	2.69	13.44	40.32	43.55
决策	1.08	2.71	31.35	64.86
监督	1.08	9.14	33.87	55.91
其他	3.23	8.06	33.87	54.84

（三）行业企业相关人员参与高职院校治理的内容

通过调研及文献整理得知，行业企业主要通过咨询、审议、决策、监督的方式参与高职院校战略规划、年度工作计划、年度财务预决算、学校基本管理制度、校园建设规划、大额资金使用、重大改革举措、学科专业设置、帅资队伍建设、学校人才培养、学生就业指导、培养方案制订、人才培养改革和教育教学活动。

从参与治理的内容上看，50%以上的行业企业能够参与到高职院校学科专业设置、学校人才培养、学生就业指导以及培养方案制订。通过参与高职院校学科专业设置、学校人才培养、学生就业指导及培养方案制订，有助于行业企业培养出适合岗位发展需要的人才，省去对应届毕业生入职培训的时间成本和费用成本，增加经济效益。因此，在这四个方面，行业企业的参与意愿也非常强，约 70%的行业企业都愿意从这四个方面为高职院校提供咨询服务，愿意参与审议、决策和监督的比重也高于其他方面。具体见表 4-5、表 4-6。

表 4-5　行业企业相关人员参与高职院校教育教学治理的现状

	学科专业设置(%)	师资队伍建设(%)	学校人才培养(%)	学生就业指导(%)	培养方案制订(%)	人才培养改革(%)	教育教学活动(%)
咨询	58.67	27.55	57.65	68.37	52.55	40.82	44.90
审议	9.18	5.61	10.20	7.14	8.67	8.67	6.12
决策	6.12	5.10	4.59	3.57	3.06	5.10	2.55
监督	6.12	4.08	5.61	4.59	5.61	3.06	5.61

表 4-6　行业企业相关人员参与高职院校教育教学治理的意愿程度

	学科专业设置(%)	师资队伍建设(%)	学校人才培养(%)	学生就业指导(%)	培养方案制订(%)	人才培养改革(%)	教育教学活动(%)
咨询	78.05	49.76	72.68	71.22	62.93	66.83	61.46
审议	16.10	12.20	16.59	12.68	18.05	19.51	9.27
决策	17.07	12.20	17.07	16.59	22.93	18.54	10.73
监督	7.32	8.78	10.24	10.24	11.22	12.20	9.76

从参与治理的纵深发展来看，行业企业参与高职院校治理的范围相对较窄，学科专业设置、学校人才培养、学生就业指导、培养方案制订几个方面都是与行业企业人才需求息息相关的内容，因此会更受到行业企业的重视，也会增强其参与的意愿程度。而其他与学校整体发展相关的内容，包括年度财务预决算、学校基本管理制度、校园建设规划、大额资金使用等方面，仅有 10%左右的行业企业参与咨询，至于参与审议、决策、监督的比例则更少。但行业企业参与这几个方面的意愿却在增强，说明企业除了愿意参与到高职院校的人才培养，也愿意与高职院校建立密切的联系，推进资源共享，在咨询决策和监督等方面为高职院校提供社会资源，形成科学有效、程度更深的协调合作机制，扩大参与面。具体见表 4-7、表 4-8。

表 4-7 行业企业相关人员参与高职院校综合治理的范围

	学校战略规划(%)	年度工作计划(%)	年度财务预决算(%)	学校基本管理制度(%)	校园建设规划(%)	大额资金使用(%)	重大改革举措(%)
咨询	40.31	31.63	12.24	25.00	19.90	8.67	30.61
审议	6.12	7.65	0.51	5.01	4.08	5.61	6.12
决策	3.57	3.57	3.06	1.53	3.06	3.06	5.10
监督	2.55	3.06	3.57	2.55	3.06	6.12	5.61

表 4-8 行业企业相关人员参与高职院校综合治理的意愿程度

	学校战略规划(%)	年度工作计划(%)	年度财务预决算(%)	学校基本管理制度(%)	校园建设规划(%)	大额资金使用(%)	重大改革举措(%)
咨询	40.29	30.73	20.00	28.29	25.85	17.07	35.61
审议	16.59	12.20	3.90	12.20	8.29	8.29	13.17
决策	6.34	5.85	3.41	2.93	2.44	2.93	5.85
监督	6.34	7.32	14.15	11.22	5.85	19.51	11.22

第二节 行业企业参与高职院校治理的主要问题

行业企业作为核心利益相关者参与高职院校治理，在社会各界都已经得到广泛认同，但是在参与的过程中依然存在一些问题，学者们从行业企业角度、政府介入角度和高职院校方面进行了分析。依据调研结果，以行业企业参与高职院校治理的横向及纵深发展为主线，对行业企业参与高职治理的广度与深度进行了综合分析，通过对调查问卷深入总结，指出目前行业企业参与高职院校治理存在以下问题：行业企业参与治理的动力不足、行业企业参与治理的范围较窄、行业企业参与治理的程度不深、行业企业参与治理的平台较少。

一、行业企业参与治理的动力不足

在对行业企业参与高职院校治理意愿程度的调查中，行业企业参与治理机构、治理方式的意愿都以“比较愿意”和“一般”为主，分别占总比重的30%左右。在对行业企业的调查中，行业企业认为制约自身参与高职院校治理“动力不足”是所占比重最高的选项，达到30.59%。由此可以看出，动力不足是行业企业参与高职院校治理过程中存在的最主要问题。

行业企业参与治理的动力不足，一方面是缺乏政府配套政策支持，另一方面是缺乏有效机制保障行业企业利益。首先，缺乏激励性的政策法规和措施。在鼓励措施方面，目前有一些省市对行业企业参与高职院校的治理制定了鼓励措施，包括设立奖金、给予税收优惠、负责牵线搭桥等①。但也有一些地方政府对参与高职院校治理的行业企业没有采取任何的鼓励措施或是制订相应的支持性政策。这说明政府在鼓励措施的制定上还存在不足，一些应有的职能有待发挥。国家目前已经出台了一系列政策鼓励行业企业参与高职院校治理，比如《现代职业教育体系建设规划(2014—2020年)》《职业院校管理水平提升行动计划(2015—2018年)》等政策中都明确提出要推动行业企业参与高职院校治理。但是这些政策只具有指导性，无法充分解读一些具体问题，对行业企业参与治理的相应职能部门的设置、校行企三方的权利分配，以及对多元利益相关者之间关系的协调等方面存在欠缺。因此，未能通过激励政策提高行业企业参与高职治理的积极性，导致行业企业参与的动力不足。

---

① 张维津，李建雄.构建我国行业企业参与职业教育有效激励机制的对策分析[J].天津职业院校联合学报，2014(09)：3-6，39.

其次,缺乏有效机制保障行业企业的利益。调查得知,高职院校在治理过程中缺乏保障机制维护行业企业参与的利益。一方面,行业企业与高职院校之间缺乏常态化的沟通,双方之间的信息沟通机制不健全,沟通频率没有制度约束,导致行业企业参与治理的频率较低。同时,行业企业作为劳动力的需求方,在对高职院校发展进行指导和实际参与治理中,缺乏对其责权利的规定。校方对其赋予的权利相对较少,却强调行业企业应承担更多的义务,缺乏对其参与治理过程中利益损失的补偿①,致使很多企业认为这是直接的损失、间接的利益、近期的投入、远期的收益②。因此,缺乏利益保障机制,影响了行业企业参与高职院校治理的积极性,使得行业企业缺乏足够的参与动力。高职院校的办学发展与市场联系最为紧密,需要多元主体的共同参与,设立有效机制保障行业企业利益时应引入市场机制、加强行企等市场主体的参与,促进治理体系改革。

最后,行业企业并未形成积极参与高职院校治理的理念。一方面,有相当数量的行业企业还并未形成参与的理念。参与高职院校治理需要行业企业耗费更多的人财物资源,而一些行业企业片面地认为高职院校的发展与本行业企业的发展没有关联,反而与企业营利的目的背道而驰,因此参与动力不足。另一方面,有许多企业意识到了自身的社会价值,也意识到高职院校的发展对整个行业和整个社会发展的重要性,企业高层领导有与高职院校合作的理念,愿意深度参与高职院校的治理。但是这些只停留在企业高层的思想中,还未能融入企业其他员工的思想中,对企业普通员工来说,与高职院校对接无疑是增加了工作负担,因此也会存在企业员工参与治理动力不足的问题。

---

① 贺亮明.企业参与高职教育发展的有效机制研究[M].成都:西南交通大学出版社,2011:90.

② 孙云志,何玉宏.从治理分析的视角谈高职院校与企业伙伴关系的构建[J].教育与职业,2009(29):14-16.

二、行业企业参与治理的范围较窄

自十八届三中全会召开以来，政府出台了一系列政策和文件，为构建高职院校治理体系和提升高职院校治理能力提供了支持和保障；学界围绕高职院校治理开展了广泛而深入的研究，为高职院校治理的实践提供了理论支撑和建议。无论从政府层面还是学术层面，行业企业都被认为是高职院校治理体系中最重要的一个主体，行业企业参与高职院校的治理也是高职院校办学模式的重要内容。目前，行业企业主要是通过高职院校的董事会、学术委员会、教学指导委员会及校企合作理事会等组织，参与学校重大事项的咨询决策、行政方面的事务、产学研等方面的学术事务、教育教学质量保障和对学校的监督评估等[①]。

但是本研究调研，以及其他学者的调查结果表明，行业企业相关人员认为参与治理面较窄，这是制约自身参与高职院校治理的主要问题之一，占比为 17.35%。行业企业参与高职院校治理的内容主要集中在学生就业指导、学科专业设置、学校人才培养及培养方案制订四个方面，参与的比重都超过了 50%，并且在这几个方面行业企业也表现出了强烈的参与意愿[②]。行业企业除了参与学科专业设置、学校人才培养、学生就业指导和培养方案制订以外，对参与师资队伍建设有参与意愿的占 50%左右，而实际参与的仅占 27%左右；参与人才培养改革和教育教学活动的意愿程度也都超过了 60%，但实际参与的仅占 40%左右，行业企业参与的意愿与实际的参与情况存在较大差距。由此可知，在实际中，行业企业参与高职治理的范围较窄，参与力度不足。

---

① 董仁忠.公立高职院校管理现状的调研报告[J].国家教育行政学院学报，2011(10)：79－83.

② 杨峰俊.高职院校校企合作实效性调研与分析[J].中国成人教育，2011(16)：118－121.

行业企业参与度比较高的方面与行业企业人才需求息息相关，行业企业能够以社会需求方的视角参与治理，为高职院校的改革发展提出建议。关于学校战略规划、年度工作计划、年度财务预决算、校园建设规划、大额资金使用和重大改革举措等关系到高职院校的远景发展路径和系统规划方面的内容，能够参与其中治理的企业数量较少，一般只有行业内规模大、专业性强的龙头企业才有机会与高职院校的高层管理人员共同探讨，从而有效参与治理。因此，在这些方面，行业企业的参与度及参与意愿所占的比例相对较低。

三、行业企业参与治理的程度不深

从利益相关者视角看，政府、高校、行业企业是关乎高职院校生存和发展的最重要的利益共同体。随着市场经济的不断发展，行业企业在高职院校治理中的作用也更明显，行业企业参与治理的程度影响到高职院校科技成果产业化程度、专业建设区域影响力，以及高校服务社会的能力①。

高职院校与普通高校最重要的区别是，高职院校专业设置与社会经济发展水平、行业发展情况紧密相关。学校与社会发展息息相关，这就决定了高职院校大的发展方向、规划要汲取行业企业等社会组织机构的意见。而目前，一些高职院校坚持传统办学理念，各种决策还相对封闭，决策的开放度不够，社会参与度不高，不能及时汲取社会的反馈意见②，行业企业参与高职治理程度有限。

通过调查得知，行业企业主要是通过咨询、审议、决策、监督四种方式参与高职院校治理。行业企业在参与高职院校治理过程中，从咨询到审议，再到决策，程度不断加深，行业企业的发言权也在增强。行业

① 杨梅.行业企业参与高校内部治理的机制研究——以应用技术大学为例[J].中国高等教育评估，2016(2)：46－50.

② 尹小玲.我国高职院校内部决策机制研究[J].中国报业，2011(8)：88－89.

企业还通过监督了解高职院校的方案、报告的执行情况、执行结果，从而提出修改意见，为高职院校的决策提供依据。但是，84.85%的行业企业参与了咨询，仅 18.18%参与了审议，6.06%参与了监督，3.54%参与了决策。由此可见，行业企业目前主要还是通过咨询的方式参与高职院校的治理，即尚处于浅层次的“辅助性治理”阶段。对于高职院校来说，行业企业的参与力度明显不足。

从高职院校内部治理结构来看，我国大多数高职院校实行党委领导下的校长负责制，高职院校决策主要是由党委代表的政治权力、校长代表的行政权力、学术委员会代表的学术权力、教代会和学代会等代表的民主权力四类权力主体共同进行，形成协同的决策、执行、审议、监督的权力结构关系①，最重要的是政治权力和行政权力。党委是最高决策机构，由党代会选举产生委员会，一般由学校领导、各职能部门负责人及二级学院负责人组成。由此可知，行业企业作为学校“外部人士”，在参与院校治理中获得核心发言权的机会很少。另外，我国高职院校的管理体制一般是科层制，分为校、院、系三级。虽然这种体制使政策的执行力强，但是权力过分集中，导致高职院校内部治理缺乏灵活性，凡事需要请示审批的管理机制不能适应市场快速发展的需要。这种管理体制在高职院校和行业企业之间的联系树立了一道天然的屏障，影响了行业企业参与高职院校治理的深度。

四、行业企业参与治理的平台较少

随着国家对高职教育改革发展的重视及国家骨干职业院校建设的推进，我国高职院校和行业企业之间已经开始从松散的、无组织的状态

---

① 吴祝平.我国高校决策权力结构及其约束机制的完善[J].黄冈职业技术学院学报，2014(3)：14－18.

中走出来，向内部治理科学化的社会组织形式演变，行业企业也逐步加入高职院校的治理组织平台，参与学校的治理。治理组织平台建设有利于为多元主体共同参与高职治理搭建桥梁，协同运行，达成共识，实现资源共享。

根据调查可知，行业企业所参与的高职院校治理组织机构包括校务委员会、学术委员会、校企合作理事会以及教学指导委员会。校企合作理事会是行业企业参与最多的治理组织，占 52.06%；其次是教学指导委员会，占 25.26%；有 12.37%的行业企业相关人员参与了学术委员会；有 9.28%的行业企业相关人员参与了校务委员会。由此可见，行业企业所参与的治理组织机构非常集中，以校企合作理事会为主。

校务委员会、学术委员会是高职院校内部治理重要的组织机构，但是委员会成员名额有限。以上海现代大学制度建设试点高校为例，校务委员会成员要求不少于 21 人，包括与高等学校改革发展密切相关的各方利益代表，既要有校内代表，又要有校外代表。校内代表包括学校各行政职能部门的相关负责人、学术权力组织负责人、教师和学生代表等。各方代表比例应相对均衡。校外代表包括学校举办者，主管部门代表，政府、行业组织、企事业单位代表，校友，知名专家等；由此看来，行业企业要想参与高职院校校务委员会和学术委员会，所属企业应具备相当高的专业资质。但是我国有数量庞大的中小企业，而中小企业资质不足，无法参与高职院校内部治理组织机构，因此，与调研结果相同，参与到高职院校校务委员会和学术委员会的行业企业较少，行业企业也认为高职院校缺乏有效合作平台制约了其参与治理的广度与深度。

在政府方面，制约行业企业参与高职院校治理最主要的原因是缺少主导合作平台，占总比重的 69.61%，即政府方面缺乏组织平台将行业企业与高职院校联系在一起。行业企业追求高利润，而高职院校是为促进学生未来的发展，两者之间存在不同的目标和利益取向，同时双方还拥有不同的物质资源和信息资源。因此，要想促使行业企业参与高职院校治理，不能仅靠市场“无形的手”，还要发挥政府“有形的手”的作用①，通过相应的组织平台，将行业企业和高职院校紧密联系，使之朝着共同治理的方向发展。

在企业方面，制约自身参与高职院校治理的主要问题之一是企业内部缺乏负责沟通的主管部门，缺乏参与高职院校治理的组织管理协调机构。企业设置相应的部门是为了满足市场经营的需要，与高职院校沟通不是行业企业的本职工作，因此很少有企业设置专门的部门负责与高职院校沟通联系，大部分是由人力资源部成员、总经理或技术骨干代为管理。缺乏设置相应的部门与高职院校进行沟通协调，也会制约行业企业对高职院校治理的参与。

第三节 行业企业参与高职院校治理的改革举措

现阶段，行业企业在参与高职院校治理的过程中，还存在诸多问题，亟须解决。通过归纳和分析行业企业参与美国社区学院治理在政策法规、运行机制、参与治理的内容、组织平台等方面的经验，结合问卷调查提出的建议及开放题所收集到的意见，提出以下改革建议。

一、制定激励性的政策法规，增强行业企业参与治理动力

（一）修订完善《中华人民共和国职业教育法》

《中华人民共和国职业教育法》于 1996 年公布施行，到目前已 20

① 孙云志，何玉宏.从治理分析的视角谈高职院校与企业伙伴关系的构建[J].教育与职业，2009(29)：14－16.

余年,2008 年被提上修订日程,当前仍处于修订进程中。《中华人民共和国职业教育法》的修订,应当总结 20 多年来职业教育改革发展的成果,形成与现代职业教育发展相适应的法律制度,注重法律政策的现实有效性。

关于行业企业参与高职院校的治理,首先在内容上要以法律的形式确定行业企业的地位,并规定其权利和义务。目前《中华人民共和国职业教育法》规定,职业教育的法律关系主体包括政府行政部门、职业院校和相关培训机构以及受教育者,并没有将行业企业这一重要的利益相关者作为主体,对其参与过程中的权利和义务也缺乏明确的法律规定。因此在完善《中华人民共和国职业教育法》的过程中,应以立法的形式确定行业企业参与高职院校治理中的责权利,为行业企业的参与提供立法保障。其次,完善有关管理体制的内容。《中华人民共和国职业教育法》明确了以政府为主管部门的管理体制,但是缺乏对行业企业等非政府组织作为治理主体的规定。对于多元利益相关者的参与仅给予指导和支持,此外对于多元主体的参与没有任何法律保障。因此,在管理体制中应明确行业企业参与的主体地位,将行业企业的意见考虑在其管理和政策制定的过程中,为行业企业参与高职治理提供政策依据和法律保障。

(二)多部门联合出台"校企合作条例"

目前我国还没有促进校企合作的相关法律制度,仅教育部提出了一些指导性的意见,例如《教育部关于推进高等职业教育改革创新引领职业教育科学发展的若干意见》(教职成〔2011〕12 号)①指出,鼓励学校提供场地和管理,企业提供设备、技术和师资,校企联合组织

① 中华人民共和国教育部.教育部关于推进高等职业教育改革创新引领职业教育科学发展的若干意见[EB/OL].(2016-11-09)[2018-09-20].http://www.tech.net.cn/web/articleview.aspx?cata_id=N003&id=20111012102336379.

实训，为校内实训提供真实的岗位训练、营造职场氛围和企业文化；《教育部关于深化职业教育教学改革全面提高人才培养质量的若干意见》(教职成〔2015〕号)[①]指出，创新校企合作育人的途径与方式，充分发挥企业的重要主体作用。《国务院办公厅关于深化产教融合的若干意见》(国办发〔2017〕95号)[②]提出“强化企业重要主体作用”“深化产教融合，促进教育链、人才链与产业链、创新链有机衔接”要求。这些指导性意见对促进校企合作起到了一定作用，还有一些地方开始了积极的探索，如山西、河南、宁波等地颁布了在本区域内实施的《职业教育校企合作促进办法》。但总体来说，出台校企合作条例的省市还较为有限，这些条例的权威性也有待提升，对于解决行业企业的参与动力问题重视也不够充分，因此多部门联合出台校企合作条例十分必要。

政府有关部门应联合研究制定促进校企深度合作的有关法规和激励政策。首先，明确相关部门的职责，由人力资源和社会保障局、财政局、科学技术委员会和教育委员会共同出席职业教育联席会议，联合出台校企合作相关条例，完善校企合作规划内容、经费运行状况、资源配置方式、合作评估等内容。其次，在“校企合作条例”中对于行业企业参与的关键环节做出明确规定，细化合作内容，明确高职院校和企业的责任义务，赋予行业企业参与职业教育办学的充分权利，扩大企业参与职业教育办学的广度与深度，比如制订学校发展规划、指导学校基本管理制度建设、审议和监督学校专业建设、审议学校重大决策等。最后，明确惩罚措施，对于行业企业在合作中不作为的情况给予明确处罚。明

① 中华人民共和国教育部.教育部关于深化职业教育教学改革全面提高人才培养质量的若干意见[EB/OL].(2016－11－09)[2018－09－23].http://www.jyb.cn/info/jyzck/201508/t20150820_634473.html.

② 中华人民共和国国务院.国务院办公厅关于深化产教融合的若干意见[EB/OL].(2017－12－05)[2018－09－25].http://www.gov.cn/zhengce/content/2017－12/19/content_5248564.htm.

确由哪个部门处罚及处罚的金额和程序,还要以法律的形式落实校企合作平台的建立,畅通双方沟通的渠道。

（三）建立校企合作的项目及激励政策

政府可建立深度的校企合作项目以及激励政策,激发行业企业参与高职院校治理的动力。在建立合作项目方面,首先,可以形成校企协作项目集群。通过联合行业协会、大型企业、主管各行各业的行政部门,围绕教育改革、联合办学、课程开发、实训实习、职业资格证书推广等内容,推动校企协作项目,形成项目集群①。将行业企业、政府和高职院校以项目的形式聚集在一起,在项目中充分发挥行业企业的作用,也通过校企合作项目给予行业企业人才红利,把专业建在产业链上,把学校建在开发区里。其次,建立“教育性企业”制度。将有资格办教育的行业企业定为“教育型企业”,并将其纳入职业教育体系,以跨界的方式深化职业教育改革发展。构建新型职教体系,既包括学校教育又包括企业教育,更好地促进高质量技术技能型人才的培养。“教育型企业”参与职业教育,在履行企业社会责任的同时,应该享受税收政策和财政经费方面的支持,保证其应有的待遇。

在激励政策方面,首先,通过竞争性拨款奖优促改。各行政部门联合推出一系列竞争性拨款项目,如学徒制项目、行业领域协作网络建设项目等,对项目完成优秀的行业企业和高职院校予以物质奖励或表彰活动。其次,实施“税收-拨款制度”,事先向企业征收一份“职业教育与培训税”,如果企业参与了职业教育,为职业教育的发展发挥了作用,则可获得全额退税②。根据参与高职院校治理的行业企业的实际情况,对其给予营业税、企业所得税等方面的税收优惠。可先以某一地区为

① 王辉,刘冬.美国应用型人才培养的“首席品牌”——“一贯制科技高中”办学模式之述评[J].比较教育研究,2014(8):6-10.

② 刘晓.利益相关者参与下的高等职业教育办学模式改革研究[M].杭州:浙江大学出版社,2015:218.

试验点，积累经验，再逐步推广。同时，对于行业企业参与高职院校治理所投入的经费，予以适当比例的资助，由政府、高职院校、行业企业三者共同出资承担。通过教育部门与税务部门的合作，运用税收优惠政策增强行业企业参与高职院校治理的动力。

二、建立科学有效运行机制，实现行业企业有效参与治理

（一）构建高效的校企共治运行机制

健全沟通反馈机制。多方的信息不对称易造成不必要的误会，因此，建立学校与行业企业之间的沟通与反馈机制就显得非常必要。行业企业负责人与高职院校相关领导建立联席会议制度，保持及时的沟通[①]；行业企业与高职院校的相关管理人员要做好有关情况的上传下达；高职院校的管理人员要及时听取行业企业代表的意见，对反映的问题要及时解决，防止某些负面影响的扩散；调动行业协会的积极性，及时报道行业企业参与治理的有关信息，向社会公开行业企业参与治理的情况。

建立监管机制。及时跟进行业企业参与高职治理有关政策的落实与执行情况，对参与治理的内容进行有效监管，包括行业企业参与高职院校战略规划、年度工作计划、年度财务预决算、学校基本管理制度、校园建设规划、大额资金使用、重大改革举措、学科专业设置、师资队伍建设、学校人才培养、学生就业指导、培养方案制订、人才培养改革和教育教学活动的情况等。相关组织定期召开会议收集行业企业的问题反馈，并将问题反馈给有关负责人，由其对收集到的情况进行整理汇总，最终反馈给校务委员会或董事会，以方便其纠正或决

① 贺修炎.构建利益相关者共同治理的高职教育校企合作模式[J].教育理论与实践，2008(33)：20－23.

策，协助解决相关问题，避免制度和运行“两张皮”的情况发生。通过信息报送与信息披露制度，对发生影响或可能发生影响的后果及时采取相应的措施。

建立风险管理机制。行业企业参与高职院校治理的可能风险来源于多个方面，如行业企业的诚信问题、运作中责权利的问题、相互协调的问题等。行业企业和高职院校双方应明确建立一套风险管理机制，完善内外部治理结构，及时制订合规政策，建立相关的风险管控部门和风险管理机制，制订科学可操作的规章制度，使行业企业能够真正参与到治理的重要环节。若学校或行业企业单方出现问题，设定“退出机制”。结合激励政策，由于运行不当退出的行业企业或高职院校，给予警示，停止对其奖励并缴收相应的罚金，对于故意不履行职责的一方拉入黑名单，取消政府补贴和人才红利的优惠。

（二）建立校企共守协议的互信机制

通过章程或协议来保障行业企业参与高职院校的治理，以制度化的形式将其程序化，使双方共同遵守，有利于行业企业参与高职院校治理平稳运行，更具有完备性和可操作性。行业企业参与高职院校治理存在的各种问题都涉及高职院校和行业企业之间的矛盾，而解决这些问题，需要依靠彼此间的信任和沟通才能达到满意的结果，这也是善治理论强调的重点。

在高职院校治理过程中，学校虽然处于主导地位，但也必须承认和保障行业企业的主体地位和权益，这体现出对于高职院校章程和校企合作协议的尊重，有利于形成多元主体相互制衡的运行机制。高职院校和行业企业在学校治理过程中发挥的作用有所不同，职能不同，但两者都是主体。有明确的责权利划分，双方在平等的基础上讨论交流出的结果才能够满足双方的利益需求，问题的解决是经过斡旋，能够经受双方的质疑，通过相互妥协形成的顾及多方利益的方案，最为公正民主，既能提高行业企业的责任心和约束力，也避免了学校一言堂式的决断，能够有效地规避风险，形成合理有效的运行秩序，因而往往接受度最高，也容易被执行。

（三）形成行业企业多方位参与的评估机制

由政府发起并构建高职院校第三方评估机制，弥补现行评估制度的不足。第三方评估属于一种约束机制，能有效约束政府、高职院校以及行业企业三方权力的运行，平衡各方的利益，相对而言客观公正，更具公信力。同时，第三方评估机构以市场需求为导向，帮助行业企业和高职院校建立持续改进机制，确保职业教育目标最终得以实现。通过多元参与弥补单一主体治理的不足，提高职业教育支持区域发展的能力，通过市场主体充分博弈直接参与治理，更有利于合理引导资源配置，发挥市场的筛选作用。

一方面，形成行业企业参与的第三方评估机制，使之成为高等职业教育外在监督与评估的重要主体。具有相应资质的行业企业是熟悉专业人才培养模式以及人才能力层次的主体，应针对学校的专业设置、人才培养方案、人才能力水平、课程设置、实训方案培养等，根据行业企业对岗位的实际要求，来诊断和评价课程内容与职业标准是否贯通，专业设置与产业需求是否一致，毕业证含金量与职业资格证是否相同，学生的实际职业能力与工作岗位的匹配程度，以及学生长远的职业发展等。行业企业根据社会需求对高职院校的教学成果进行评估，具有客观性、权威性和公平性，通过设置专业的第三方评估机构，监督高职院校的发展情况，并进行客观评价，使高职教育获得社会的承认和支持，同时以评估为动力，奖优促改。

另一方面，除了行业企业参与第三方评估机构，对高职院校进行评估外，还要对行业企业是否参与高职院校的治理进行监督评估。行业企业作为高职院校的重要利益相关者，其是否参与高职院校的治理，对学校的发展至关重要。设置第三方评估机构，对行业企业参与高职院校治理的内容、程度进行监督评估，组织的成员应由大中小型企业代表、行业协会代表、教育专家、政府代表等成员构成。监督评估的内容应包括行业企业参与高职合作项目的进展情况、合作协议执行情况、资金使用情况、行业企业参与治理的组织机构与制度的设置及运行情况、会议召开频次与会议记录、参与程度与责任落实情况、高职院校对行业企业的反馈情况、实际教学方式、专业课程设置的合理性、人才培养方案设置与现实结合的紧密性等。为确保监督评估的有效性，其结果必须与高职院校及行业企业进行利益捆绑，结果的好坏与否应直接影响高职院校的教学拨款或行业企业税收优惠政策的增减幅度，从而促使高职院校与行业企业产生内在动力。对于表现较差的高职院校及行业企业，应采取一定的问责措施，以起到警示和纠正的作用。

三、明确参与治理的内容，推进行业企业实质性参与治理

（一）参与重大事项的咨询决策

我国职业教育重大事项的决策一般由行政体系内部领导者进行，行政体系成员一般是由中央、省、地方政府代表以及职业院校组成，成员来源较单一，决策主要是政府行为，容易产生职业教育内容与行业需求矛盾的情况①。因此，为促进行业企业在高职院校重大事项上具有决策权，首先，应注重行业企业代表的专业性，调整职业教育行政管理体系内的成员组成结构，将行业企业代表纳入管理队伍中，增加行业企业对高职院校事关改革和发展的重大事项的话语权。行业企业以社会需求为出发点，着重研究本行业对职业岗位的能力要求，为高职院校进行相关的变革提供咨询意见；行业协会协调企业与政府、企

① 石曼，胡斌武.行业与高职院校协同创新机制探究[J].职教论坛，2013(28)：21－24.

业与高职院校之间的关系，将本行业的需求信息及时提供给政府和高职院校。行业协会及时向企业宣传政府的最新政策安排，帮助企业了解政府动态，同时把高职院校相关的教育培训课程推荐给各企业，加强企业员工理论基础的学习，提升企业员工再学习的能力，充分发挥行业协会的引导作用；在制定相关政策法规时，也要考虑到行业企业的合理诉求，将行业企业的意见合理添加进去。其次，有资质的行业企业应直接参与到高职院校治理的决策中去，在其战略规划、基本管理制度、重大改革举措、学科专业设置、师资队伍建设、人才培养、学生就业指导、培养方案制订等方面，充分发挥咨询、审议、决策和监督的职能。

（二）指导学校的教育教学改革

《教育部关于调整和增设全国行业职业教育教学指导委员会的通知》（教职成〔2012〕9 号）指出，目前教育部已建立 53 个行业职业教育教学指导委员会，基本上覆盖了各行业门类，为行业指导职业教育教学发展提供了根本性的保障①。行业企业在指导高职院校改革中可发挥几方面的职能：第一，指导专业建设。高职院校专业建设需要立足于市场需求，由行业职业教育教学指导委员会审核通过才能开设，根据行业企业的意见，对于重复的专业，禁止设立。第二，指导人才培养。根据社会需求设定具体培养目标以及学生需要掌握的知识、能力；与行业企业紧密联系，有针对性地设置课程，安排教学进程，课程内容要具备实用性、理论联系实际，教学中注重培养学生的问题意识和批判性思维。课程内容的设置要根据市场需求的变化适时调整，主要依据应是行业协会制定的职业能力标准和国家统一的证书的要求。第三，助力营造校园文化氛围。引导行业企业文化与校园文化相融合，培养学生职业能力，开拓学生的职业视野。培养学生的“工匠精神”，注重专、精、

① 中华人民共和国教育部.教育部关于调整和增设全国行业职业教育教学指导委员会的通知[EB/OL].(2016-10-13)[2018-10-01].http://www.moe.gov.cn/publicfile/business/htmlfiles/moe/s5972/201301/146769.html.

尖的职业发展。

（三）促进“双师型”教师建设

培养“双师型”教师，能够有效促进高职院校教学水平的提高。“双师型”教师指的是职业教育中既从事理论教学，也从事实践教学的教师，他们既懂实践操作又会教学，既有理论基础又有实践经验，需要学校和行业企业共同培养，而行业企业参与是高职院校“双师型”教师培养最有效的途径[①]，其培养和建设需要高职院校和行业企业共同谋划。一方面，行业企业为高职院校提供技术骨干，担任学校的兼职教师，将行业企业的最新技术、最新的产品和工艺以及企业的管理方法带到学校中去。另一方面，高职院校可以派教师到企业中实践，理论和实践相结合，解决实际生产存在的问题，并积极协助企业开展项目研究，研发新工艺[②]。行业企业参与高职院校的治理，要充分利用行业企业的人力资源优势和贴近市场需求的优势，构建高水平的“双师型”教师队伍。

首先，行业企业可以参与“双师型”教师的监管考核。与高职共同制订切实可行的方案，共同确定“双师型”教师的考核内容和标准，共同建立科学有效的奖惩机制，将教师在企业的实践情况作为其考核和评定职称的重要依据。其次，到企业实践的教师，行业企业可以根据高职院校的专业设置和实际教学情况，制订具体的要求、实践期限、管理措施及相关政策等，基于行业企业需要及实际工作情况，专业教师要及时转变自己的身份。最后，行业企业可以参与高职院校大师工作站（室）的管理与建设，包括工作站（室）负责人的确定、项目的承接与进展、资源的使用、考核与评定等。

---

① 洪娟.企业参与“双师型”教师培养的调研报告——以苏州地区为例[J].职业技术教育，2012(20)：37－41.

② 徐森燕，王平安.破解“瓶颈”提高专业教师下企业挂职锻炼的有效性[J].中国职业技术教育，2011(7)：54.

四、建立多元治理组织平台，完善行业企业参与协作机制

（一）建立由政府主导的跨部门组织

促进行业企业参与高职院校治理，与教育行政部门息息相关。但由于教育行政部门的行政能力有限，难以统筹安排其他部门，无法形成具有实质性的跨部门合作机制，因此，这不仅是教育行政部门的任务，也需要劳动、财政、商业、工信、税务等部门的配合。首先，各部门可以联合构建职业教育数据平台，形成“互联网＋职业教育”的模式，促进信息共享，便于管理。企业可以将本公司的主营业务、人才需求状况、企业发展目标、科研需求等情况公布在数据平台上；高职院校将本学校的专业建设情况、师资状况、科研水平、学生培养等情况公布在数据平台上，由数据平台进行专业匹配，将企业和高职院校按照供求匹配在一起，及时合理地促进资源共享；政府部门也可将相关政策及时公布在平台上，节约企业代表的开会时间。其次，建立各部门的部委会议制度，形成定期、定责的跨部委商议机制，由教育行政部门牵头，共同商议和决策。最后，可以召开跨部门圆桌会议，由各级发展改革委员会与教育行政部门共同筹划，改变教育行政部门行政权力有限的局面。成员应当包括政府主管部门、行业协会、大中小型企业代表、高职院校代表等，共同对职业教育的发展前景进行规划，推动合作项目的开展①。

推动行业企业参与高职院校治理，不能只划归为某单一部门的工作，还需设置专业的职能部门为政策制定提供建议。目前我国教育与就业之间呈分离状态，行业协会、劳动保障等部门与教育部门沟通衔接不完善，造成了学生培养和就业不够对接，因此需要统筹协调教育和劳

---

① 刘晓.利益相关者参与下的高等职业教育办学模式改革研究[M].杭州：浙江大学出版社，2015：216－217.

动保障等部门，整合相关业务，统一管理①，同时也要注意形成体系，各部门明确分工，相互协作，促使行业企业真正参与到整个高职院校治理的过程中来，促进现代职业教育的发展。

（二）组建多元主体参与的职教集团

加快职业教育集团化办学，成立以高职院校为主导的职教集团。创新办学体制机制，加强高职院校内部治理机制和专业建设改革，调动学校行政部门和各学科教师参与职教集团的积极性和创新性，不断提高高职院校行政人员和教师的能力，更好地服务于职教集团内的行业企业，提升自身吸引力，为职教集团的发展提供基本保障。主导职教集团的高职院校应从区域发展大局的角度出发，以促进区域发展、职业教育改革和经济社会发展为重点，强化提升集团内部组织体系改革，完善治理结构，提升服务能力。

组建行业企业主导型的职教集团。以社会长远发展为目标，明确行业企业的社会责任，树立参与职业教育的主体意识，克服“搭便车”的错误想法，积极主动地与高职院校合作，除了顾及短期合作利益，更要放眼于长远发展的需求，为高职院校提供实习岗位、共同培养“双师型”教师、进行专业建设改革等，将行业企业引入职业教育，实现教育发展与产业发展的有机结合。区域内大型企业，尤其是国有大中型企业，应发挥模范作用，主动组织或参与职教集团，发挥自身在生产、工艺、设备、人才、管理等方面的优势，有效扩展自身的影响力，承担起更多的社会责任。

职教集团是多元主体共同组建而成的，行业协会也应大力参加，发挥桥梁作用，积极促进行业企业与职业院校的沟通联系。行业协会还需要加强对本行业人才需求的研究，加强职业教育培训，参加政府对高职院校开展的相关评估审核工作，努力推动与本行业发展相关的教育

① 宋楠.职业教育管理体制创新研究[D].长沙：湖南师范大学，2004：43.

教学改革，带动本行业健康、可持续发展。

（三）搭建行业企业参与的治理平台

设立董事会，董事会由企业家、政府管理人员、行业协会代表及学院代表组成，负责学校大政方针的决策和监督，形成共同参与高职院校决策和相互制衡的机制。董事会成为高职院校和行业企业联系的桥梁，除了促进学校与行业企业的交流合作外，还促使高职院校按照行业企业的需求，培养学生的综合能力。行业企业代表加入董事会凸显了行业企业的主体地位，同时可以鼓励行业企业参与学校实习实训基地建设，将高职院校人才培养与企业人力资源储备及企业在职人员的培训相整合，创新校企融合新模式①，使行业企业能够在高职院校重大事项的决策中发挥至关重要的作用。

设立教学指导委员会，行业企业派代表参与，在专业设置、培养目标确定和教学计划等方面提供咨询建议。行业企业作为生产线的代表，在专业、教学和用人需求等方面最具话语权，高职院校和行业企业根据市场需求变化和企业生产实践的需要调整专业要求，确定具体的培养目标。通过教学指导委员会，一方面，行业企业能够密切关注社会对高职院校人才培养要求的变化，对高职院校的教材、课程、专业、教学与科研以及教师队伍等方面的建设和改革进行指导，为高职院校科学决策提供依据。另一方面，行业企业可以参与高职院校人才培养过程，对高职院校办学模式和学生的知识能力素质等提出建议，对其教育教学质量做出客观的评价。

成立教育专家委员会，由企业技术骨干和学校教授组成，根据行业企业的需要共同编制专业教材；共同负责教师的录用和考核的标准，保证教师任命的专业性；共同确定研发项目并予以实施。

---

① 李小娃.高职院校治理改革：理论命题与实践问题[J].职业技术教育，2015(16)：23－25.

以上设立的各个治理组织机构不是独立的个体，而是相互关联相互支持的，促使行业企业能够从各方面参与高职院校人才培养，并且提高对自身资金投入的信任度。行业企业与高职院校通过彼此资源的开放共享、相互之间的有效结合，达到优势互补的目的，最终形成双赢的局面，提高双方合作的积极性。

第五章
教师参与高职院校现代教育治理体系建设

教师参与概念发轫于20世纪30年代的欧美国家，随后被广泛讨论并被运用于学校管理领域的各个方面。教师参与主要指教师参与学校的管理和决策。具体而言，教师参与指教师在不同程度上参加学校的决策过程及各级管理工作，让普通教师和学校领导以平等地位研究和讨论学校的重大问题，使他们感受到学校领导的信任，从而感到自己的利益与学校发展密切相关，进而产生强烈的责任感①。教师参与高职院校的治理，对于高职院校和教师自身，都具有重要的现实意义。对高职院校来说，教师参与治理，有利于学校开展民主管理，促进学校科学决策，全面提升学校发展水平；对教师自身而言，参与高职院校治理，可以激发工作的动机和热情，促进校领导与普通教师之间广泛的、友好的交往，强化横向、纵向的信息沟通，建立高度的信任和合作机制，从而对教育教学负责，提高学校的工作效率②。基于教师参与高职院校治理对于高职院校和教师自身的重要价值，研究教师参与高职院校治理的途径、方式和问题等内容，成为具有研究

---

① 陈如平.教师参与的意涵与实施策略[J].教育发展研究，2004(10)：17－19.
② 宋明钧.教师参与：学校成功发展的关键[J].中国高教研究，2006(04)：53－55.

价值的议题。当前，教师参与高职院校治理的主要组织包括学术委员会、教职工代表大会和校企合作理事会，这些组织为研究教师参与高职院校治理提供了重要的载体。

第一节　教师参与高职院校学术委员会的建设与运行

高等院校是研究学问的场所。高职院校作为高等院校的一种重要类型，也应强化对学术研究的重视，尤其是以应用型科研发挥服务社会的重要职能。学术委员会是高等院校中处理学术事务、行使学术权力的重要组织，广大教师有必要参与高职院校学术委员会建设与运行。通过研究高校学术委员会的定位和职能，教师参与高职院校学术委员会运行存在的问题，提出相应的思考，有利于促进教师更好地参与高职院校的学术治理。

一、高职院校学术委员会的定位和职能

（一）高职院校学术委员会的定位

学术委员会是现代大学的核心组织机构，是现代大学制度的重要组成部分。完善中国特色现代大学制度，必须改革学术管理行政化制度，加强学术委员会建设，使其真正担负起大学学术管理职责，保障大学遵循高等教育规律办学，促进大学理想和使命的实现。1999 年施行的《高等教育法》第四十二条规定："高等学校设立学术委员会，审议学科、专业的设置，教学、科学研究计划方案，评定教学、科学研究成果等有关学术事项。"2010 年颁布的《国家中长期教育改革和发展规划纲要(2010—2020 年)》明确指出，要"充分发挥学术委员会在学科建设、学

术评价、学术发展中的重要作用”①。2014年，教育部颁布《高等学校学术委员会规程》，规定了规范的高校学术委员会定位，即“高等学校应当充分发挥学术委员会在学科建设、学术评价、学术发展和学风建设等事项上的重要作用，完善学术管理的体制、制度和规范，积极探索教授治学的有效途径，尊重并支持学术委员会独立行使职权，并为学术委员会正常开展工作提供必要的条件保障”②。对相关法律文件进行分析表明，学术委员会既是高校最高学术机构，也是高校内部治理结构的重要组成部分。

（二）高职院校学术委员会的职能

我国高校学术委员会能够发挥什么作用，是由国家权力机关的法律和相关组织及部门的政策文件所规定的。《中华人民共和国高等教育法》规定：“高等学校设立学术委员会，履行下列职责：(1) 审议学科建设、专业设置，教学、科学研究计划方案；(2) 评定教学、科学研究成果；(3) 调查、处理学术纠纷；(4) 调查、认定学术不端行为；(5) 按照章程审议、决定有关学术发展、学术评价、学术规范的其他事项。”③《高等学校学术委员会规程》则提出，大学学术委员会是校内最高学术机构，统筹行使学术事务的决策、审议、评定和咨询等职权。这不仅阐明了学术委员会是高校最高学术机构，而且还要求学术委员会发挥统筹职能，行使决策、审议、评定和咨询等职权。通过分析相关法律法规可知，高校学术委员会的基本职能是学术范围事务的审议、咨询、评定和监督。

---

① 中华人民共和国中央人民政府.国家中长期教育改革和发展规划纲要(2010—2020年)[EB/OL].(2010-07-29)[2018-10-06].http://www.gov.cn/jrzg/2010-07/29/content_1667143.htm.

② 中华人民共和国教育部.高等学校学术委员会规程[EB/OL].(2014-01-01)[2018-10-08].http://www.moe.gov.cn/srcsite/A02/s5911/moe_621/201401/t20140129_163994.html.

③ 中华人民共和国中央人民政府.中华人民共和国高等教育法[EB/OL].(2005-05-25)[2018-10-10].http://www.gov.cn/banshi/2005-05/25/content_927.htm.

结合高职院校的发展实际，应该在学校章程中规定学术委员会的如下职能，并随着改革的深化不断完善：一是学术审议权，高职院校学术委员会有权审议学校重大科研规划、科研项目、教师队伍建设、专业变更及发展、人才培养改革等相关问题。二是学术评定权，学术委员会的学术评定职能是学术权力在高职院校中最明显的体现，显示了对学术成果的尊重，有利于维护学校科研工作者和群体的切身利益。三是学术咨询权，学术委员会的咨询职能体现在学校学术事务的多个方面，如教职工职称申报、师资队伍建设、教育教学改革、专业建设及发展、人才培养等①。四是承担学术科研队伍建设职能，提高高职院校师资队伍的学术水平，指导广大教师开展学术研究，以带动学校学术水平的提升。

二、教师参与高职院校学术委员会运行存在的问题

（一）学术委员会人员构成不甚合理

《高等学校学术委员会规程》第二章明确指出："担任学校及职能部门党政领导职务的委员，不超过委员总人数的1/4；不担任党政领导职务及院系主要负责人的专任教授，不少于委员总人数的1/2。"这一规程主要针对本科院校制定，后来被许多高职院校沿用，导致高职院校对委员的资格也向本科院校看齐，要求具有教授或正高级以上专业技术职称的教师才能担任学术委员会委员。首先，由于历史和现实的原因，我国高职院校教授和专业行业领头人普遍稀缺，使得各系（部）在推选委员时，依然以教授为主，青年教师一般难以入选②，直接导致高职院

① 莫东晓.高职院校学术委员会职能及履行情况的调查与分析[J].高教论坛，2015(06)：112-115.

② 莫东晓.高职院校学术委员会职能及履行情况的调查与分析[J].高教论坛，2015(06)：112-115.

校学术委员会青年教师委员比例偏少。其次，长期以来，高职院校行政权力较强，学术权力未受重视，加之内部学术机构不完善，学术权力长期处于羸弱状态。因此，在学术委员会的成员构成中，学校行政领导往往占据大多数，而专任教师委员的比例被削减，从而出现了权力行使不均，甚至是权力偏向于某一人或几人的现象①。此外，高职院校师资有专任教师和兼职教师两个来源。兼职教师是能够独立承担某一门专业课教学或实践教学任务、有较强实践能力或较高教学水平的校外专家②。因为高职院校学术委员会的运行主要以《高等学校学术委员会规程》为依据，并没有赋予兼职教师参与学术委员会的权利，造成部分高职院校学术委员会委员代表中未设立兼职教师的席位，学术委员会人员的构成存在封闭性。

（二）学术委员会的职权存在虚化现象

《高等学校学术委员会规程》第二条指出："高等学校学术委员会，统筹行使学术事务的决策、审议、评定和咨询等职权。"③由此可见，《高等学校学术委员会规程》已经明晰了高等学校学术委员会的职权，至少应包括学术事务决策职权、审议职权、评定职权和咨询职权这四大权限，明确指出了学术事务决策职权是高等学校学术委员会的首要职能。然而，由于各种原因，当前高职院校内部管理中行政权力相对突出，学术权力式微。有研究指出，"在当前我国行政权力主导的管理体制下，高职院校普遍存在着教育行政化、学术权力行政化倾向，强势的党政管理行政权力常常干预甚至越位代替学术权力的学术管理职能，致使学

① 高葵芬，童顺平，韩秾.高职院校学术委员会建设探析——基于《高等学校学术委员会规程》的思考[J].职教论坛，2016(01)：48－51.

② 邵建东，王振洪.走向治理：高职院校兼职教师组织管理新趋势[J].教育发展研究，2011(03)：81－84.

③ 中华人民共和国教育部.高等学校学术委员会规程[EB/OL].(2014－01－01)[2018－10－17].http://www.moe.gov.cn/srcsite/A02/s5911/moe_621/201401/t20140129_163994.html.

术权力呈现边缘化现象”①。具体体现在：一是高职院校学术委员会在重大学术事务中没有独立决策权。在高职院校内部管理中，遇到重大学术事务，学术委员会并不具有最高决策权，学术委员会所做出的决定必须经过院（校）长或党委会审定后才能生效；二是目前国内高职院校学术委员会等学术机构，大多是作为咨询机构，对学校“学科、专业设置，教学、科学研究计划方案，评定教学、科学研究成果等有关学术事项”只起到了咨询作用，并不具有高等教育法所授予的审议权，主要的学术事务还是由行政权力来决定②。由此可见，在学术委员会运行过程中，许多教授委员、教师委员参与度不高，也难以行使其学术权力。

（三）学术委员会的运行机制不够健全

高校学术委员会的学术责任是否履行，以及学术权力是否得到有效发挥，在很大程度上取决于学术委员会工作规则和运行机制的科学性和有效性。目前，我国高职院校学术委员会运行机制总体来说存在以下几个问题：首先，各高职院校学术委员会的规章制度普遍不完善，章程中条款缺乏规范性、严谨性和可实施性，在章程之下未制订具有可操作性的规则，制度不完善造成学术委员会在实际运行中缺乏指导和约束。有学者对 30 所高校的学术委员会章程文本进行分析和问卷调查，结果表明，当前我国高校普遍是每年召开一至两次学术委员会全体会议，会议召开时间不定期，且次数不多，显然更多是被动履行职权③。其次，学术委员会的决策执行不到位。许多高职院校没有学术委员会

① 刘绍斌.高职院校学术权力边缘化与重构设想[J].常州信息职业技术学院学报，2013(04)：15－18.

② 高葵芬，童顺平，韩秾.高职院校学术委员会建设探析——基于《高等学校学术委员会规程》的思考[J].职教论坛，2016(01)：48－51.

③ 魏小琳.我国高校学术委员会运行的有效性研究[J].教育发展研究，2016(19)：63－69.

常设机构或日常管理机构，没有相应的行政权力和经费保障，缺乏权力应有的强势地位，其所做出的决定、决策，没有行政权力的认可和执行就很难被执行①。此外，高职院校未建立有效的监督机制，学术委员会评审、决策过程很少向公众公开，缺乏透明度，容易造成权力滥用和暗箱操作。还有学术委员会决策的执行情况也缺乏相应的监督，学术委员会的决策难以得到有效落实。

三、教师参与高职院校学术委员会运行的思考

（一）优化学术委员会人员比例，切实保障教师的参与权

结合上文提及的学术委员会中教师委员的比例过低问题，可以从以下几个方面加以优化：首先，高职院校在遵循《高等学校学术委员会规程》精神的前提下，结合自身实际，适当降低行政职务人员的比例，增加学术委员会、教授委员会等学术机构中无行政职务的教授以及青年教师的比例，打破学术领导对于决策资源的垄断②。其次，可提高学术委员会遴选制度的灵活性，结合高职院校重视实践教学、青年教师较多的特点，可适当放宽对学术委员的职称要求，适当吸纳拥有中级职称的“双师型”教师或拥有较多优秀科研成果，达到一定学术水平、关心学校发展的优秀青年教师加入。同时，还要注重教师委员的年龄构成，在综合考虑系（部）和学科专业实际的同时，应采用老、中、青相结合的方式，明确设立年轻教师的委员席位，考虑代表构成的广泛性，还需设计委员自动更替的新陈代谢机制，废除终身制，注重发挥中青年教师的积极性③。此

① 艾飞飞.我国高校学术委员会的构建及其运行——基于学术委员会章程文本的分析[D].上海：复旦大学，2012.

② 莫东晓.高职院校学术委员会职能及履行情况的调查与分析[J].高教论坛，2015(06)：112－115.

③ 朱贺玲，黎万红.从共同管治看中国内地大学教授治学的现状与发展[J].中国人民大学教育学刊，2014(03)：91－106.

外，随着兼职教师在高职院校教师队伍中所占的比例越来越大，在高职院校的发展中扮演着重要角色，可以在高职院校学术委员会中适当增加兼职教师委员的名额。

（二）强化学术委员会职能，实现其对学术事务的决策权

《高等学校学术委员会规程》对学术委员会的职权范围只做了原则性的规定，并没有对学术委员会的"审议"和"评定"等权力内涵做出具体界定，为有效发挥高职院校学术委员会的职能，需进一步厘清学术委员会的具体职权，才能有利于学术委员会取得相对独立性的法律地位，推进现代大学治理的进程①。首先，要以《高等教育法》《高等学校学术委员会规程》为依据，赋予高职院校学术委员会应有的地位和权威，落实学术委员会职权②，制订并完善符合高职院校办学特点的学术委员会章程，保障学术委员会的相关决策权，提高青年教师、教授委员参与的积极性。同时要明确教师享有决策权并非简单的承担具体的、常规性的行政事务，而是参与相关事务的决策过程，并影响决策结果。其次，应处理好学术委员会与校长办公会及行政机构之间的关系，明确分工，各司其职。实现三者协调配合是内部治理结构必须解决的问题，也是强化高职院校学术委员会职能的关键，可以建立党委监督、领导，学术权力组织决策，行政权力组织执行三者相互制衡的机制③。再次，高职院校应给予学术委员会充分的学术自主权，使其能独立和负责任地履行职责，积极主动地参与学术治理，为提高高职院校学术管理水平和效率提供智力支撑。在运行过程中，高职院校学术委员会及其成员的意见及建议，党政领导和职能部门应予

① 黄厚明.推进现代大学治理的学术委员会制度探析——兼评新修改的《高等教育法》[J].湖北社会科学，2016(11)：170－174.

② 陈恕平.论高校校务委员会与学术委员会的功能定位[J].高校教育管理，2009(02)：32－36.

③ 刘婧.提升学术权力与学术委员会制度的完善——基于辽宁省三类高校学术委员会制度文本的分析[J].中国高等教育评估，2013(02)：31－35.

以充分的尊重和重视，对学术委员会的决策事项应给予接纳和落实①。如此，高职院校学术委员会及其制度才能发挥真正价值，成为教师参与学校治理的重要载体。

（三）完善学术委员会运行机制，保障教师参与学术事务的有效性

学术委员会运行机制是现代大学制度的重要组成部分，也是增强高职院校办学活力的重要举措。高职教育要提高吸引力和社会认可度，就必须充分发挥学术委员会在高职院校内部治理体系中的作用。首先，规范学术委员会议事规则。建立定期例会制度，特别要规定各专门委员会的会议次数。学术委员会在开展重大的学术决策及处理学术事务时，所涉及的利益相关者如教师代表、教师委员都应列席参加，以增强教师委员的责任心、使命感，避免委员随意弃权②。其次，理顺学术委员会与其他组织之间的关系。应清晰划分党政组织（党委会、校长办公会等）与学术委员会的决策职权及其边界，哪些属于党政事务、哪些属于学术事务，校长作为学校全面工作的负责人，其在学术委员会中的地位和权责范围也应具体明确。通过明确权责关系，真正使学校重大学术事务的决策权由党委会或校长办公会转移到学术委员会，以彰显学术委员会学术管理的核心地位③。再次，建立起较为完善的保障和监督机制。从保障机制来看，应从人力和物力等各方面对学校学术委员会的工作给予保证，应设有专项经费保障学术委员会正常运作。从监督制度看，要建立投诉申诉制度、公示制度、问责机制、考核机制等系列配套制度，包括学术委员会在开展重大的学术决策及处理学术事务时，所

① 杨超，钟倩，赵涵悦.高校学术委员会制度建设的现实困境及路径选择——基于云南省 11 所本科院校章程的文本分析[J].学术探索，2017(05)：129－136.

② 莫东晓.高职院校学术委员会职能及履行情况的调查与分析[J].高教论坛，2015(06)：112－115.

③ 别敦荣.大学学术委员会的性质及其运行要求[J].中国高等教育，2014(08)：27－30.

涉及的利益相关者如教师代表都应列席参加，决议正式公布前的公示及复议，决策运行之后的问责机制等，以保障学术权力正确、规范运行①。此外，还可借鉴西方发达国家经验，学术委员会在履行职能时，不仅要强调结果的公开，更要关注过程的公开，还可以允许利益相关者参与旁听，使学术委员会行使学术权力时接受有效的监督，避免其将自身利益凌驾于公共利益之上，最大限度提升高职院校利益相关者的满意度。

第二节　教师参与高职院校教职工代表大会的建设与运行

教职工是高校办学的主要参与者，他们的态度、能力和参与学校事务的程度，对学校的建设和发展有着非常重要的作用。高校建立教职工代表大会（以下简称“教代会”）制度，既是《中华人民共和国教育法》《中华人民共和国教师法》《中华人民共和国高等教育法》《高等学校教职工代表大会暂行条例》等法律法规所规定的，也是广大教职工对学校进行民主管理和民主监督的重要组织形式，是广大教职工主人翁地位得以体现的重要保证②。加强高校教代会建设有利于学校形成协同合力，共同解决学校面临的问题，促进高校自身的发展。虽然国内高校教代会制度已经实行了 30 多年，成为高校民主管理与监督制度中不可缺少的重要组成部分，一些高职院校也大力推行教代会制度，但教师在参与高职院校教代会的建设与运行过程中，还存在着一些不容忽视的问题，亟待加以探究和解决。

---

① 黄泽龙，刘璧玉.去行政化背景下大学学术委员会的建设思路[J].西北医学教育，2013(05)：858－862.

② 朱玉华.高校教代会职能发挥的探索与思考[J].工会论坛(山东省工会管理干部学院学报)，2008(03)：46－47.

一、高职院校教代会的定位和职能

（一）高职院校教代会的定位

高校教代会制度是高校管理体制的有机组成部分，是保证教职工对学校重大事项决策的知情权和民主参与权，维护教职工根本利益的重要保障，是推进依法办学、民主治校、科学决策，建立现代大学制度的重要内容。改革开放后，我国开始实行学校教代会制度，1985 年，国家有关部门颁布《高等学校教职工代表大会暂行条例》，指出教代会是“教职工群众行使民主权利，民主管理学校的重要形式”[①]。1995 年颁布并施行的《中华人民共和国教育法》第三十条规定：“学校及其他教育机构应当按照国家有关规定，通过以教师为主体的教职工代表大会等组织形式，保障教职工参与民主管理和监督。”[②]2012 年，教育部颁布《学校教职工代表大会规定》，对我国教代会制度进行了修订，并说明“学校教职工代表大会是教职工依法参与学校民主管理和监督的基本形式”[③]。通过分析这些法律文件可知，高校教代会的定位主要体现在两个方面：一是高校教职工参与高校内部治理与决策的民主管理机构，二是监督高校内部权力运作的监督机构。

（二）高职院校教代会的职能

高校教代会作为“教职工依法参与学校民主管理与监督的基本形

---

① 人民网.高等学校教职工代表大会暂行条例[EB/OL].(2012 - 01 - 23)[2018 - 10 - 23]. http://www.people.com.cn/item/flfgk/gwyfg/1985/206004198501.html.

② 中华人民共和国中央人民政府.中华人民共和国教育法[EB/OL].(2005 - 05 - 25)[2018 - 10 - 26]. http://www.gov.cn/banshi/2005 - 05/25/content_918.htm.

③ 董凌波.论高校教代会制度监督功能的失落与复归[J].教育评论，2015(07)：23 - 26.

式”,其最为重要、最为核心的内容是教代会的职权问题。1985 年颁布的《高等学校教职工代表大会暂行条例》规定了教代会具有审议建议权、审议通过权、讨论决定权和监督评议权等四项职权。2012 年 1 月 1 日,《学校教职工代表大会规定》颁布施行,将教代会职权细化为八项①。由此可见,经过 30 多年的发展与实践,高校教代会的职权得到了进一步的拓展,主要体现在以下三个方面:一是审议建议权。教代会有权参与学校章程草案的制订,听取和修订有关报告,讨论和审议学校发展、建设、改革等重大问题,对学校的办学定位、发展规划、财务预决算、教职工队伍建设、教育教学科研管理等方面工作,以及其他有关学校重大改革方案或措施等,提出意见和建议。二是审议通过权。教代会讨论通过学校提出的与教职工切身利益密切相关的绩效工资、岗位设置、有关福利和校内分配实施方案,以及相应的教职工聘任、考核、奖惩办法。教代会认真履行讨论通过权有助于维护教职工的合法权益②。三是监督评议权。教代会在学校党组织领导下建立学校领导干部民主评议工作制度,依法行使监督学校领导干部并提出奖惩和任免建议的职权。在三者中,讨论建议权是基础,讨论通过权是核心,评议监督权是关键。

二、教师参与高职院校教代会运行存在的问题

(一) 教师代表主体地位弱化

《学校教职工代表大会规定》明确规定,“教职工代表大会代表以教

① 中华人民共和国中央人民政府.学校教职工代表大会规定[EB/OL].(2012-01-09)[2018-11-05]. http://www.gov.cn/flfg/2012-01/09/content_2040254.htm.

② 孙世一.基于高校内部治理的教代会制度建设[J].黑龙江高教研究,2013(05):40-42.

师为主体,教师代表不得低于代表总数的60%,并应当根据学校实际,保证一定比例的青年教师和女教师代表”。根据这一定位产生的教代会代表应由各方面人员构成,主要成员应该是教师代表。但事实上,高校教代会代表中行政人员的比例,特别是具有行政领导职务的人员比例远高于专任教师。有学者的调查统计显示,具有行政领导职务的人员占教代会代表总数62%,加上部分不具备领导职务的普通行政人员代表,行政人员占教代会代表的比例达70%左右,而专任教师代表仅为30%左右。尽管《学校教职工代表大会规定》明确了教代会主席团成员的组成人员应包括学校各方面人员,既有具备行政职务的领导,也应有专任教师,且教师代表应当占大多数,但是,许多高校教代会的主席团成员均由具有行政领导职务的人员组成,几乎没有教师代表①。这种现象在高职院校也较为普遍。因此,这种以行政领导为主体组成的高职院校教代会,在审议学校重大决策,向大会提交提案的过程中,势必倾向行政权力,不能很好反映专任教师的利益和价值诉求,也难以有效监督高职院校的重大决策行为。这些情况造成高职院校教师在教代会中的主体地位偏弱,不利于广大教师对学校治理的参与。

（二）教代会的职能难以发挥

《高等学校教职工代表大会暂行条例》规定,高校教代会应有审议建议权、审议通过权、讨论决定权、监督评议权等四项职权。但由于各高职院校的环境、条件、认识上的不同,加上教代会的一些规章制度不够完善,缺乏一整套科学的运作规程,没有形成强有力的制约和监督机制,致使教代会功能难以有效发挥,主要体现在以下三个方面:一是部分涉及教师利益的重大事项没有成为教代会的议题。高职院校教代会的运行中缺乏一套科学有效的规程,致使教代会的一些职权不能落实

① 董凌波.论高校教代会制度监督功能的失落与复归[J].教育评论,2015(07):23-26.

到位。如有的高职院校对涉及学校发展、建设、改革的重大问题未能提交教代会讨论审议也能通过；有的高职院校的教职工奖惩晋升条例、内部岗位设置方案、职务聘任方案、工资奖金分配方案及其他与教职工权益有关的重要规章制度，未经教代会讨论通过即由学校发文施行①。二是教代会的有关规定难以落实。教育部颁布的《学校教职工代表大会规定》，是我国教代会制度实施的直接依据，但由教育部颁布法令的法律效力不足，造成《学校教职工代表大会规定》的条款在实施过程中得不到有效落实，对于违反《学校教职工代表大会规定》的行为，也无相关的惩戒依据和途径，严重影响了高校教代会的权威性和执行力②。三是教代会的民主参与监督权难以落实。高职院校大多数脱胎于中专、职高、技校，高职院校的领导层也有部分来自这类学校，在此之前，他们几乎没有从事高等学校管理的经验和经历，尽管学校从办学层次上得到了提升，但长期以来形成的行政权力至上的办学和管理观念没有得到根本改变。在实践中，高职院校往往忽视了教授治学和民主管理的制度建设，体现民主管理的教代会制度往往局限于知情权、表达权，而没有真正落实到参与权和监督权上③。这些导致高职院校教代会职能发挥的有效性大大降低。

（三）教代会运行机制不健全

高职院校教代会的责任是否履行，以及民主监督权力能否得到有效发挥，在很大程度上取决于教代会工作规则和运行机制的科学性和完整性。当前，我国高职院校教代会的运行机制总体来说存在以下几个问题：一是教代会规章制度不完善。无论是《中华人民共和国高等

① 赵妤，雷世平.高职院校教代会制度建设的历史发展、问题及对策[J].职教通讯，2013(34)：59－62.

② 董凌波.论高校教代会制度监督功能的失落与复归[J].教育评论，2015(07)：23－26.

③ 鲁霜慧.高职院校民主管理体制构建刍议[J].职教论坛，2011(16)：86－88.

教育法》，还是《学校教职工代表大会规定》和《高等学校教职工代表大会暂行条例》，都没有专门针对高职院校教代会制度进行配套的规定与设计，使得高职院校教代会在实际运行中缺乏有效的指导和约束。此外，《高等学校教职工代表大会暂行条例》作为指导和规范我国高职院校实施教代会制度的主要依据和唯一的全国指导性法规文件，虽然在高职院校教代会制度的建立和发展方面发挥了重要作用，但自颁布以来并未进行过修订。随着国家政治经济形势的变化与高等职业教育的改革与发展，其中的许多内容已明显不适应现代高职院校制度建设的要求①，在一定程度影响了高职院校教代会制度的有效运转。二是未建立定期召开教代会的制度。《学校教职工代表大会规定》要求学校每年至少召开一次教职工代表大会，但事实上，许多高校都不能严格遵守这一规定，有的学校甚至几年都不召开一次教代会②。在这种情况下，高职院校教职工代表无法对学校的重大决策和年度工作进行问责，广大教师的基本诉求也难以找到相应表达渠道。三是制约和监督机制不健全。教代会虽然是《中华人民共和国高等教育法》规定的教职工参与学校民主管理和监督的基本形式之一，但缺乏相应制度，对教代会监督学校领导干部做出可行性的操作规定，且其本身没有足够强大的监督、审查事关学校发展的各项重大决策的权力。因而，教代会的实际工作流于形式，其本身成为行政机构的附庸，无法形成制约管理权力的约束机制，在较大程度上影响了教代会制度在高职院校的实施，以及在高职院校治理实践中发挥应有的作用③。健全教代会运行机制，应是未来我国高职院校教代会建设的重要内容。

---

① 赵妤，雷世平．高职院校教代会制度建设的历史发展、问题及对策[J]．职教通讯，2013(34)：59－62.

② 董凌波．论高校教代会制度监督功能的失落与复归[J]．教育评论，2015(07)：23－26.

③ 雷世平．我国高职院校治理结构存在的问题及其优化研究[J]．职教通讯，2013(10)：33－37，59.

三、教师参与高职院校教代会运行的思考

（一）提升教师代表的主体地位

教师在高职院校教代会中有着举足轻重的作用，发挥教师在教代会中的主体地位有利于完善高职院校内部治理体系。针对上述提到的教代会中教师代表主体地位较弱的情况，可以从以下几个方面采取措施：一是尽快出台《教职工代表大会组织运行指导意见条例》，明确教师、管理、工勤等各类代表的比例，对教职工代表大会的选举条件和程序、任期、权利、义务和职责等做出更加明确的规定，以防止高校滥用自由裁量权，侵犯教师及其他职工的权益①。同时，代表的选拔应严格按照相关规定以教师代表为主，要根据高职院校自身的实际情况，逐步增加青年教师的比例。二是完善教代会主席团的选举条件、程序、任期和比例，尤其是在主席团的成员构成中，教师代表应该占多数，以此扩大教师对教代会的参与权，使其能深度介入决策层面，通晓决策过程和决策结果。三是加强教代会制度的法制建设，明确教代会的性质与地位，赋予高职院校教代会与决策机构、行政机构同等法律地位，在制度上保证教代会的独立性，减少行政干预。

（二）强化教代会的职能

高职院校教代会职权不能有效发挥，很大程度是因为教代会的性质和地位不明确，如我国颁布的《高等教育法》《教育法》《高等学校教职工代表大会暂行条例》等一系列法律法规中，均把教代会的性质规定为“参与学校民主管理的一种形式”，但该界定过于抽象，未对教代会职权与学校行政管理权力之间的关系做出规定，导致教代会制度的约束力

① 张建祥.高校教师主体地位彰显的体制与机制创新[J].教育研究，2011(11)：58－61.

不够，可操作性不强[①]。为改变这种现状，可从以下几个方面着手：首先，明确高职院校教代会的工作内容、工作程序、职权范围、组织制度和组织机构等各个方面的内容。如建立教代会就其决议的执行、学校重点项目建设情况等的巡视制度；对学校重大决策、管理制度的制订和涉及教职工切身利益的重大问题参与听证制度[②]。其次，高职院校党委与校领导要加强对教代会的重视，把落实教代会职权作为学校党委工作的一项重要任务。校领导班子要统一思想认识，把教代会工作纳入学校日常管理工作范围，牢固树立起教代会制度是学校民主管理重要平台的思想意识，同时，要积极主动地解决教代会实际运行中职权落实的“重点”“难点”问题，保障教代会职能的有效发挥[③]。此外，在制度安排上，要厘清教代会与高职院校党政机关之间的关系。在充分理解法律相关规定的基础上，明确政治权力、行政权力、学术权力、监督权力所分别担负的职责，从制度上确保教代会的权力有效行使与运行。

（三）完善教代会的运行机制

制度严格，机制完善，程序规范，强化管理，是高职院校提高民主管理水平的客观要求，也是高职院校做好民主管理工作的基础和保证。当前我国高职院校教代会制度缺乏有效的运行机制，制约了教代会作用的发挥，应采取多种形式，创新教代会运行机制，努力实现高职院校教代会活动的常态化。首先，加强教代会制度的法制化、规范化建设。国家有关部门应尽快出台教代会有关法律法规，制订适合高职院校运行和发展的《教职工代表大会组织运行指导意见条

① 赵好，雷世平.高职院校教代会制度建设的历史发展、问题及对策[J].职教通讯，2013(34)：59－62.

② 鲁霜慧.高职院校民主管理体制构建刍议[J].职教论坛，2011(16)：86－88.

③ 杨雁.高校教代会职权落实的理论思考与现实审视[J].高教探索，2017(08)：36－39，48.

例》,明确高职院校教代会的地位、性质、职权、机构设置、组织形式、运作规范、保障措施和法律责任。同时,通过健全和调整教代会的代表制度、组织制度、工作制度等基本制度,增强其权威性、强制性、规范性和程序性,强化其作为教职工参与高校民主管理专门机构的职能①。其次,完善教代会内部管理制度。要正确认识教代会在高职院校治理结构中的地位和作用,进一步完善教代会具体工作制度,定期召开教代会,积极探索教代会代表旁听学校重大决策性会议的相关制度,以及教代会组织规则、会议制度、工作机构和监督机制等,充分发挥教代会民主管理学校的职能,让教职工知校情、参校政、议校事、督校务②。再次,加大教代会评估力度。随着教育改革的深入和发展,教代会评估制度需要进一步明确评估内容,细化评估标准,确立评估原则,创新评估方法和手段,完善评估工作的组织实施,提高评估结果的科学性和实效性,逐步把教代会评估纳入督导检查和高职院校整体工作评估体系中,进一步促进教代会制度建设③。此外,完善教代会的监督机制。完善民主监督机制的关键是制定民主监督的法定程序,将法律效力落实并实现于民主监督程序之中④。既要完善知情环节,建立高职院校党政领导和各职能部门定期向教代会通报工作情况的有关机制;又要健全沟通反馈环节,建立高职院校党政机关与教代会联系的窗口,确保教代会能定期了解党政部门对教代会决策的执行情况。

① 赵妤,雷世平.高职院校教代会制度建设的历史发展、问题及对策[J].职教通讯,2013(34):59-62.

② 雷世平,姜群英.高职院校治理能力提升路径研究[J].职教通讯,2015(22):1-5.

③ 毕宪顺,赵凤娟.高等学校的民主监督与权力制约——以教职工代表大会制度为基本形式[J].教育研究,2009(01):86-91.

④ 毕宪顺,赵凤娟.论和谐社会视域中的高校教代会民主监督[J].中国高等教育,2008(Z1):68-70.

第三节　教师参与高职院校校企合作理事会的建设与运行

高职院校校企合作是指高职院校与产业界在人才培养、科学研究和技术服务等领域开展的各种合作活动。教师与校企合作的关系密不可分：一方面，校企合作长效机制的建立，校企合作的全面落实及合作实效的提高，离不开教师的全面参与和作用的发挥；另一方面，通过校企合作平台，教师能形成先进的教育理念，提高将科研转化为生产力的能力，改进教育教学方法，全方位提升教学水平，增强自己的职业核心竞争力①。目前，我国高职院校为更好地处理校企合作相关事宜，设置了专门的组织来促进校企合作的发展，其中校企合作理事会就是最典型的代表②。虽然我国大部分高职院校都在实施校企合作的办学模式，但是教师在参与校企合作治理组织的建设与运行中还存在诸多必须关注的问题，正视这些问题才能促进高职院校校企合作更好的发展。

一、高职院校校企合作理事会建设意义及发展现状

（一）高职院校校企合作理事会建设的重要意义

校企合作理事会制度是由政府、企业和高职院校三方主导的合作办学的主要运作制度。高职院校校企合作理事会是高职院校根据发展需要，结合高职院校、地区、行业发展情况，在政府和行业推动下成立的

---

① 鲁瑾.浅析教师在校企合作中的作用及其发挥[J].无锡商业职业技术学院学报,2014(06): 62-64,71.

② 肖纲领,罗尧成.高职院校治理组织建设现状、问题及完善策略[J].教育与职业,2018(10): 11-16.

合作机构。该机构一方面有利于加强高职院校与行业企业的联系，建立双向参与的运行体制，提高学校人才培养质量和办学水平，为地方和区域经济发展服务①；另一方面有利于发挥多方主体各自在产业规划、经费筹措、先进技术应用、课程开发、兼职教师聘任、实习实训基地建设和吸纳学生就业等方面的优势，形成人才共育、过程共管、成果共享、责任共担的紧密型合作办学模式②。总之，校企合作理事会对于高职院校优化学校治理结构、建立校企紧密型的合作体制机制、全面提高学校办学和人才培养水平具有重要的作用。

（二）高职院校校企合作理事会建设的发展现状及教师参与情况

2014 年出台的《国务院关于加快发展现代职业教育的决定》（国发〔2014〕19 号）提出，“职业院校要依法制定体现职业教育特色的章程和制度，完善治理结构，提升治理能力，建立学校、行业、企业、社区等共同参与的学校理事会或董事会”③。为响应国家政策，更好地支持职业教育发展，一些高职院校在校企合作办学中引入了理事会制度，且成为校企合作办学中协调各方利益的主要组织形式。例如，青岛远洋船员职业学院制定了完整的校企合作理事会章程；江苏省已经成立 30 多个职教集团，每个职教集团采用的管理方式都是“理事会”或者“管委会＋理事会”的形式；2017 年，福建省投资建设了 15 个多元主体职教集团项目，该批职教集团都是以理事会的形式运作④。虽然大部分高职院校通过建立校企合作理事会制度来发挥教师在校企合作育人中的作用，

① 黄秀明，戴建华，乔龙山，袁华根，方向红.农业高职校企合作理事会体制创新研究[J].职业教育研究，2012(11)：142－143.

② 黄秀明，戴建华，乔龙山，袁华根，方向红.农业高职校企合作理事会体制创新研究[J].职业教育研究，2012(11)：142－143.

③ 中华人民共和国国务院.国务院关于加快发展现代职业教育的决定[EB/OL].(2014－06－22)[2018－11－12].http://www.gov.cn/zhengce/content/2014－06/22/content_8901.htm.

④ 邱德丽.高职院校校企合作理事会制度研究[J].教育与职业，2019(02)：12－17.

但教师在参与高职院校校企合作理事会运行的过程中，往往存在主体地位弱化、参与积极性不高、参与过程缺乏制度保障等不足。

二、教师参与高职院校校企合作理事会运行存在的问题

（一）教师参与的主体地位不够彰显

由于教师既是学校教学主体，又是校企合作最终的落实者和执行者之一，校企合作实施的过程基本都是靠教师来衔接的[①]。因此，在高职院校校企合作理事会的建设与运行过程中，必须重视教师的主体地位，发挥其校企双方的衔接作用，促进校企合作有效开展。然而，在高职院校校企合作理事会的实际运行中，教师参与的主体地位并未得到有效彰显，主要体现在：许多高职院校的校企合作理事会章程只规定了成员组成，但没有明确各类代表的比例或具体人数，尤其是教师代表的占比，容易导致各院校在确定校企合作理事会成员的过程中，过于重视学校领导、政府以及企业代表，而忽视教师代表应占的比例，使得教师在校企合作理事会中的主体地位难以彰显。有学者基于高校理事会章程的调研指出，大部分院校都强调校企合作理事会应由政府部门、行业主管部门、学校、企业等四方面人员代表组成，但很少提及教师和学生代表[②]，这容易导致高职院校领导在提名理事候选人时，更倾向于来自校内外机构的领导，从而忽视专任教师参与的主体地位。此外，尽管校企合作理事会章程中明确规定了理事成员应包括政、行、企、校等各方面的人员，但是许多高职院校校企合作理事会中常务理事会的成员多为校行政领导或企业领导，几乎没有教师代表。这种以行政领导、企

---

① 鲁瑾.浅析教师在校企合作中的作用及其发挥[J].无锡商业职业技术学院学报，2014(06)：62－64，71.

② 王荣辉，罗觅嘉.整体性治理视域下高职院校理事会治理研究[J].重庆电子工程职业学院学报，2018(01)：91－96.

业领导为主体的校企合作理事会，在通过有关校企合作的重大事项时，既难以反映普通专任教师的意见和价值诉求，也难以调动普通教师参与校企合作的积极性。

（二）教师参与的程度相对较浅

近年来，校企合作理事会制度虽然成为高职院校校企合作办学的主要形式，但由于相关法律规章制度不完善，导致教师参与的积极性不高、参与的程度也较浅，主要体现在以下几个方面：首先，我国现有的法律法规体系中没有明确规定学校、行业、企业、教师等各方代表在校企合作理事会中的职责与权利，且高职院校校企合作理事会章程中对教师的职责要求不明确，内容宽泛笼统，缺乏可操作性，理事会运作过程缺乏可遵照执行的依据，未建立一套可操作性强且行之有效的校企合作理事会运行制度，同时相关工作机制存在缺失，导致教师的职责权限不明确，参与的程度较浅。其次，由于校企合作理事会缺乏专门的议事交流制度，部分教师仅仅是通过年度的校企合作理事会会议进行相关事项的意见听取，对日常的校企合作事务，以校企合作理事会代表的名义参与较少，大多凭借自身教学经验或人脉资源进行。此外，由于部分高职院校校企合作理事会未建立校企合作办公室和二级专业理事会，使得教师在校企合作理事会闭会期间难以参加企业与学校人才培养相关的方案制订、专业建设、课程开发、教育教学、生产实训、学生就业等事宜①，因而难以真正通过校企合作理事会实现对高职院校校企合作关涉的教育教学与人才培养事务的参与。

（三）教师参与缺乏相应的制度保障

校企合作理事会运行机制的建立和完善，可以推进校企合作的深度融合，保障教师的有效参与。但是，我国还没有就校企合作，真正建

① 黄秀明，戴建华，乔龙山，袁华根，方向红.农业高职校企合作理事会体制创新研究[J].职业教育研究，2012(11)：142－143.

立起一套包括政府、企业、学校、行业在内的各方职、责、权明晰的法律法规体系和组织机构①，导致教师在参与高职院校校企合作理事会的建设与运行缺乏相应的制度保障。主要表现在以下方面：一是在现有的法律法规体系下，关于教师如何参与高职院校校企合作理事会运行，并没有做出明确的可操作性规定，且部分高职院校校企合作理事会章程文本中，也很少对教师在理事会中参与内容、应发挥的作用等方面进行规定②。二是高职院校校企合作理事会的议事制度不健全，未建立不定期的专项工作会议制度，在校企合作理事会闭会期间有关学院的发展规划、校企合作、人才培养等重大事项，教师缺乏参与的渠道。三是校企合作理事会的准入机制缺失。我国高职院校理事会成员通常通过指定或邀请产生，缺乏对理事会成员任职条件的规定③，使得教师的进入缺乏依据。由于这些规定不够详尽，导致教师在参与校企合作理事会运行过程中无具体的规章制度保障，降低了教师参与的有效性。

三、教师参与高职院校校企合作理事会运行的思考

（一）强化教师参与的主体地位

针对上文提出的校企合作理事会中教师委员的比例过低，地位未得到有效彰显的问题，可以从以下方面采取措施：首先，高职院校要根据学校实际情况完善校企合作理事会章程，合理设置理事会各成员类别之间的比例，避免政府单位、企业代表过多，学校教师代表过少的情况。同时，应对校企合作理事会成员的选举条件和程序、任期权利义务

---

① 鲁瑾.浅析教师在校企合作中的作用及其发挥[J].无锡商业职业技术学院学报，2014(06)：62－64，71.

② 王荣辉，罗觅嘉.整体性治理视域下高职院校理事会治理研究[J].重庆电子工程职业学院学报，2018，27(01)：91－96.

③ 王荣辉，罗觅嘉.整体性治理视域下高职院校理事会治理研究[J].重庆电子工程职业学院学报，2018，27(01)：91－96.

等做出更加明确的规定，以防止未经大会选举直接指定校企合作理事会成员的情况。其次，通过相关条例规定明确教师在校企合作理事会中的主体地位，如建立比较灵活的校企合作理事会代表选举制度，适当降低行政职务人员的比例，可适当吸纳具有“双师型”素质，或者是科研能力较强，对校企合作办学有一定研究经验的优秀青年教师加入。此外，在制度上保证教师在校企合作理事会中的话语权。要根据高职院校自身的实际情况，扩大教师对有关校企合作事项的参与权和监督权。同时，对教师提出的意见要予以重视和反馈，以强化教师参与的主体地位，促进校企合作办学的深度融合。

（二）明确教师参与的范围与内容

教师参与校企合作理事会的程度较浅，主要是因为现有的规章制度对教师参与的权利和责任不明确，虽然国家对职业教育校企合作制定了相关的法律规范，但这些政策法规属于总的指导思想，只对职业教育校企合作的部分内容做了简要概括、原则指导和总结性表述，而对校企合作各方代表的权利义务并没有明确的规定。为改变这种现状，要明确教师参与的内容和范围，可从以下方面着手：一方面，政府有关部门要制定规范校企合作的专门性法律，应在相关法律中针对校企合作理事会列专门的章节，对校企合作理事会的法律地位、合作性质、相关权利与义务、组织构成等进行明确规定，科学合理地划分学校、行业、企业、教师等各方代表间的权责关系。同时，高职院校应修订校企合作理事会章程，明确规范教师在校企合作理事会中的权利边界和职责义务。另一方面，高职院校管理部门还应优化教师参与校企合作理事会的渠道、内容等，如制订学校层面的《教师参与校企合作理事会运行管理办法》，进一步明确规范教师参与的工作内容、工作程序、职权范围等内容，提高教师参与的积极性。同时要明确教师享有咨询决策权并非简单地承担具体的、常规性的行政事务，而是参与相关事务的决策过程，并影响决策结果。此外，有条件的高职院校可建立二级层面的校企合作理事会组织机构，如专业建设委员会、校企合作办公室等，使得教师在日常工作中依然能够通过学院的二级组织参与有关校企合作涉及的人才培养、专业建设等教育教学内容，进一步拓宽教师参与的渠道与内容。

（三）健全校企合作理事会运行机制

运行机制的建立和完善可以推进校企合作的深度融合，最大限度地发挥校企合作理事会的作用。虽然部分学校提出了某些管理机制，但运作方式单一不全面，只是从某一个方面体现，不连贯也不成体系①。更重要的是，许多校企合作理事会尚未建立一套适应教师参与的有效运行机制，严重制约了教师作用的发挥。因此，高职院校应采取多种措施，创新校企合作理事会运行机制，努力实现教师参与校企合作理事会活动的常态化。首先，建议有关政府部门出台校企合作理事会有关指导意见，明确高职院校校企合作理事会的地位、性质、职权、机构设置、组织形式、运作规范、保障措施和法律责任。同时，高职院校自身也要不断细化和完善校企合作理事会的组织制度、工作制度，保障教师参与的正当性、规范性和程序性。其次，规范校企合作理事会议事规则，要正确认识校企合作理事会在高职院校治理结构中的地位和作用，进一步完善教师参与校企合作理事会的运行机制，建立校企合作理事会年会制度和不定期的专项工作会议制度，促进理事会工作的规范化、制度化，使得教师能通过年会和不定期的专项工作会议参与学院的发展规划、校企合作、人才培养等重大事项②。此外，建立有效的校企合作理事会成员准入机制，对于出任校企合作理事会的教师代表，应建立一定的选举机制，而非学校领导直接指定任命。

---

① 邱德丽.高职院校校企合作理事会制度研究[J].教育与职业，2019(02)：12-17.

② 赵晓明，赵艳君.创新校企合作理事会长效运行机制——以青岛港湾职业技术学院为例[J].机械职业教育，2016(05)：55-57.

第六章 学生参与高职院校现代教育治理的调研分析

学生参与高职院校治理，有利于保障学生的主体地位，体现高职院校“以人为本”的办学理念。我们以典型高职院校为调查对象，分析学生参与高职院校现代教育治理的意愿、实际参与情况、影响因素、存在的相关不足等，以了解学生参与高职院校治理的现状。同时，对国内、国外的做法进行探究，有利于为学生参与高职院校治理提供经验借鉴。也有必要基于相关分析，从多元角度提出促进高职院校学生参与学校治理的路径和对策。

第一节 高职院校学生参与学校治理的调研分析

本节对调查的背景进行了说明，包括学生的基本情况，学生参与高职院校治理的现状等。同时基于学生参与高职院校治理的必要性、参与的内容和层次、参与的平台和能力等角度，得出了相关调查结论，发现了高职院校学生参与学校治理的若干问题。

一、调研情况及问卷分析

本次调研以上海出版印刷高等专科学校学生为对象。上海出版印刷高等专科学校创建于 1953 年，是新中国建立的第一所出版印刷类高等学校，是国家新闻出版署与上海市人民政府共建的特色学校，被誉为中国出版印刷专业教育的摇篮，还被国家新闻出版署确定为“国家印刷出版人才培养基地”，连续三次被国家授予“技能人才培育突出贡献奖”，是国家 100 所示范性骨干高职院校建设单位①。作为国家示范性骨干高职院校，上海出版印刷高等专科学校在现代大学治理与制度建设方面积累了较大优势，是上海市教育委员会“现代大学制度”建设首批试点单位和特色项目建设单位。该校围绕现代大学制度建设工作，不断在现代职业教育体系建设、大学章程建设、民主管理民主监督机制建设、校企紧密型合作体制机制建设等十大任务上进行探索②。因此，以上海出版印刷高等专科学校作为分析学生参与高职院校治理情况的调查对象，具有一定的典型性。

调查共发放问卷 550 份，回收 532 份，经整理筛选，有效问卷 491 份，有效率为 89.3%，达到相关要求。

考虑到大一学生对学校还不够熟悉，调研对象为大二和大三学生，在有效问卷的被调查者中，男生 197 人，占 40.12%；女生 294 人，占 59.88%。所在学科为文科（出版传播广告类）的有 82 人，占 16.70%；工学（印刷包装设备类）的有 237 人，占 48.27%；管理学（文化管理类）的

① 上海出版印刷高等专科学校学校简介[EB/OL].（2014－12－12）[2018－11－18].http://www.sppc.edu.cn/20/list.htm.

② 上海出版印刷高等专科学校规划与科研处.学校召开现代大学制度建设试点项目工作会议[EB/OL].（2014－11－24）[2018－11－25].http://zzd.sppc.edu.cn：8080/ghkyc/news/20141205093439565.html.

有 108 人,占 22.00%;艺术学(艺术设计类)的有 64 人,占 13.03%。具体情况见表 6-1。

表 6-1 被调查学生所在学科情况

所在学科	人数(人)	占比(%)
文科	82	16.70
工科	237	48.27
管理学	108	22.00
艺术学	64	13.03
合计	491	100.00

资料来源:根据调查问卷整理。

被调查者中,外地农村户籍学生最多,有 180 人,占 36.66%;其次是外地城镇户籍学生,有 149 人,占 30.35%;排第三的是本地城镇户籍学生,有 140 人,占 28.51%;本地农村户籍学生较少,只有 22 人,占 4.48%。具体情况见图 6-1。

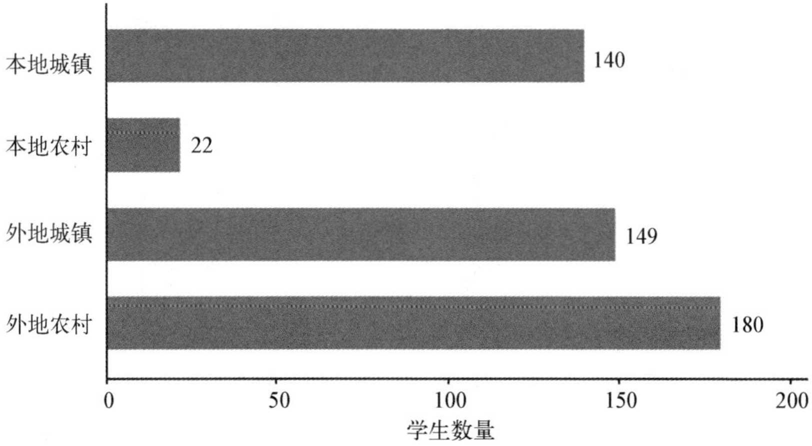

图 6-1 被调查学生户籍情况

(一) 学生学习兴趣情况

对学生学习兴趣的调查数据表明,学生最感兴趣的前三项学习内容分别为职业技能类，268 人，占 54.58%；学历文凭类，223 人，占 45.42%；语言文字类，183 人，占 37.27%。说明该校学生在学习上注重能力提升及对就业相关知识的积累。而对健康保健类、家庭生活类、公民素养类等方面的学习兴趣则相对不足，分别为 95 人，占 19.35%；59 人，占 12.02%；90 人，占 18.33%。该项调查表明，当前高职院校学生在学习时比较注重实用性，职业导向性较强，对非职业技能和非学历等方面素养的学习与提升兴趣较低。具体情况见图 6-2。

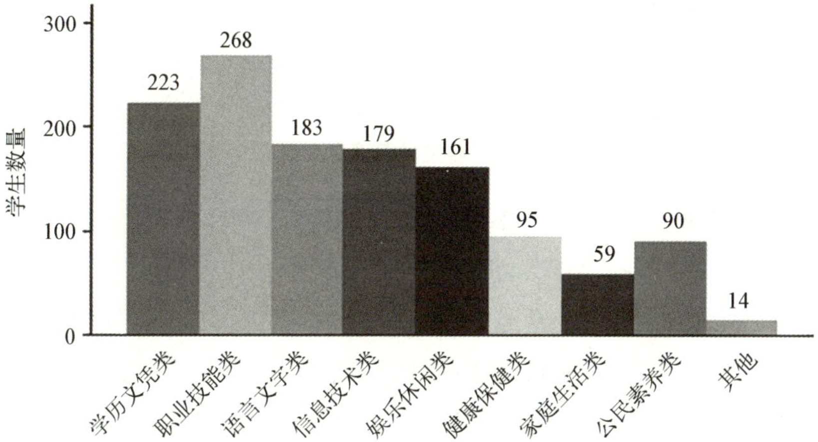

图 6-2　学生学习兴趣情况

（二）学生学习满意度情况

对学生学习满意度的调查数据显示，学生对当前学习情况非常满意的有 33 人，占 6.72%；比较满意的有 178 人，占 36.25%；满意度情况一般的有 236 人，占 48.07%；不太满意的有 33 人，占 6.72%；不满意的有 11 人，占 2.24%。说明学生对于自己当前的学习现状并不满意。具体情况见图 6-3。

（三）学生课外时间利用情况

对学生课余时间利用的调查数据显示，在课余时间分配上，兼职、

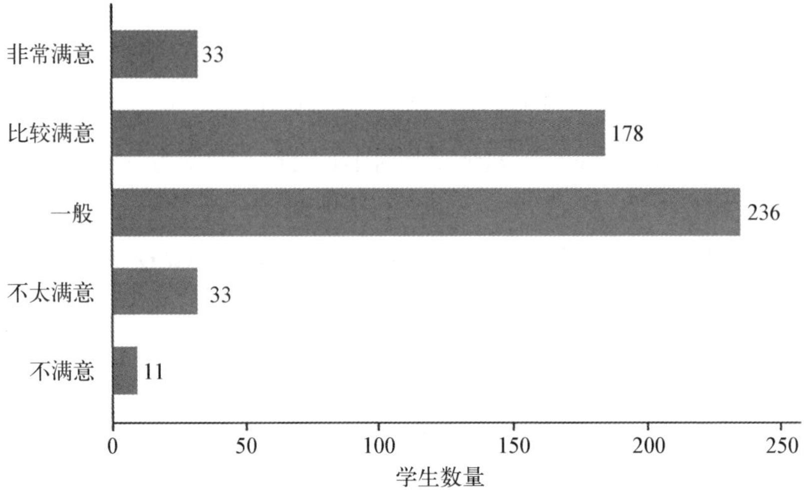

图 6-3　学生学习满意度情况

游戏娱乐和学习学校课程知识排名前三。其中，兼职，220 人，占 44.81%；游戏娱乐，205 人，占 41.75%；学习学校课程知识，159 人，占 32.38%。此外，学习课堂上学不到的知识，146 人，占 29.74%；考各类证书，87 人，占 17.72%；进行体育锻炼，94 人，占 19.14%；艺术欣赏与演奏，39 人，占 7.94%；参加学生社团活动，83 人，占 16.90%；参加社会志愿工作，58 人，占 11.81%；交友聚会，106 人，占 21.59%；其他，16 人，占 3.26%。具体情况见图 6-4。说明高职院校学生的课余时间，多用在兼职、游戏等上面，用于学习相关的活动还较少，存在课余时间分配不合理的情况。

（四）学生参与学校制度完善的意愿情况

1. 学生参与学校制度完善的整体意愿情况。就学生对参与学校制度完善的整体意愿，调查结果显示，非常愿意的有 103 人，占20.98%；比较愿意的有 228 人，占 46.43%；参与意愿一般的有 142 人，占28.92%；不太愿意的有 13 人，占 2.65%；不愿意的有 5 人，占 1.02%。说明学生参与学校制度完善的整体意愿较强。具体情况见图 6-5。

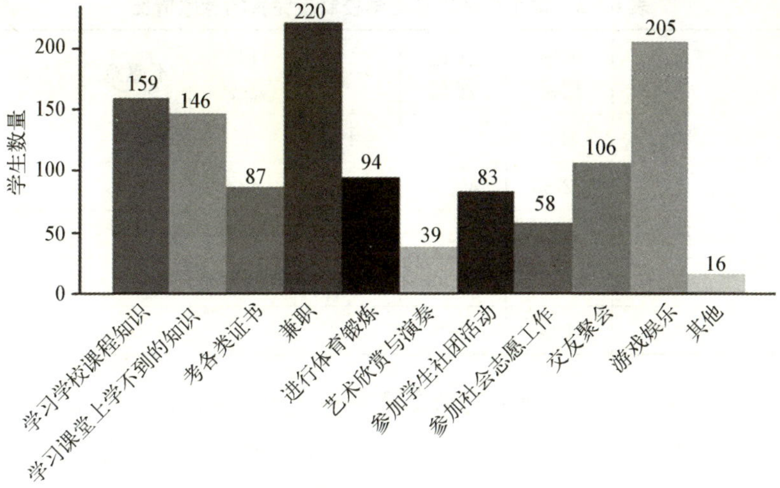

图 6-4　学生课外时间利用情况

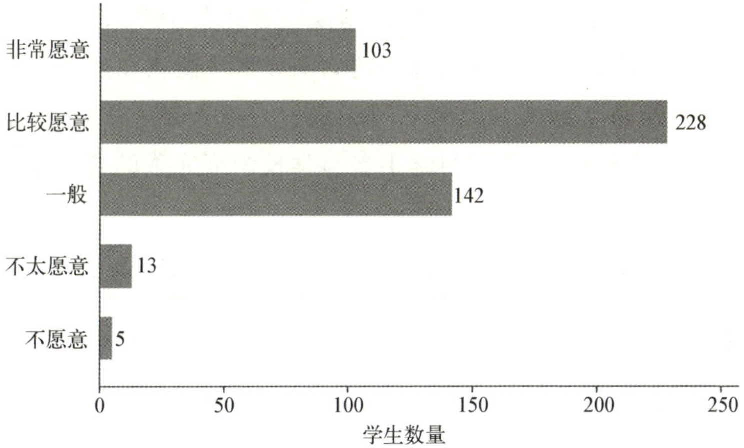

图 6-5　学生参与学校制度完善的整体意愿情况

2. 学生分性别参与学校制度完善的意愿情况。从表 6-2 中可见，在男生中，非常愿意和比较愿意参与学校制度完善的比例是 68.02%，而在女生中，相应比例是 67.01%，两者整体参与的意愿程度相差不大。

表 6-2　学生分性别参与学校制度完善的意愿情况

性别	意愿情况	非常愿意	比较愿意	一般	不太愿意	不愿意	合计
男	频数	44	90	49	10	4	197
	占比(%)	22.33	45.69	24.87	5.08	2.03	100.00
女	频数	59	138	93	3	1	294
	占比(%)	20.07	46.94	31.63	1.02	0.34	100.00
合计	频数	103	228	142	13	5	491

3. 学生分户籍参与学校制度完善的意愿情况。在本地城镇学生中，非常愿意和比较愿意参与学校制度完善者共 84 人，占本地城镇学生人数的 60%；本地农村学生中，非常愿意和比较愿意参与学校制度完善者共 15 人，占本地农村学生人数的 68.18%；外地城镇学生中，非常愿意和比较愿意参与学校制度完善者共 102 人，占外地城镇学生人数的 68.46%；外地农村学生中，非常愿意和比较愿意参与学校制度完善者共 130 人，占外地农村学生人数的 72.22%。可见，从学生户籍看，外地农村学生参与学校制度完善的意愿相对较高。具体情况见表 6-3。

表 6-3　学生分户籍参与学校制度完善的意愿情况

意愿		非常愿意	比较愿意	一般	不太愿意	不愿意	合计
本地城镇	人数(人)	22	62	49	6	1	140
	占比(%)	15.71	44.29	35.00	4.29	0.71	100.00
本地农村	人数(人)	7	8	7	0	0	22
	占比(%)	31.82	36.36	31.82	0.00	0.00	100.00
外地城镇	人数(人)	34	68	43	3	1	149
	占比(%)	22.82	45.64	28.86	2.01	0.67	100.00

续　表

意　愿		非常愿意	比较愿意	一般	不太愿意	不愿意	合计
外地农村	人数(人)	40	90	43	4	3	180
	占比(%)	22.22	50.00	23.89	2.22	1.67	100.00
合计	人数(人)	103	228	142	13	5	491
	占比(%)	20.98	46.43	28.92	2.65	1.02	100.00

(五) 学生实际参与学校制度完善的情况

1. 学生实际参与学校制度完善的整体情况。就学生在参与学校制度完善的实践方面,调查数据表明,实际参与很多的有 33 人,占 6.72%;参与比较多的有 82 人,占 16.70%;参与情况一般的有 226 人,占 46.03%;参与比较少的有 74 人,占 15.07%;参与很少的有 76 人,占 15.48%。具体情况见图 6-6。

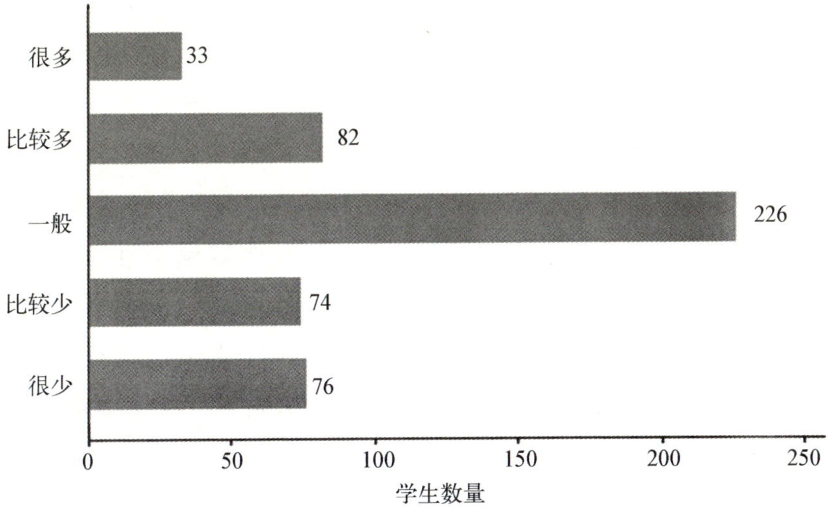

图 6-6　学生实际参与学校制度完善的情况

2. 学生分性别实际参与学校制度完善的情况。在男生中，实际参与很多者有 20 人，占男生总数的 10.15%；实际参与比较多者有 39 人，占男生总数的 19.80%；实际参与情况一般者有 74 人，占男生总数的 37.57%；实际参与比较少和很少者均为 32 人，均占男生总数的 16.24%。在女生中，实际参与很多者有 13 人，占女生总数的 4.42%；实际参与比较多者有 43 人，占女生总数的 14.63%；实际参与情况一般者有 152 人，占女生总数的 51.70%；实际参与比较少和很少者分别为 42 人、44 人，分别占女生总数的 14.28%、14.97%。可见，男生参与学校制度完善比女生积极。具体情况见表 6－4。

表 6－4　学生分性别实际参与学校制度完善的情况

性别	实际参与	很多	比较多	一般	比较少	很少	合计
男	频数	20	39	74	32	32	197
	占比(%)	10.15	19.80	37.57	16.24	16.24	100.00
女	频数	13	43	152	42	44	294
	占比(%)	4.42	14.63	51.70	14.28	14.97	100.00
合计	频数	33	82	226	74	76	491

3. 学生分户籍实际参与学校制度完善的情况。本地城镇学生中参与很多及比较多的共有 33 人，占本地城镇学生人数的 23.58%；本地农村学生中参与很多及比较多的共有 10 人，占本地农村学生人数的45.45%；外地城镇学生中参与很多及比较多的共有 35 人，占外地城镇学生人数的 23.49%；外地农村学生中参与很多及比较多的共有 37 人，占外地农村学生人数的 20.56%。可见，本地农村户籍学生实际参与学校制度完善相对积极。具体情况见表 6－5。

表 6－5　学生分户籍实际参与学校制度完善的情况

户籍	实际参与情况	很多	比较多	一般	比较少	很少	合计
本地城镇	频数	13	20	70	17	20	140
	占比(%)	9.28	14.29	50.00	12.14	14.29	100.00
本地农村	频数	4	6	5	2	5	22
	占比(%)	18.18	27.27	22.73	9.09	22.73	100.00
外地城镇	频数	11	24	72	22	20	149
	占比(%)	7.38	16.11	48.32	14.77	13.42	100.00
外地农村	频数	5	32	79	33	31	180
	占比(%)	2.78	17.78	43.89	18.33	17.22	100.00
合计	频数	33	82	226	74	76	491
	占比(%)	6.72	16.70	46.03	15.07	15.48	100.00

（六）学生常参与的学校制度建设或管理活动的情况

被调查者中，在常参与的学校制度建设或管理活动中，参加学校各类行政性委员会的有 38 人，占 7.74%；参加学生会与学生社团的有 265 人，占 53.97%；参加课程培养计划修订的有 45 人，占 9.16%；参与学生考核评价的有 163 人，占 33.20%；参与教师考核评价的有 221 人，占 45.01%；参与专项管理（如图书馆、宿舍管理等）的有 60 人，占 12.22%；参与学生信息员制度的有 41 人，占 8.35%；参加校领导接待日的有 28 人，占 5.7%；参与学校管理意见征询的有 46 人，占 9.37%；参与其他活动的有 14 人，占 2.85%。具体情况见图 6－7。

（七）学生参与学校制度建设或管理活动层次的自我评价

1. 学生参与学校制度建设或管理活动层次的总体情况。调查数据显示，学生认为所参与的活动为高层次的有 35 人，占 7.13%；认为是较高层次的有 109 人，占 22.20%；认为是较低层次的有 231 人，占 47.05%；认为是低层次的有 116 人，占 23.62%。具体情况见图 6－8。

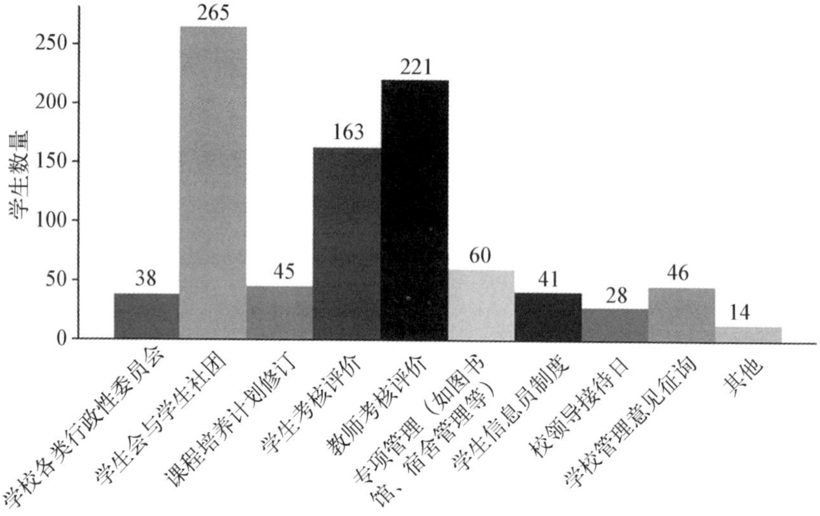

图 6-7　学生常参与的学校制度建设或管理活动的情况

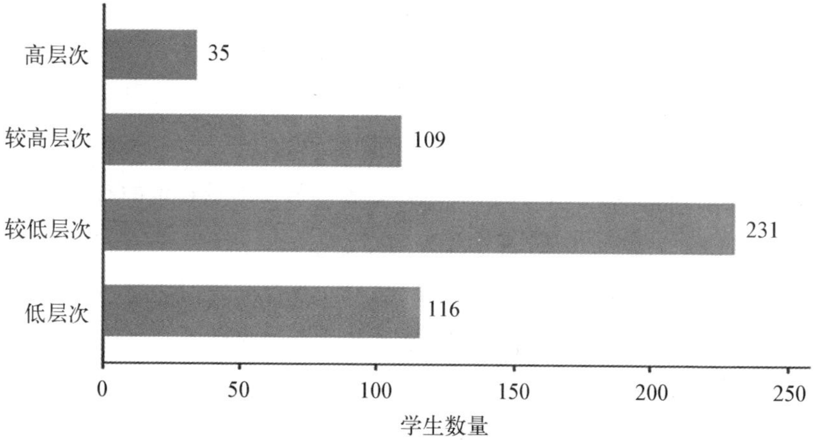

图 6-8　学生参与学校制度建设或管理活动层次的自我评价

2. 学生分性别参与学校制度建设或管理活动的层次情况。就参与学校制度建设或管理活动的层次，在男生中，参与层次为高层次者有 20 人，占男生总数的 10.15%；参与层次为较高层次者有 44 人，占男生总数的 22.34%；参与层次为较低层次者有 87 人，占男生总数的 44.16%；参与层次为低层次者有 46 人，占男生总数的 23.35%。在女生中，参与层次为高层次者有 15 人，占女生总数的 5.10%；参与层次为较高层次者有 65 人，占女生总数的 22.11%；参与层次为较低层次者有 144 人，占女生总数的 48.98%；参与层次为低层次者有 70 人，占女生总数的 23.81%。可见，学生参与学校制度建设或管理活动中，男生自评其参与的层次比女生高。具体情况见表 6－6。

表 6－6　学生分性别参与学校制度建设或管理活动层次的自我评价

性别	参与层次	高层次	较高层次	较低层次	低层次	合计
男	频数	20	44	87	46	197
	占比(%)	10.15	22.34	44.16	23.35	100.00
女	频数	15	65	144	70	294
	占比(%)	5.10	22.11	48.98	23.81	100.00
合计	频数	35	109	231	116	491
	占比(%)	7.13	22.20	47.05	23.62	100.00

3. 学生分户籍参与学校制度建设或管理活动的层次情况。本地城镇学生中，参与高层次及较高层次的共有 43 人，占本地城镇学生的 30.72%；本地农村学生中，参与高层次及较高层次的共有 7 人，占本地农村学生的 31.82%；外地城镇学生中，参与高层次及较高层次的共有 42 人，占外地城镇学生的 28.19%；外地农村学生中，参与高层次及较高层次的共有 52 人，占外地农村学生的 28.89%。可见，不同户籍学生参与学校制度建设或管理活动的层次自评差别不大，但本地农村学生的自评层次相对高一些。具体情况见表 6－7。

(八) 影响学生参与学校制度建设的主要因素

在影响学生参与学校制度建设的因素中，缺乏参与的平台和途径、

表 6-7 学生分户籍参与学校制度建设或管理活动层次的自我评价

户籍	参与层次	高层次	较高层次	较低层次	低层次	合计
本地城镇	频数	13	30	62	35	140
	占比(%)	9.29	21.43	44.29	25	100.00
本地农村	频数	3	4	7	8	22
	占比(%)	13.64	18.18	31.82	36.36	100.00
外地城镇	频数	10	32	74	33	149
	占比(%)	6.71	21.48	49.66	22.15	100.00
外地农村	频数	9	43	88	40	180
	占比(%)	5.00	23.89	48.89	22.22	100.00
合计	频数	35	109	231	116	491
	占比(%)	7.13	22.20	47.05	23.62	100.00

自身缺乏参与的积极性、缺乏参与的知识和能力排名前三。其中，221 人认为缺乏参与的平台和途径，占 45.01%；195 人认为自身缺乏参与的积极性，占 39.71%；145 人认为缺乏参与的知识和能力，占 29.53%。此外，认为学校教师缺乏相应理念，79 人，占16.09%；认为与高校传统管理相矛盾，68 人，占 13.85%；认为参与过程缺乏有效指导，124 人，占 25.25%；认为缺乏参与的制度保障，71 人，占 14.46%；认为师生权力的不平等，65 人，占 13.24%；认为对提升自身成效有限，64 人，占 13.03%；其他，19 人，占 3.87%。具体情况见图 6-9。

二、问卷调查的主要结论

（一）学生学习状态不佳对参与学校治理提出了要求

高职院校学生的学习状态相对不佳，对学生参与学校治理提出了一定的要求。正如针对全美社区学院学生学业投入程度的年度调查研

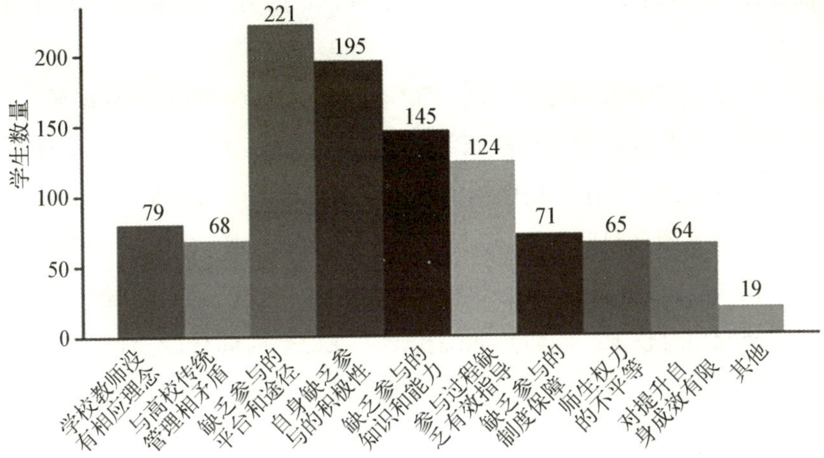

图 6-9　影响学生参与学校制度建设与管理的因素

究(The Community College Survey of Student Engagement,CCSSE)的基本理念:学生越是加强与学院教职员工、同学之间的交流,并专注于课程作业,越有可能获得成功,并达成他们的学业目标①。通过此次调研发现,当前高职院校学生在学习上存在着一定的问题,从而为其参与学校治理提供了较好的条件。具体来说,调研中的高职院校学生在学习上存在着职业导向性过强、学习满意度不高、学习兴趣较窄、课余时间分配不合理等问题,而通过参与学校治理,学生能够改善学习状态,实现自身综合发展。

1. 学生的学习职业导向性过强且较为单一。对学生学习兴趣的调研发现,学生最感兴趣的前三项学习内容分别为职业技能类、学历文凭类和语言文字类。说明学生在学习上注重能力提升及就业相关知识的积累,而对健康保健类、家庭生活类、公民素养类等方面的学习兴趣则显得不足;说明当前高职院校学生的学习比较注重实用性,职业导向

① 马君.美国高等职业教育质量评价框架研究——基于"社区学院学生参与度调查"的分析[J].职业技术教育,2013(22):84-89.

性较强，这不利于学生在非职业技能和非学历等方面素养的学习与提升。

2. 学生对学习满意度不高。对学生学习满意度的调查数据显示，对当前学习非常满意及比较满意的学生只有 211 人，占 42.97%，还不到调查总人数的一半。说明当前学生对于自己的学习现状并不满意。

3. 学生课余时间分配不合理。对学生课余时间分配的调查数据显示，兼职、游戏娱乐和学习学校课程知识排名前三，而在其他方面的时间分配相对较少。说明高职院校学生在课余时间分配上，多用在兼职、游戏等上面，用于学习相关的活动还较少，存在课余时间分配不合理的情况。与此调查结论相似，一份对东营职业学院学生课外时间的调查数据显示，学生课余时间管理存在着对自己拥有的时间把握不清；缺少合理的时间安排；主次不分、目标不明确；有计划但计划管理“空”，而且变通管理“少”；课余时间利用率低等问题①。说明高职院校学生在时间分配上的确还存在改进空间。

（二）学生参与学校制度建设存在性别和户籍上的差异

1. 学生参与学校制度建设的性别差异。根据调查数据，高职院校学生在参与学校制度建设，性别上的差异表现为男生比女生多。男女参与学校活动性别的差异，与男女在认知和生理上的差异有较大关系。在这方面，心理分析理论、认知发展理论、性别图式理论和社会认知理论等理论做出了相应的解释，其中社会认知理论整合了心理因素和社会文化决定因素，认为性别概念和性别角色是广泛的社会网络相互作用的结果②。

2. 学生参与学校制度建设的户籍差异。一方面表现为不同户籍

① 马丽芳.高职院校学生课余时间管理的调查研究——以东营职业学院为例[D].济南：山东师范大学，2010：16－18.

② 邢强.性别形成和差异的社会认知理论述评[J].南京师大学报(社会科学版)，2002(3)：97－104.

地学生参与学校制度建设的意愿程度不同。从调查数据来看，一个最大的差异是，外地农村学生在参与学校制度建设上的意愿最为强烈。另一方面，不同户籍地学生实际参与学校制度建设的程度不同。这方面的表现是，本地农村学生参与度、本地城镇学生参与度、外地城镇学生参与度、外地农村学生参与度依次降低。

（三）学生参与学校治理不够多元且层次不高

根据调研数据，高职院校学生在参与学校治理方面的积极性较高，非常愿意和比较愿意参与的学生共有 331 人，占 67.42%，超过一半。但当前高职院校相对缺乏能引导和支持学生参与学校治理的有关机制，学生没能得到有效支持，因而学生实际参与学校治理的情况并不理想。

1. 学生参与的学校制度建设或学校管理活动比较集中，不够多元化。从调查结果来看，学生参与的学校制度建设和管理活动，主要集中在学生会与学生社团、教师考核评价和学生考核评价三项，其他如参与专项管理（如图书馆、宿舍管理等），参与学校管理意见征询等都较少。从实际情况来看，在学校制度完善的实践方面，学生参与较多及非常多的共有 113 人，只占 23.42%。说明较多学生在参与学校制度建设和管理方面的实践较少或几乎没有。

2. 学生参与的学校制度建设或管理活动层次不高。调查数据显示，认为已参与的学校制度建设或管理活动，层次非常高和比较高的共只占学生人数的 29.3%，还有分性别和分户籍学生参与的学校治理活动层次都不高。说明学生参与的高校治理活动还属于较低层次。

（四）学生缺乏参与平台及参与能力制约了对学校治理的参与

适切的制度安排是保障学生有效参与治校并发挥正效应的关键①，但当前高职院校学生在参与学校治理方面的能力有待提升，学校

① 董向宇.论现代大学内部“共同治理”中的学生参与[J].全球教育展望，2015(1)：76－82.

在为学生提供参与平台、进行知识培训方面还存在较大的空间。在调查中，有 221 人（占 45.01%）认为缺乏参与的平台和途径，有 145 人（占 29.53%）认为缺乏参与的知识和能力。学生缺乏参与学校治理的能力，学校需要提供一定的活动来锻炼学生的能力，同时以一定的制度来保障学生参与学校治理的质量。但问题是，一方面，学校为学生提供的治理活动机会不足以让学生感到满意。这从学生参与的学校治理活动比较集中、不够多元中看出来。另一方面，学生参与的一些治理活动质量还有待提高。以学生相对比较认可的学生组织学生会为例，有调查显示，高校学生会存在着学生干部功利主义价值取向、组织忠诚度较低、边界和制度环境模糊、成员的组织行为较为盲目等问题①。高职院校对学生参与治理提供的平台和制度保障不足，影响了学生对学校治理的参与热情。

第二节　国外高校学生参与学校治理的经验借鉴

高校学生参与院校治理，国外有相应的传统和较多的探索实践，很多做法具有借鉴价值。本节通过分析国外学生参与高校治理的发展历程、情况、特点及美国霍斯顿社区学院学生参与学校治理的典型案例，希望能为高职院校学生参与学校治理提供一定的经验参考。

一、国外学生参与高校治理的发展历程

学生参与高等教育管理的历史始于中世纪欧洲建立的学生型大

① 陈莉.高校学生会干部组织认同状况调查[J].高教发展与评估，2014(6)：77－84.

学。如意大利博洛尼亚大学，其管理机构为学生行会，由学生主管校务，学生可以决定教授的选聘、学费的数额、学期的时限和授课的时间等，学生及其组织成为高等教育管理的主体①。而在随后高校的发展史上，学生参与高校治理经历了 17 世纪至 20 世纪早期宗教改革及世俗政权影响下的式微，20 世纪 60 年代学生运动及大学自治、民主参与等浪潮的影响下的法制化，20 世纪 60 年代后期高校职业导向文化影响下的低潮，20 世纪 90 年代末期高等教育质量受到关注重新得到加强几个阶段②。学生参与高校治理的重要作用之一即是促进欧洲高等教育区一体化改革③。

21 世纪以来，不少国家受利益相关者理论、"多元价值"教育评价思想及自 1999 年博洛尼亚进程"学生参与"政策的影响，欧洲历次教育部长会议都强调"学生参与"，如 2003 年的柏林会议、2005 年的卑尔根会议、2007 年的伦敦会议、2009 年的鲁汶会议、2010 的布达佩斯会议等，都提到了教育领域的"学生参与"，同时不少国家均出台了学生参与学校质量保障的政策。这些政策的主要内容包括赋权给学习者、吸纳学生参与高等教育决策管理机构、将学生纳入各级质量保障机构、充分发挥学生组织作用等④。当前学生参与欧洲高校治理，是开放协调方式下的参与者和观察者，学生参与对欧洲高等教育改革的影响，是有效的参与者和激进的反对者⑤。

总体来说，欧洲国家学生参与高校治理已经较为普遍，对于高校的

---

① 曹孚.外国古代教育史[M].北京：人民教育出版社，1981：108.

② 林珣.欧洲高等教育区建设中学生参与的研究[D].厦门：厦门大学，2007：12.

③ Prague Communiqué. Towards the european higher education area[EB/OL]. (2001－05－19)[2018－12－18]. http//www. eua. be/eua/jsp/en/upload/OFFDOC_BP_Prague_communique.1068714711751.pdf.

④ 饶燕婷.欧洲国家高等教育质量保障中的学生参与政策[J].教育发展研究，2012(11)：65－70.

⑤ 王秀彦，王超.欧洲高等教育区一体化改革中的学生参与[J].中国青年研究，2014(5)：116－119.

发展也起到了较大的促进作用，以学生参与 2012 年博洛尼亚进程报告情况为例，学生参与该报告的形式有 1 种到 5 种方式不等[①]。

二、国外高校学生参与学校治理的概况

（一）美国学生参与高校治理的基本情况

1966 年，美国大学教授联合会（American Association of University Professors，AAUP）、美国教育联合会（the American Council on Education，ACE）和美国大学治理董事会（the Association of Governing Boards of Universities and Colleges，AGB）联合宣布了《学院和大学治理宣言》（*Statement on Government of Colleges and Universities*），意味着美国大学所有利益相关者需根据自身利益与特长对高校进行权利和责任分工[②]。在该理念的指引下，20 世纪 60 年代末，美国各类高校纷纷组建学生评议会（Student Senate），该机构的性质是非利益学生合作体，职能是代表学生利益参与政策制定，角色有：代表学生表达利益诉求的代言者角色，为董事会、校长提供服务的服务者角色，与教职工、管理者、社区保持密切合作关系的合作者角色，组织学生活动的组织者角色，拥有投票权的政策制定者的决策者角色[③]。

美国学生参与学校治理的内容主要包括：（1）参与学校管理，在绝大多数高校的董事会、评议会、校务委员会、课程设置委员会、学校预算委员会或者仲裁委员会中都有学生代表参加，从而直接参与大学高层关于“所有有关学生教育经历的行政和政策事宜”的管理决策。

---

① European Commission. The european higher education area in 2012：bologna process implementation report[R].http://www.ehea.info/Uploads/%281%.

② Statement on government of colleges and universities[EB/OL].(2018 - 12 - 23).http://www.aaup.org/report/statement-government-colleges-and-universities.

③ 于杨.美国大学学生评议会制度探析[J].外国教育研究，2014(3)：73 - 81.

(2) 参与学校教学管理，主要方式是参与学校选课和学生评教。(3) 参与学校后勤管理，通过参与餐厅评估工作、学生宿舍管理工作、图书馆管理工作等，承担管理员、顾问、教师三重角色，为高校后勤的制度化提供完善建议。(4) 学生参与权利救济的机制较为健全，一方面，关于学生管理的法规制度非常完善；另一方面，美国学生申诉制度也比较健全，学生在学校处分做出前，校纪律委员会要召开听证会，学生原告和学生被告以及各自的咨询人、证人等，经辩论、商议依法做出处理决定，当事人对决定不服，可申诉。受理申诉的范围非常广泛，机构行政色彩很淡，普遍以教师代表和学生代表为主要成员，而且，美国高校处理学生申诉事宜的申诉司法委员会或申诉听证委员会对原处分决定拥有一定的变更权。

此外，美国各高校都积极鼓励学生通过学生组织的形式实现对知识的自由选择、较高程度的自治以及充分参与高校事务的管理。其全校性学生联合会(student association)和群众性学生社团(students' government，又称"学生政府")，是学生参与学校管理的最重要、最有效的一种方式。其中，前者是学生利益代表的主体，负责与大学中学生利益相关的或学生感兴趣的决策事项的建议与制订，定期向学校董事会和校长提交相关工作报告或政策建议书；后者由学生代表和外国留学生代表组成，代表全体学生利益向学校反映学生诉求，并与学校交涉解决一些具体问题①。

(二) 英国学生参与高校治理的基本情况

英国是世界上最早实施高等教育质量管理的国家之一。一些研究指出，同行评议、学生参与和文化培育是英国高等教育质量管理的核心要素。英国高等教育的各个方面都非常重视学生的意见，学生

① 乜晓燕，吴俣.美国大学生参与学校共同治理的经验及启示[J].教育探索，2013(7)：149－151.

参与高校管理的传统也较为悠久。英国学生参与高等教育管理的一大表现是英国高等教育质量保障署(Quality Assurance Agency, QAA)的理念及其对学生参与的巨大推动作用。一方面,QAA重视学生在学术标准和质量保障中的参与,认为学生是自己教育的积极参与者,是学校质量保障方面的合作伙伴,能够参与高等学校的质量保障与提升活动①。另一方面,在QAA中,学生担任了一定的职务:(1) QAA评估小组中有一名学生代表;(2) QAA鼓励学生会或学生代表撰写书面报告,内容有学校信息、学生对学校的期待、学生学习体验、学生话语权四个方面;(3) QAA在评估或审计过程中会参考全国大学生满意度调查(National Student Survey, NSS)的评估报告②。

同时,英国在国际社会舆论关注学生参与高等教育评估诉求的影响下,受博洛尼亚进程的推动,并在借鉴北欧五国(冰岛、丹麦、芬兰、挪威、瑞典)学生参与其高等教育质量评估的基础上,结合本国高校学生参与院校内部评估和院校审核中,学生观察员参与外部评估组的试点经验,英国高等教育评估的部分责任逐渐由教师转向学生,学生已经成为高等教育评估工作的重要参与者。

英国高等教育评估中学生参与的过程与方式主要包括:(1) 参与质量管理与决策;(2) 参与院校内部定期评估;(3) 参与教育质量信息的提供;(4) 作为评估组成员参与院校审核或审查③。

以牛津大学为例,学生参与学校管理的主要表现有两个方面:

---

① QAA. QAA approaches to student engagement [EB/OL]. (2015-03-01) [2019-02-03]. http://www.qaa.ac.uk/students/studentEngagement/studentEngagement.pdf.

② 汪雅霜,杨晓江.英国高等教育质量管理的核心要素——同行评议·学生参与·文化培育[J].黑龙江高教研究,2012(5):41-43.

③ 胡子祥.英国高等教育评估中的学生参与机制研究[J].比较教育研究,2011(9):26-31.

(1) 学生代表以学生观察员的身份参与到校委会中；(2) 通过学生调查来了解学生对学习、学校支持与生活的看法，调查分为两类：即将毕业的学生和除即将毕业的学生以外的学生，分别对应的调查为学生晴雨表调查（Student Barometer Survey）和全国学生调查（National Student Survey）。除此之外，各个学术分部也通过问卷调查获得对课程、讲座质量的反馈。学院则主要通过学生和导师会议、学生和导师年会、辅导评价问卷、学院问卷等形式来获得①。

（三）瑞典学生参与高校治理的基本情况

瑞典大学生自20世纪60年代开始广泛参与高等教育制度建设。瑞典目前的《高等教育法》规定，学生有权利作为代表参加高等教育机构质量改进、评估及制定各项决策，体现了学校管理的民主性和学生的参与权。瑞典《高等教育条例》则规定，学生有权派代表参加高校所有的决策制定和咨询机构。2010年，瑞典政府颁布了以"关注知识——高等教育质量"为名的法案；2011年，瑞典启动了新的教育评估制度，其评估小组须包含两名学生成员，同时学生的学习效果被作为重点评估对象。其评估内容中有两项与学生参与直接相关：校友的问卷调查和访谈在校学生的学习体验。在对校友开展问卷调查时，主要采访已毕业两年的校友，每个被评估的专业需要访谈不少于20名校友，主要考察他们在校学习时是否达到了学习目标及所学的专业知识是否有助于他们的工作②。

瑞典学生参与高等教育评估的内容主要包括以下几个方面：一是参与评估计划制订，二是参与院校自我评估，三是参与外部评估小组，

---

① 朱国辉，谢安邦.英国高校内部教育质量保障体系的发展、特征及启示——以牛津大学为例[J].教师教育研究，2011(2)：66－70.

② 徐晓红.欧洲教育一体化背景下瑞典高等教育质量评估体系最新变革及启示[J].高教探索，2014(1)：100－104.

四是参与现场考察①。

（四）罗马尼亚学生参与高校治理的基本情况

罗马尼亚是博洛尼亚进程成员国，在博洛尼亚进程部长级会议、欧洲高等教育区学生参与实践启示、欧洲高等教育质量保障交流协会、欧洲学生联合会②倡议的积极影响下，其学生在参与高校质量保障与治理方面的力度不断加强。主要内容包括：

第一，参加质量管理与决策。其高校学生在国家层面、高等教育质量保障局（The Romanian Agency for Quality Assurance in Higher Education，ARACIS）层面、院校层面和院系层面都有参与进行质量管理与决策的代表。以院校层面为例，根据罗马尼亚《教育工作者法》的规定，学生在其院校大学评议会中的代表不低于25%，而在院系层面，院系设置的院系委员会，其中学生代表也占四分之一。第二，参加院校内部质量评估，安排一名学生代表参与质量评估与保障委员会，协助内部质量评估事务。第三，以全职成员的身份，参加外部评估专家组，罗马尼亚以政府法令的形式确定，学生以专家组全职成员的身份参与本科和硕士学位专业定期评估。第四，参与外部评估过程，提供质量信息，主要是协助外部评估专家了解学生的相关信息。第五，参与准备外部评估的自评报告，主要内容是与学校管理人员一起商讨学校在申请外部评估前的自评报告；参与评估后续整改过程，学生可根据实际需要情况参与外部评估后的整改过程、第二次和第三次评估过程。③

---

① 方展画，薛二勇.高等教育质量评估中的学生参与——以北欧五国为例[J].教育研究，2007(1)：66－71.

② 欧洲学生联合会(European Students' Union，ESU)是包括45个国家学生联合会的一个综合性组织，它在欧洲层面代表并提升学生教育的、社会的、经济的和文化的利益.

③ 张力.罗马尼亚高等教育质量评估中的学生参与研究——以博洛尼亚进程为背景[J].黑龙江高教研究，2013(1)：50－53.

三、美国霍斯顿社区学院学生参与学校治理案例

美国霍斯顿社区学院（Hostos Community College，全称是 Eugenio María de Hostos Community College），是以波多黎各著名教育家、改革家、社会学家 Eugenio María de Hostos 名字命名的社区学院[①]。该社区学院在学生参与学校治理方面具有较好的传统和制度保障，具体来说，主要表现在以下几个方面：

（一）提供多样化的学生活动

霍斯顿社区学院为学生提供了广泛的课外活动，通常由学生活动办公室（the Office of Student Activities）、学生领导力学院（the Student Leadership Academy）、学生政府（Student Government Association，SGA）、学生组织、学术部门和其他校园实体单位组织，学生能够在其中发挥自己的优势。学生组织开展的活动很多，通常分为四大类：学术类、文化类、宗教类、兴趣类。以 2014—2015 学年为例，该社区学院注册的学生社团共 55 家（见表 6－8）。

表 6－8　美国霍斯顿社区学院学生社团开展的活动类型情况

学术类（12 个）	生物科学研究会、工程学会、英语俱乐部、司法科学研究会、休斯敦法律与社会正义研究会、网络与资源学会、物理俱乐部、公共管理学会、科学社、补充指导社（与预备培训课相对应）、衰老与健康研究会、社区健康研究会
文化类（11 个）	学院探索会、牙齿保健协会、健康保育会、休斯敦梦想团、新生－希望－成功、职前健康协会、教师俱乐部、整体健康会、老兵/后备军俱乐部、女性健康社团、关系俱乐部

① Hostos Community College. Hostos is the first college in the United States named after a Puerto Rican[EB/OL].(2015－03－10)[2019－02－10].http://www. hostos. cuny. edu/About-Hostos/Did-you-Know/Hostos-was-the-first-college-in-the-United-States.

续 表

宗教类(11 个)	非洲俱乐部、黑人学生联盟(BSU)、加勒比学生组织(CSA)、美国中南部学生俱乐部(CASAS)、基督教使者协会、菲律宾俱乐部、多米尼加俱乐部、他是摇滚基督徒、穆斯林协会、波多黎各学生组织、西班牙俱乐部
兴趣类(21 个)	5P 社团、广告社、动漫社、音频工程协会(AES)、职业协会、音乐创造力社团、舞蹈社、数码基地、影视与音乐协会、游戏设计社、GK+10 橄榄球俱乐部、嘻哈俱乐部、音乐社团、肌肉和健身俱乐部、物理俱乐部、机器人学会、风情拉丁舞俱乐部、运动管理俱乐部、戏剧社、视频游戏俱乐部、X 射线俱乐部

资料来源：霍斯顿社区学院学生活动简介，见 http://www.hostos.cuny.edu/Campus-Life/Clubs-Activities.

（二）设立学生政府组织机构

霍斯顿社区学院学生政府(Student Government Association，SGA)，是该校服务和代表学生需要及利益主要组织之一。该机构由 16 位成员组成，其中 7 位是执行成员(Executive Officers)，9 位是参议成员(Senators Officers)。这些成员都是许多重要的跨社区学院委员会(如跨社区学院议会、辅助企业委员会、技术付费委员会等)的一分子。每年度，学生政府会为学生群体组织文化、教育和社会活动，还会就计划和发展协助学生组织①。

学生政府的治理职能主要有：(1) 针对学校规范和目标，以及旨在提升学校环境的活动(包括所有辅助性服务和与学生团体福利相关的所有事物)，学生政府都有分析和准备推荐的权力。(2) 发起和促进学校学生及周边社区在文化、社会和教育方面的发展。(3) SGA 的代表将成为调查委员会(Search Committee)的成员，从而参与推荐学校

① Hostos Community College. Student Government[EB/OL]. (2015 - 03 - 10)[2019 - 02 - 15]. http://www.hostos.cuny.edu/Campus-Life/Student-Government.

校长、副校长和院长候选人。①

(三) 建立学生领导力学院

霍斯顿社区学院学生领导力学院的成员来自各大洲,他们开发先进的领导力,并奉献智慧、双手和热心到当地、区域和世界社区的志愿服务工作中。该学院创建并协调跨社区学院及协作课程活动,以便学生成为全球公民,并通过学术、工作和志愿服务来改善社区。当然,领导力学院会根据学生的多元背景而提供多个接入点。学生能够通过学生大使计划、新兴领导项目、多种途径与该学院建立正式关系。该学院与全球学者计划、荣誉课程、学生政府协会及其他群体组织、社团和机构联系紧密;同时,该学院在学科范围内也加强合作。目的是通过相互的协议和工作室培训等,促进霍斯顿社区学院更多学生领导力的提升。

领导力学院学生学习效果主要有以下几个方面:领导力得到发展、建立良好的内部关系、懂得协作、拥有社会责任、有效交流、加强自信、自我表扬、清晰的价值观、让人满意和有效的生活方式、尊重多样性、独立、智力发展、树立个人和教育目标、学会进行职业选择、注重身体养护、探寻价值观②。

(四) 设立学生活动办公室

霍斯顿社区学院的一个重要学生组织是学生活动办公室,它为学生成为消息灵通的、有教养的领导,展示出勇气、人格特质和对他人的尊重做准备,其方式是让学生参与它所组织与教育、文化、社会和娱乐

---

① Hostos Community College. Constitution of the Student Government Association of Eugenio María de Hostos Community College[EB/OL].(2015-03-10)[2019-02-13]. http://www.hostos.cuny.edu/Hostos/media/Downloadable-Files/osa_SGAConstitution.pdf.

② Hostos Community College. Student Leadership Academy [EB/OL].(2015-03-10)[2019-02-16].http://www.hostos.cuny.edu/Administrative-Offices/SDEM/Student-Leadership-Academy.

项目相关节目的创意和执行环节，这些项目反映了霍斯顿社区学院的不同利益和民族背景。

该学院学生活动办公室联合了45个学生组织，提供预算、写作和其他俱乐部相关的管理功能培训，以确保学生俱乐部的运行与公开的政策相一致。学生活动办公室还与学生政府合作紧密，以帮助管理其选举进程、了解新选举出的领导和他们的责任及所在俱乐部。学生和学院代表之间的互动促进学校形成家的感觉，能相互关心和共享期望①。

四、国外高校学生参与学校治理的借鉴启示

（一）学生参与理念是高校治理不可或缺的基本要素

学生参与在国外高校的管理和治理史上占有重要地位，经过不同阶段的发展，在各种理论尤其是受利益相关者理论、“多元价值”教育评价等思想的影响，学生参与早已成为高校管理者和学生的共识。欧洲博洛尼亚进程部长级会议对学生参与高校治理的推动，也说明确立学生参与高校治理的理念，对高校的现代化建设具有重要的意义。高职院校应该把学生参与作为学校治理中首要的理念，做到“以生为本”和学生“利益相关”。

（二）出台相应规范为学生参与高校治理提供依据

在博洛尼亚进程的影响下，为推动学生参与高校治理，不少国家都出台了相关政策，对学生参与高校治理保障的权利给予立法保障，如丹麦的《大学法》、冰岛的《高等学校法》②。美国的《学院和大学治理宣

① Hostos Community College. Student Activities[EB/OL].(2015-03-11)[2019-02-20].http://www.hostos.cuny.edu/Administrative-Offices/SDEM/Student-Activities.

② 饶燕婷.欧洲国家高等教育质量保障中的学生参与政策[J].教育发展研究，2012(11)：65-70.

言》、瑞典的《高等教育法》和《高等教育条例》，也都对学生参与高校治理进行了制度规定。因此，要有效推动学生参与高职院校治理，必须有一定的制度和政策为其提供依据和保障。

（三）成立相应机构为学生参与高校治理提供平台

国外高校都为学生参与学校治理提供了一定的平台，如美国各类高校纷纷组建的学生评议会、董事会、校务委员会、课程设置委员会、学校预算委员会或者仲裁委员会，还有全校性学生联合会和群众性学生社团；美国霍斯顿社区学院的学生政府；英国的校委会；瑞典的外部评估小组；罗马尼亚的质量评估与保障委员会等，都以机构、组织或小组的形式，让学生得以参与学校治理，为学校的质量保障出谋划策。

（四）关注学生参与高校治理内容和方法的多元性

学校治理涉及多方面的因素，学生参与也可以从多个方面开展。从内容上来说，国外学生参与高校治理比较广泛，既能参与高等教育的宏观管理，如英国学生能参与较高层次的 QAA 评估小组，罗马尼亚高校学生能参与国家层面高等教育质量保障局的管理；也能参与学校的中观和微观评估，如美国学生能参与学校的学校管理、教学管理、后勤管理等方面工作，瑞典学生则能参与学校的自我评估、外部评估等内容。就参与方式来说，可以是委员会代表，也可以是参与某小组，担任成员，还可以是简单的问卷访谈等。而美国霍斯顿社区学院为学生提供了学术、文化、宗教、兴趣等方面的活动。因此，要想实现学生参与高职院校治理的广泛性和深入性，必须重视其参与内容和方式的多元性。

（五）加强对学生参与高校治理能力和素养的培训

为提高学生参与学校治理的效果，学生参与高校治理需要有一定的能力和素养做支撑，为此，需要对学生进行相关培训。在这方面，美国霍斯顿社区学院的做法值得借鉴，它通过学生活动办公室和学生领导力学院的系列活动，促进学生领导力和参与学校治理能力的提升，激发他们参与学校治理的意愿，提升相关治理能力和综合素质。国内高职院校可以通过一些常态化培训活动，促进学生参与学校治理能力达到一定要求，进而提高参与学校治理的整体水平。

第三节 提高高职学生参与学校治理力度的建议

针对国内高职院校学生参与学校治理存在着理念滞后、政策法规不完善、渠道和深度不够、效果不明显等问题，结合调查结论，运用治理理论、利益相关者理论、主体性教育理论等，借鉴美国、英国、瑞典、罗马尼亚等国家高校学生参与学校治理的经验，为提高国内高职院校学生参与治理的力度，促进高职院校现代大学治理结构的完善和治理能力的提升，建议政府完善政策法规，为学生的参与权利提供依据；高校提供多种平台，增强学生参与的范围和力度；学生提高参与信心，通过不同平台积极参与学校治理。

一、政府完善政策法规，保障学生参与学校治理

政府的政策法规是高职院校学生参与学校治理的重要指南。一些国家为促进学生参与高校治理，都以较为完善清晰的政策法规加以限定。如美国的《学院和大学治理宣言》、瑞典的《高等教育法》和《高等教育条例》、丹麦的《大学法》、冰岛的《高等学校法》等法律，都为学生参与高校治理提供了保障。针对当前高职院校学生参与学校治理的法律法规还不够完善的情况，政府应该重视对相关政策法规的制定与研究。

（一）制定法律法规，全面保障学生参与高职院校治理

不同层次和类型的高校，在学生参与治理上存在着各自特点和表

现形式。对《教育法》《高等教育法》和《普通高等学校学生管理规定》等已有法律法规中关于学生参与学校治理的条款，应不断进行完善，分类加以说明，而不是笼统地规定。在完善这些法律法规时，应在重点研究的基础上，对高职院校学生参与学校治理加以重点说明。

具体来说，一方面，要加强对高职院校学生在校现状和学生参与学校治理的时间、意愿、能力等的研究，了解他们参与学校治理的现状。另一方面，可以出台更有针对性的法律法规，促进学生更好地参与高职院校的治理，如应该出台《学生申诉条例》《学生法》，对高校学生管理和学生参与学校治理提出更加细化的条款，以有效保障学生的申诉权及其他权益。①

（二）细化法律法规，确保学生权力转化为实际参与权

当前一些针对学生参与高校治理的法律条款，只规定了学生权力，却没能让学生从实际中享受到权力，因此必须进行细化，对高职院校该如何确保学生参与到学校治理中提供明细的法律规定，如高职院校学生治理应突出哪些特色，高职院校该有怎样的组织机构，各类管理活动该采用怎样的组织形式等，最好设立相应的惩罚条款。

在具体细化过程中，应重点做好三个方面的工作：一是规定高职院校完善学生决策参与机构——学代会的组织运行制度，确保学代会成为学生参与高职院校重要决策的核心机构。二是丰富、加强原有的学生会、学生社团的职能，继续完善学生评教制度，完善监督参与机构，使得这类学生监督能实质性促进高职院校的发展。三是成立评议参与机构，根据学校情况，设立学生参议会、学生听证会等相应机构，促进学校决策的民主化。②

---

① 刘江，孙林.治理理论视角下中国学生参与高校管理的思考[J].社科纵横，2012(6)：170－172.

② 唐娥，傅根生.学生参与大学治理的空间与路径思考[J].高校辅导员学刊，2009(4)：14－17.

在法律法规细化过程中，可以采用不同的工具和方法。如可对高职院校教师和学生开展问卷调查和访谈等工作，可以邀请高职院校教师和学生参与讨论，确保细化后的法律法规，能切实保障学生参与到高职院校治理中，而不是让参与权成为学校行政管理的附属品。

二、高校提供多样化渠道，拓展学生参与的范围

学校是学生促进参与学校治理最重要的主体，鉴于高职院校学生在参与学校治理方面存在着参与平台较少、参与方式简单单一、参与能力不够等问题，高职院校应重点采取以下三类措施：

（一）在章程中进行明确，为学生参与提供理念基础

教育理念反映了教育的本质和时代特征，蕴涵着教育发展的思想，是指明教育前进方向、引导和鼓舞人们为之长期奋斗的教育理想①。学校有怎样的办学理念，就会有怎样的办学思想和管理方法与之匹配。对高职院校治理而言，是否将学生参与纳入考虑范围，对于学生参与的机构建立、活动开展、学生意识等都有着重要的影响。

按照利益相关者理论、治理理论和主体性教育理论，学生既是高职院校的重要利益相关者，又是高职院校的重要主体，学校理应重视他们的利益诉求，把他们当成重要的治理参与主体，尤其是在进行现代学校制度建设和综合治理的大背景下，高职院校更应该把学生参与治理纳入其建设与发展理念，而不仅仅将他们视为管理活动的被动接受者。

对学生参与学校治理理念的确立，可以通过章程加以明确。大学章程是大学自我治理的“宪章”，《教育法》《高等教育法》《国家中长期教育改革和发展规划纲要（2010—2020 年）》和《高等学校章程制定暂行办法》等法律法规及文件，都对大学章程进行了明确规定，以推动高校

---

① 韩延明.理念、教育理念及大学理念探析[J].教育研究，2003(9)：50 - 56.

现代大学制度建设和治理体系发展。因此，高职院校在进行章程建设时，应该在章程中明确“学生参与学校治理”的重要性，并明确践行学生参与的指向。在章程中有相应规定后，需要高职院校的党委书记、校长及其他管理人员在各种场合上加以强调，在全校营建学生参与学校治理的良好氛围。

（二）规范学生机构建设，发挥学生相应代表职能

一方面，国内已有的一些学生参与机构，如学生会、学生社团联合会等，成了行政职能的延伸，学生会干部难以代表广大学生的意愿，出现了职能异化，因此有必要规范这类机构，让其回归到真正代表学生权益、履行学生参与学校治理的基本职能。高职院校应通过加强对这类学生组织机构的理念引导和制度建立，让其成员克服功利化思想，真正实现为学生服务、为学校发展贡献力量的目标。

另一方面，国内高职院校为学生参与学校治理提供的平台过少，仅限于学生会、学生社团、学代会等机构。国外高校为学生参与治理提供了诸如评议会、董事会、校务委员会、课程设置委员会、学校预算委员会或者仲裁委员会以及学生活动办公室、学生政府、学生领导力学院等平台。因此在学校董事会或理事会、校务委员会、学校预算委员会等重要机构中，有必要给学生留有一定的代表职位，让学生参与学校治理有更加多元化的选择和内容。

（三）加强对学生的培训，促进学生治理能力提升

高职院校学生在参与学校治理方面，有意愿，但参与的能力稍显不足，导致一些学生缺乏参与学校治理的自信和热情，一定程度上阻碍了对学校治理的参与。因此，高职院校应该有针对性地加强对学生参与学校治理能力的培训。一方面，在新生进入学校后，要通过新生入学教育、校领导讲话、学生手册宣传等形式告知学生积极参与学校的各项管理活动。另一方面，学校可组织专门的课程培训，如学生干部领导力培训班，通过演讲、讨论、写学习报告等形式，给那些在能力和素养等方面

相对欠缺的学生一定的引导和支持，对于不同性别的学生、来自不同区域的学生，应根据其本身特点，进行针对性的引导与指导，提高他们参与的层次。美国霍斯顿社区学院的领导力学院是一个很好的借鉴对象，该校通过建立常态化的领导力培训机构和项目，促进学生领导力的不断提升，从而保障学生有能力参与学校治理。

（四）组织多种形式活动，拓宽高职学生参与渠道

在学校常态制度和机构设置一定的情况下，高职院校还应该开拓不同形式、不同层面的活动，让学生在多样化活动中拓宽参与学校治理的渠道和力度。在国外高校中，各种宏观和微观形式的评估，各种内外部评估小组，多样化的调查、访谈等活动参与形式，让学生从不同渠道参与到学校的治理中来，扩大了参与学校治理的范围，提高了学生参与的能力。

在参与的组织平台设置上，可借鉴北京大学的相关经验。对《北京大学章程》进行分析发现，其对于学生权力和学生参与学校治理工作都比较重视。具体来说，从权力属性来规定学生对学校工作的知情权、参与权、监督权和申诉权。从学生参与学校治理的机构和渠道来看，主要有校务委员会、监察委员会、学生会、研究生会四大机构：(1) 校务委员会是学校的咨询议事和监督机构，是社会参与学校治理的组织形式，学生代表是其重要成员。(2) 监察委员会对学校机构及人员具有检查权、调查权、建议权、处分权，学生代表也是重要的成员。(3) 学生会、研究生会是学生自己的群众组织，代表和维护学生的正当权益和要求，开展学生自我服务、自我管理、自我教育活动。除此以外，学生代表大会、研究生代表大会是学生会、研究生会的最高权力机构，是学生参与学校民主管理和监督的基本组织形式，行使的职权包括听取并审议相应工作报告、选举新的成员、制订相应机构的规章制度、审议相应提案办理情况报告、就与学生利益相关的问题与学习进行沟通等。

在具体的参与内容安排上，如宁波职业技术学院成立了“大学生教

学管理委员会”(以下简称“教管会”),教管会是在学院教务处领导、团委指导下的学生自主管理组织,由院、系二级学生会学习部、各班学习委员及学生代表组成。教管会聘请教学副院长、教务处处长、学工部部长为专家委员会顾问,由院级学生会学习部长担任主任,系级学习部长担任教学助理。在教管会的协调下,其学生能参与丰富多样的教学管理活动,主要包括以下内容:(1) 参与教学质量评价。教管会在每学期课程结束前组织全院性的学生网上评教活动,实现对教师分类别、分等级的量化评价。(2) 参与学校教学调研。主要内容包括人才培养方案实施效果调研、考试形式调研等。(3) 参与学风建设。主要内容包括考试前的宣传、学生自己监管等。(4) 参与专项管理。主要内容包括班集体项目建设、管理科技、竞赛小组工作等。(5) 参与部分服务工作。主要内容包括各类考证咨询、报名、考试发放等。当然,学生还可以参与学校部分决策工作,主要形式是通过参加听证会、座谈会对教学管理的重要决策提出意见或建议①。

三、学生确立参与意识,融入学校不同治理平台

(一) 学生应该确立参与学校治理的理念

学生是学校教育的消费者,根据《消费者权益保护法》和大学生教育服务消费的特点,学生享有包括对学校管理的知情权、依法监督权等参与学校治理、维护自身权益的相关权利②,学生完全有理由和依据参与高职院校治理。而且,学生参与学校治理,是发挥自己主人翁意识,促进学校建立现代学校制度的重要内容。如果学生没有确立参与学校

---

① 周艺红,邵冠灵.高职学生参与教学管理的实践思考——以宁波职业技术学院为例[J].太原城市职业技术学院学报,2010(6):25-26.

② 陈寿根.高职院校内部治理结构的制度设计[J].教育发展研究,2012(17):59-63.

治理的理念，其学生权益就可能受到忽视。因此，高职院校学生确立参与学校治理的理念，有维护自身权益和促进学校发展的双重意义。

对于那些因为自信心不够，害怕自己没有能力参与学校治理的学生，则应强化理念，树立信心，相信自己有能力参与到学校治理中去，相信自己能在实践中得到锻炼，并促进学生的民主权利得到保障，同时助力所在学校的现代教育治理能力提升。

（二）积极参与学校各类治理平台实践

高职院校现代治理结构的建立和治理体系的有序建立，离不开学生的主动发声和积极参与。学生通过参与学校治理，不仅能通过这类活动提升自己的领导能力、沟通能力、宏观决策等能力，从中体会到自己的价值，而且也是作为利益相关主体发挥自身主体能动性，表达群体利益诉求，平衡自身与学校利益的公平、有效方式。在树立参与理念和信心的基础上，高职院校学生还应该多一些参与学校治理的主动性和能动性，积极融入学校搭建的各类平台和组织的各类治理活动中去，通过实际行动，在学生会、学生联合会、学代会、学生观察员队伍等机构和评估、访谈等活动中，以实际参与行动发出属于学生群体的声音。

总之，我国高职院校在办学与教学管理中，应该注重通过建立多样化的组织平台，组织开展多种形式的学生参与活动，开拓学生参与的渠道和空间，让学生通过参与学校治理，发挥他们的积极性和创造性，也从中促进学生的成长与成才。

第七章 多元主体参与高职院校治理的组织结构分析

治理组织是高职院校现代教育治理的基础，分析公办高职院校政治权力组织、行政权力组织、学术权力组织、民主监督组织和校企合作治理组织等五类治理组织设置、建设存在的问题，有利于全面了解当前高职院校治理组织的建设现状，发现相关问题，并提出完善的对策建议。高职院校治理组织建设是一项系统工程，采用协同学理论对其开展研究分析，可为高职院校治理组织建设与运行提供科学的指导。

第一节　基于协同学理论的高职院校治理组织运行

高等教育从管理走向治理，既是学科领域的重要跨越，也顺应了时代对高等教育的发展诉求。治理组织建设是高校治理结构优化和治理能力提升的基础，高职院校治理组织的良序与协同运行，是高职院校治理走向深化和治理能力现代化的重要保障。当前高职院校治理组织在设置、职能、人员构成和运行机制等方面滞后于高职院校治理深化发展的要求。在此背景下,加强高职院校治理组织的建设、协同与合作,切实提升高职院校治理组织的规范与健康发展,应成为高职院校治理的理论共识①。协同学理论作为应用广泛、具有较强实践意义的成熟理论,对于高职院校治理组织的建设及其协同运行具有较高的启示价值。下面将在指出高职院校治理组织运行存在问题的基础上,通过对协同学理论的阐释,提出高职院校治理组织协同运行的理论建构,以促进高职院校治理整体性的提升和治理能力的现代化。

一、高职院校治理组织协同运行存在的问题

基于高职院校与普通高等院校内部治理结构"党委领导、校长负责、教授治学、民主管理"的共性及在"校企合作、产教融合"方面的差异性,可以将高职院校的治理组织分为五大类:政治权力组织、行政权力组织、学术权力组织、民主监督权力组织以及校企合作治理组织。基于整体性治理要求,高职院校治理组织不应是简单的独自运行,而应发挥治理组织体系的作用,实现协调、合作的和谐互促局面。分析可知,现行高职院校治理组织协同运行存在校系两级党政组织权力边界比较模糊、学术权力的发挥受行政力量影响、学术治理组织间横纵向关系不够明晰、师生民主监督权力未能真正享有、校企合作治理组织功能发挥不足等问题,在一定程度上阻碍了高职院校治理能力和治理的现代化。具体表现在以下方面:

(一)校系两级党政组织权力边界比较模糊

党委领导下的校长负责制是高职院校校级层面的基本领导体制。在实际运行中,党委书记和校长的职权存在交叉重叠现象。基于34所

① 肖纲领,罗尧成.高职院校治理组织建设现状、问题及完善策略[J].教育与职业,2018(10):13-18.

"985 工程"高校的新闻研究表明，不少高校党委书记较多参与了学校行政工作，有的党委书记参与行政管理的活动量超过了其总活动量的 50%①。还有研究基于 115 所"211 工程"大学网站的新闻挖掘分析指出，大学校长与党委书记在九个行政事务领域有较为明显的职能重叠现象，党委书记较深地介入了校长对大学治理的实践，甚至在一些具体行政事务领域与校长的职能几乎重叠②。在系部层面，高职院校党委和行政权力运行的问题是党政联席会议制度的失调。普通高校院系存在党政关系不融洽，"党(党委)代替政(行政)，政不服党"的尖锐矛盾③，这在高职院校的二级系部同样存在，其突出问题是党政领导常常意见相左，使党政联席会议难以统一意见，出现议而不决的现象，因而高职院校系部党政联席会议制度作用发挥不明显，有形式主义之嫌。校级层面党委领导下的校长负责制和系部层面党政联席会议制度的不完善，使得高职院校党委和行政治理组织的运行失调，离协同的理想效果还存在较大差距。

（二）学术权力的发挥受行政力量影响

学术力量和行政力量构成了大学内部治理的二元结构，两者遵循着不同的运行逻辑，学术权力遵循的是学术逻辑，行政权力遵循的是行政管理逻辑。对学术的尊重、维护和保障，是高校行政权力运行应有的理念、义务和责任，这种责任是高校行政权力区别于其他社会组织行政权力的根本标志④。这也是高职院校学术权力组织与行政权力组织相互协同、共同促进学术事业发展的有效做法。在普通本科院校，行政权

① 罗云，孙志强.大学党委书记角色行为分析——基于 34 所"985 工程"大学党委书记的新闻挖掘[J].高教探索，2013(6)：34－39.

② 钟伟军，杨则扬.大学党委书记和校长在履职实践中的职能重叠现象分析[J].复旦教育论坛，2018(2)：37－42.

③ 张雷生.高校院系内部治理结构现状调查研究[J].高校教育管理，2017(3)：30－40.

④ 李海萍.高校学术权力运行现状的实证研究[J].教育研究，2011(10)：49－53.

力干预学术事务，导致学术权力受制于行政权力的现象时有发生。在高职院校，因学术事务较本科院校少，学术治理组织建制也不够健全，带来的问题是，行政权力时有越位现象，学术权力无位或让位。行政权力与学术权力的不同逻辑和不对等地位，造成学术权力组织与行政权力组织的协同也存在不对等情况，学术权力组织的职能发挥常受到行政权力组织的限制。

（三）学术治理组织间的横纵向关系不够明晰

《高等学校学术委员会规程》对于高校学术委员会建设提出了“健全以学术委员会为核心的学术管理体系与组织架构”的要求①。目前我国高职院校学术权力组织体系主要包括校学术委员会、各学术专门委员会及系部的二级学术委员会。这些组织之间的关系可以分为两类：一是校学术委员会与专门及二级学术委员会的纵向上下级关系，二是各学术专门委员会之间的横向平行关系。当前高职院校学术委员会在纵向上和横向上的协同关系还不够明晰，影响了其学术功能的发挥：一是学术委员会与各专门委员会的关系有待厘清，典型代表是学术委员会与教学指导委员会，究竟是上下级关系还是横向平行关系，一些高校存在认识和实践上的困惑；二是未建立各学术专门委员会之间的横向互补机制，使得各学术专门委员会的运行还较为松散，独立有余，合力不足。高职院校学术委员会横纵向关系不明，将导致学术权力组织因职责不清或重叠等原因造成人力资源的浪费，影响处理学术事务的效率。

（四）师生民主监督权力未能真正享有

教职工代表大会和学生代表大会，是高职院校师生参政议政，行使民主监督权力，实现师生民主监督权力与党政权力有机协同的主要通

① 教育部.高等学校学术委员会规程[EB/OL].(2014-01-29)[2019-03-18].http://old.moe.gov.cn//publicfiles/business/htmlfiles/moe/moe_621/201402/163994.html.

道。但实际运行中，师生的民主监督权力并未能有效行使，就教师民主监督权力而言，部分高职院校仍然存在教职工代表大会不能定期召开，意见不被重视，审议事项“走过场”的形式化倾向，一些高职院校的教职工代表大会也不能就涉及教职工利益的绩效考核方案、薪酬分配制度等事项进行民主建言①。就学生民主监督权力来说，其权力行使也十分有限。本研究围绕“高职学生参与学校治理”议题，对上海某高等专科学校学生开展问卷调查，结果表明，部分学生从理念上缺乏对参与学校治理的重视，学生参与学校治理的渠道不够多元，参与学校治理未产生实质效果，这在极大程度上影响了学生民主监督权力的行使。可见，高职院校师生民主监督权力组织与其他治理组织之间并未实现良好的协同局面。

（五）校企合作治理组织功能发挥不足

校企合作治理组织作为高职院校与行业企业沟通与合作的重要载体，其建设对于高职院校校企合作与产教融合的深化，具有组织平台推进作用。当前我国高职院校校企合作治理组织建设面临着两个主要问题：一是设置偏少，整体的职能难以发挥。对上海、浙江和安徽三省（市）共 36 所高职院校的章程文本分析发现，其中明确学校成立校企合作治理组织（校企合作理事会）的高职院校只有 5 所，说明高职院校对于校企合作治理组织建设的认识还有待提升。二是已建有高职院校校企合作治理组织的院校，虽在组织职能和人员组成规则上有描述，但均未提及相关组织的运行机制②。可见当前高职院校校企合作治理组织的建设还不够健全，在与其他治理组织进行协调时难免势单力薄，明显滞后于高职院校产教融合深化发展对校企

① 孙建.高职院校内部治理结构改革——基于教育质量的视角[J].江苏高教，2017(7)：90－94.

② 肖纲领，罗尧成.高职院校治理组织建设现状、问题及完善策略[J].教育与职业，2018(10)：13－18.

合作治理组织建设的要求。

二、从协同学理论看高职院校治理组织的运行

协同学理论(Synergy Theory)是20世纪70年代德国物理学家哈肯(Hermann Haken)创立的一门跨学科理论。协同学即“协调合作之学”，是一门研究普遍规律支配下的有序的、自组织的集体行为的科学[①]。其中心议题是，探讨是否存在支配生物界和非生物界结构和功能的自组织形成过程的某些普遍原理[②]。作为系统科学的重要分支，协同学广泛应用于物理、数学、化学、医学、生态、工程、经济及教育等众多领域，为现实世界各种系统从无序走向有序提供了强大的理论支撑，运用协同学理论的三个原理能够为高职院校治理组织的协同运行提供有益的启示。

(一) 协同导致有序要求高职院校重视治理组织的协同

协同学理论的首要原理是协同导致有序。系统的有序主要指形成了协同运动，其关键是系统内子系统间的有机联系、协作和配合。只有系统中各要素彼此关联，才能从无序走向有序，从有序走向新的有序，达到良好的协同效应。协同效应是复杂开放系统中大量子系统相互作用而产生的整体或集体效应，是由于协调合作而产生的良好结果，甚至协同作用是系统形成合理有序结构的内部驱动力。根据协同理论，无论宏观还是微观系统，只要具有开放性，均可在一定条件下通过子系统的非线性协同，从而在时间、空间或功能上呈现出有序的结构。协同学的这一原理强调了协同中各子系统或要素进行沟通、联系与互动的过程，其启示是，高职院校治理组织运行的良好状态离不开组织间有效的沟通、协调与互动，要发挥高职院校各治理组织的整体治理效应，就必

---

① [德]赫尔曼·哈肯.协同学：大自然构成的奥秘[M].凌复华译.上海：上海译文出版社，2005：5.

② [德]赫尔曼·哈肯.高等协同学[M].郭治安译.北京：科学出版社，1989：Ⅳ.

须重视并加强协同合作,而不是彼此独立、过于分散式的运行。

（二）支配原理要求高职院校重视核心和主导治理组织

协同学理论的支配原理以“序参数”为核心。序参数是描述宏观系统有序度的参数,它代表了宏观系统的有序程度,当系统无序时,序参数为零。序参数由各个子系统的协作而产生,同时,序参数又支配各个子系统。基于序参数的协同有两层含义：一是子系统之间的协同合作产生宏观的有序结构,二是序参数之间的协同合作决定着系统的有序结构①。支配原理强调系统内部稳定和不稳定之间的相互作用,尤其强调系统在接近临界点或不稳定点时,支配系统其他变量行为的少数几个集体变量,对系统有序变化起主导作用的关键变量,具有直接促进系统发展变化的巨大推动力和影响力②。序参数可以主宰系统演化的全过程,实现掌控全局的目标。这一原理暗含的道理是,既要重视系统中的有序程度和结构,也要重视某些主导或核心变量对系统的支配和影响力。这给高职院校带来的启示是,高职院校要实现内部治理组织的良序运行,从无序向有序的协同状态转化,必须重视关键组织和主导因素的作用与影响。从高职院校的行业特性来说,校企合作治理组织就是最为核心和主导的组织;而从高职院校作为高校的属性来说,政治权力组织和行政权力组织则是最为核心的关键的组织。

（三）自组织原理要求高职院校重视治理组织运行规则

哈肯认为,组织基于进化形式来看,可以分为他组织和自组织两类。他组织系统主要靠外部指令而形成;自组织系统表示这样一种状态,即在没有外部指令情况下,无须外界控制和特定干预,组织内部子系统间能够按照某种规则,自行组织、演化,并形成一定的结构或功能,使系统自主地从无序走向有序③。当外部能量、信息和物质等条件向

① 李汉卿.协同治理理论探析[J].理论月刊,2014(1)：138－142.
② 白列湖.协同论与管理协同理论[J].甘肃社会科学,2007(5)：228－230.
③ 王传平.H大学师资管理模式研究[D].哈尔滨：哈尔滨工程大学,2011：30.

系统输入时，通过系统自身的自组织功能便可达到平衡状态。基于协同学的自组织具有开放性、自发性、自我驱动性、子系统的协同形成等特点①。这一原理表明，外力对于系统内部的协同可能起到一定的促进作用，但更为关键的是系统内各子系统形成相协同的内在驱动机制，确保系统运行规则、结构与功能的“自我造血”，这是系统协同最理想的情况。这一原理对我们的启示是，高职院校治理组织的协同运行需要重视治理组织结构与功能建设，并形成良好的治理组织运行规则，从而实现治理组织的自发式协同效应。

三、高职院校治理组织协同运行的理论建构

基于高职院校治理组织协同运行存在的不足，以及协同学理论对其治理组织协同运行的启示，本研究对高职院校治理组织协同运行的具体内容进行了理论构建，主要有五个方面：政治权力组织与行政权力组织协同：落实党委领导下的校长负责制和党政联席会议制度，行政权力组织与学术权力组织的协同：建立“学术为本、权力共治”的学术委员会，学术权力组织体系的协同：形成职能的纵向衔接和横向互补机制，民主监督权力组织与“党政学”权力组织的协同：构建“以权利制约权力”机制，校企合作治理组织与其他治理组织协同：建立人员交叉任职制度。高职院校治理组织协同运行构架图见图 7－1。

（一）政治权力组织与行政权力组织协同：落实党委领导下的校长负责制和党政联席会议制度

政治权力组织与行政权力组织是高职院校治理组织协同的核心和关键。高职院校校级党委组织与行政权力组织协同的目的在于，加强党委组织的领导作用，强化行政权力组织对学校内部行政事务

① 李汉卿.协同治理理论探析[J].理论月刊，2014(1)：138－142.

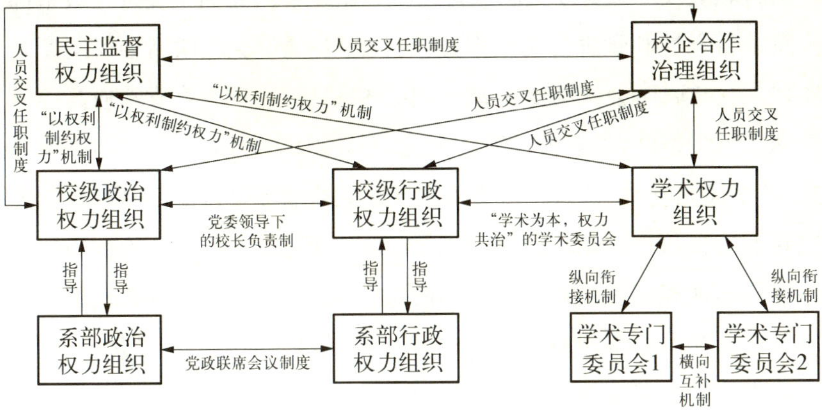

图 7－1　高职院校治理组织协同运行构架图

的独立决策权，减少党委组织的干涉。1998 年颁布、1999 年施行的《中华人民共和国高等教育法》，《关于坚持和完善普通高等学校党委领导下的校长负责制的实施意见》(中办发〔2014〕55 号)等文件，均对高校实施党委领导下的校长负责制有明确规定。高等院校党委会是学校的领导核心，履行党章等规定的各项职责，把握学校发展方向，决定学校重大问题，监督重大决议执行，支持校长依法独立负责地行使职权，保证以人才培养为中心的各项任务完成；校长是学校的法定代表人，在学校党委领导下，贯彻党的教育方针，组织实施学校党委有关决议，行使高等教育法等规定的各项职权，全面负责教学、科研、行政管理工作①。伴随高职院校行政事务日渐增加和复杂化，高职院校必须坚持党委领导下的校长负责制，做到各有分工，各司其职，又相互支持，协调有序。因而，党委领导下的校长负责制是院校层面政治权力组织与行政权力组织协同的重要制度。

① 新华社.中共中央办公厅印发《关于坚持和完善普通高等学校党委领导下的校长负责制的实施意见》[EB/OL].(2014－10－15)[2019－03－23].http://www.gov.cn/zhengce/2014－10/15/content_2766861.html.

高职院校二级党委组织和行政权力组织协同是为了促进二级系部决策的科学性和管理的高效率,这一目标要通过党政联席会议制度来实现。党政联席会议制度在2010年新修订的《中国共产党普通高等学校基层组织条例》中被正式确立为院(系)党组织的工作体制和决策方式,其实质是党政共同负责,集体领导。党政联席会议制度是高校党委领导下的校长负责制的延伸和支撑,是二级院系党组织政治核心地位的重要体现和实现高校培养目标的组织保证,更是高等教育改革与发展对二级院系工作和高校基层党建的新要求①。党政联席会议制度,为高职院校系部政治权力和行政权力共同负责制提供了平台,是两者协调与制衡的有效手段。

(二)行政权力组织与学术权力组织的协同:建立"学术为本、权力共治"的学术委员会

高职院校行政权力组织与学术权力组织协同是为了合理配置学校内部行政权力与学术权力,有效发挥学术权力,减少行政权力对学术权力的干涉,并促进行政权力服务于学术事务。行政权力组织与学术权力组织是高职院校内部两种基本组织类型,行政权力组织以校长为核心,多基于命令、控制等管理逻辑运行,主要管理学校内部行政事务;而学术权力组织则基于知识创新、科学研究等学术逻辑运行,主要管理学术事务和活动,以促进学术自由。不同的运行逻辑决定了行政权力组织与学术权力组织的协同,可建立基于"学术为本、权力共治"的学术委员会,由学术人员为主体,有适量行政管理人员参与,基于知识、学科发展及创新等学术逻辑运行,以体现学术本位为宗旨,以处理学术事务为核心,实现学术和行政管理人员对学术事务的共治,从而减少行政权力对学术权力的干预,并确保学术委员会

① 李应军.高校院系学术权力、行政权力和政治权力的协调——兼谈高校院系党政联席会议创新[J].教育评论,2014(4):3-5.

的决策被行政部门有效地执行。2014 年出台的《高等学校学术委员会规程》规定，担任学校及职能部门党政领导职务的委员，不超过委员总人数的1/4；不担任党政领导职务及院系主要负责人的专任教授，不少于委员总人数的1/2①。这与构建“学术为本、权力共治”的学术委员会建设理念不谋而合。

（三）学术权力组织体系的协同：形成职能的纵向衔接和横向互补机制

基于高职院校学术委员会的横纵向关系，其学术权力组织体系内的协同主要通过职能的纵向配置机制和横向互补机制来实现。一是学术委员会上下级职能的纵向衔接机制。校学术委员会作为校内最高学术权力组织，出台相关学术规定，统筹行使学术事务的决策、审议、评定和咨询等职权，各专门委员会主要就学科建设、教师聘任、教学指导、科学研究、学术道德等某一专门事项进行管理；二级系部学术委员会在校学术委员会领导下管理本系部学术事务。即各专门委员会和二级院系学术委员会根据法律规定、学术委员会的授权及各自章程开展工作，接受校学术委员会的指导和监督，执行校学术委员会的相关规定，并向其报告工作，从而实现与校学术委员会职能上的纵向衔接。二是学术委员会职能的横向互补机制。高职院校学术委员会各学术专门委员虽然履行不同的学术职能，具有较高的独立性，但从学校教育教学与人才培养的整体性来说，还应该实现职能上的横向互补。一方面做强各学术专门委员会，以专业性确保其职能能满足高职院校各项学术活动的正常需要；另一方面，通过建立学术委员会专门网站和数据库，避免各学术专门委员会成为“信息孤岛”，实现学校学术事务和相关信息的互通和共享，从而打造健全的学术管理体系与组织架构。

---

① 教育部.高等学校学术委员会规程[EB/OL].(2014－01－29)[2019－03－26]. http://old.moe.gov.cn//publicfiles/business/htmlfiles/moe/moe_621/201402/163994.html.

（四）民主监督权力组织与“党政学”权力组织的协同：构建“以权利制约权力”机制

完善高职院校内部治理结构，必须处理好政治权力、行政权力、学术权力（三者合称“党政学权力”）和民主监督权力的配置与制衡关系。我国高校内部民主的基本形式是教职工代表大会制度（简称“教代会”）和学生代表大会制度（简称“学代会”），其本质是“以权利制约权力”①。作为学代会的组成人员，学生对学校管理体制不甚了解，与“党政学”组织成员在知识结构、管理经验上差距较大，协同地位不匹配，因而高职院校民主监督权力与“党政学”权力的实质性协同主要通过教代会来实现，其协同机制为“以权利制约权力”。一方面，“以权利制约权力”体现为党政权力对民主管理监督人员的领导，以及学术权力对民主管理监督人员的专业指导；另一方面，“以权利制约权力”体现为广大师生通过教代会和学代会民主参与学校管理并对党政学权力加以监督。如教代会听取校长工作报告，审议党政组织重大决策，监督各级领导干部等。当然，为更好地实现民主监督权力组织与党政学权力组织“以权利制约权力”的协同局面，高职院校必须不断加强教代会和学代会组织载体建设，充分保障师生尤其是学生享有基本的民主管理与监督权利。

（五）校企合作治理组织与其他治理组织协同：建立人员交叉任职制度

基于高职院校治理的特性，必须重视校企合作治理组织这一关键组织与其他治理组织的协同。校企合作治理组织承担了高职院校与行业企业等多元主体联系与沟通的职能，其与高职院校政治权力组织、行政权力组织、学术权力组织、民主监督权力组织四类组织的协同，目的是使得行业企业对学校人才培养、师资队伍建设、科学研究和教育教学

---

① 薛泽林.分权视野下的高校教代会建设[J].中国劳动关系学院学报，2013(3)：55-60.

管理等方面的适切性意见能够被高职院校其他四类权力组织采纳，因此，应建立校企合作治理组织与校内其他四类治理组织人员交叉任职制度。这种制度的实质，是政治权力组织、行政权力组织、学术权力组织、民主监督权力组织相关人员中的代表，能够同时担任校企合作治理组织的成员，实现这些组织成员的交叉任职，从而确保这四类治理组织在行使自身职能时，能够体现高职院校“跨界”的根本属性，并强化行业企业对学校人才培养和教学管理参与的意识，而校企合作治理组织在运行时又能得到其他四类治理组织人员的支持。基于人员交叉任职制度，校企合作治理组织的决议能够及时被高职院校其他四类治理组织及时知晓并转化为治理行动，从而促使高职院校与行业企业的合作和融合，最终达到“产教融合”的深层目标。

第二节　基于章程分析的高职院校治理组织建设

加快发展现代职业教育是党中央、国务院做出的重大战略部署，也是职业教育尤其是高等职业教育深化产教融合、校企合作，为经济社会转型发展创造更多更大人才红利的必然要求。推进教育治理体系与治理能力的现代化，加快发展现代高等职业教育，离不开良好的高职院校治理组织基础。《高等学校章程制定暂行办法》《全面推进依法治校实施纲要》等文件的出台，推动高职院校章程编制与核准迈上新的台阶，基本形成了“一校一章程”的局面。“章程是高等学校依法自主办学、实施管理和履行公共职能的基本准则。”[①]高职院校章程文本对治理组织

① 中华人民共和国中央人民政府.高等学校章程制定暂行办法[EB/OL].(2012-01-09)[2019-02-27].http://www.gov.cn/flfg/2012-01/09/content_2040230.html.

的规定，在很大程度上反映了学校治理组织设置与运行的现状。考虑到民办高校与公办高校的产权结构不同，在法人治理结构特别是内部领导体制方面存在差异①，本研究拟通过对公办高职院校章程文本的解读来分析学校治理组织的设置、职能界定、人员构成和运行机制的现状，以推动高职院校治理组织的健全与完善，优化各类权力配置，助力高职院校治理体系与治理能力的现代化。

一、高职院校章程中的治理组织设置情况

本研究选取上海、浙江和江苏地区共 36 所公办高职院校的章程为分析对象，其中，江苏省和上海市各 13 所、浙江省 10 所。所选取的高职院校基本涵盖所在省市的国家示范性高职院校或国家骨干高职院校建设单位。高等院校内部治理权力可分为政治权力、行政权力、学术权力以及民主监督权力四种。职业教育是一种“跨界的教育”②，与企业合作是高职院校最重要的“跨界”，涉及校企合作权力配置。因此，高职院校治理主要涉及五种权力组织：政治权力组织、行政权力组织、学术权力组织、民主监督权力组织以及校企合作治理组织。分析 36 所高职院校的章程文本，也以这五种类型的治理组织为分析框架，鉴于政治权力组织在高职院校建设发展中的特殊地位和作用，本研究不对其进行专门分析研究。在实际分析时，同时将功能相同或相似但称谓不同的组织进行了合并。通过梳理，36 所院校的章程共涉及 16 类治理组织，具体见表 7－1③。

---

① 王义宁.民办高校与公办高校法人治理结构的比较[J].高教探索，2014(1)：53－57.

② 崔永华，张旭翔.论职业教育的“跨界”属性[J].教育发展研究，2010(17)：43－46.

③ 鉴于我国公办高职院校都实行党委领导下的校长负责制，党委会与校长办公会是其均设置的组织，本论文不对两者做详细研究。

表 7-1　36 所高职院校现有治理组织设置情况表　　单位：个

组织名称	组织类型			
	行政权力组织	学术权力组织	民主监督权力组织	校企合作治理组织
理事会	18	—	—	—
校务委员会	8	—	—	—
董事会	1	—	—	—
学校发展咨询委员会	2	—	—	—
改革咨询委员会	1	—	—	—
办学理事会	1	—	—	—
学术委员会	—	36	—	—
教学指导委员会	—	19	—	—
专业技术职务聘任委员会	—	17	—	—
学科建设委员会	—	1	—	—
科研工作委员会	—	1	—	—
人才培养工作委员会	—	1	—	—
教学质量评估委员会	—	1	—	—
教职工代表大会	—	—	36	—
学生代表大会	—	—	30	—
校企合作理事会	—	—	—	5

（一）行政权力组织的设置

高职院校的行政权力组织以校长为核心。除了校长办公会以外，校务委员会或理事会作为辅助校长决策的咨询、审议机构，也是重要的行政权力组织①。高职院校在设置内部治理机构时，一般将提供咨询与建议的治理组织命名为理事会或校务委员会，有的称为发展咨询委员会、改革发展委员会、办学理事会或董事会，称谓虽然不同，但功能相似。经统计，36 所高职院校中，有 29 所设置了此类组织，其中命名为

① 甘金球.高等学校校务委员会制度：校长管理的基本形式[J].山东社会科学，2011(12)：97-100.

理事会的有 18 所,命名为校务委员会的有 8 所,命名为学校发展咨询委员会、理事会和校务委员会的各 2 所,命名为董事会、改革发展委员会、办学理事会的各 1 所。就组织职能而言,理事会或校务委员会主要为学校的重大规划、改革方向等提供咨询和建议。29 所院校章程中,有 13 所具体说明了该类机构职权涉及的具体事项,其余 16 所仅指出其职权,但并没有对其具体说明。就组成规则而言,有 27 所明确了规则,其中,有的规定了组织人数、组成情况、要求、选举方式以及任期规则等,比较详细;有的只提到"理事会由代表办学相关方面参加",较为笼统。就运行机制而言,仅有 4 所院校章程有所提及,并且阐述均较为简单。

（二）学术权力组织的设置

根据教育部 2014 年颁布的《高等学校学术委员会规程》,"高等学校应当依法设立学术委员会""高等职业学校、成人高等学校可以参照本规程,结合自身特点,确定学术委员会的组成及职责,制定学术委员会章程"①。学术委员会是高职院校的最高学术权力机构,36 所高职院校章程都有相应规定。对于与学术委员会相关的专业技术职务聘任委员会、教学指导委员会等专门委员会,不同院校的章程规定略有差异。

1. 学术委员会。就组织职能而言,36 所高职院校章程都将其视为学校的最高学术权力机构,其职能包括统筹行使学术事务的决策、评定、咨询和审议等,但未指出具体针对事项。就组成规则而言,33 所高职院校的章程有说明,有的明确了委员的人数、组成、要求和选举方式及任期规则等,有的只提到学术委员会由学院领导和专家、副高级以上职称的教师、教练员、具有较高学历与教学科研能力的优秀中青年教师组成。就运行机制而言,仅有 7 所院校的章程对此进行了简单描述。

2. 学术相关专门委员会。学术相关专门委员会是专门负责某一

① 中华人民共和国教育部.高等学校学术委员会规程[EB/OL].(2014-01-29)[2019-03-03]. http://www.moe.edu.cn/srcsite/A02/s5911/moe_621/201401/t20140129_163994.html.

专项学术事务的组织。36 所高职院校中，有 17 所设置了专业技术职务聘任工作委员会，19 所设置了教学指导委员会，另外分别有 1 所院校设置了学科建设委员会、科研工作委员会、人才培养工作委员会、教学质量评估委员会。专业技术职务聘任工作委员会是聘任教师职务和其他专业技术职务的机构，教学指导委员会是学校教学工作重大事项的咨询、审议、审定及评估机构，学科建设委员会是学校学科建设事务的指导、咨询和审议机构，科研工作委员会对教育科学研究、工会理论研究中的重要事项行使审议职权，人才培养工作委员会是指导、研究、咨询、监督和审议学校人才培养工作的机构，教学质量评估委员会是督导检查教育及评估工作的咨询和指导性权威机构。

（三）民主监督权力组织的设置

高职院校的民主监督权力组织主要有两类。其一，教职工代表大会。教职工代表大会是教职员工行使民主权利、参与学校民主管理和监督的重要组织形式。36 所院校章程都对教职工代表大会进行了规定，就组织职能而言，有 31 所院校章程阐述得较为具体，包括听取报告并提出建议、评议学校领导干部等；有 2 所只做了简单概括；还有 3 所未提及。就组成规则而言，有 24 所未进行相关描述，进行了描述的 12 所院校章程也仅简单说明“主体是教师”“依法选举产生”“实行任期制”“可以连任”等。就运行机制而言，仅有 13 所院校的章程有提及，如“每学年召开一次”“须有全体教职工代表 2/3 以上出席方可召开”“采取无记名投票方式”等。其二，学生代表大会。学生代表大会是维护学生权益、保障学生参与学校民主管理的基本组织形式，是学校学生的最高权力机关。36 所院校中有 30 所设有学生代表大会。就组织职能而言，有 15 所院校的章程阐述得较为具体，有 7 所说明该机构按照章程活动，有 3 所描述简单，还有 11 所未提及。就组成规则而言，有 31 所院校章程未描述，仅有 5 所有相关说明，如“学生代表由学校全体学生依法选举产生”“每届任期两年”“每三年为一届”等。就运行机制而言，有

27 所院校章程未提及,9 所有说明,其中 6 所对会议召开时间规定明确,有 3 所仅说明“定期召开学生代表大会”。

(四) 校企合作治理组织的设置

校企合作是高职院校的重要特征。为更好地处理校企合作相关事宜,许多高职院校设置了专门的组织来促进校企合作的发展,校企合作理事会就是最典型的校企合作治理组织。通过章程文本分析,36 所院校中,有 31 所未设置校企合作理事会,只有 5 所明确设置该组织,其中 1 所成立了二级学院(系)校企合作工作委员会。就组织职能而言,5 所设置了校企合作理事会的高职院校,其章程都对该组织的职能进行了相关阐述。其中,有 4 所简单说明了校企合作理事会在哪些方面履行职能,有 1 所进行了详细说明。就组成规则来说,有 4 所院校章程进行了相关描述,5 所学校章程均未提及相关组织的运行机制。

二、高职院校治理组织建设存在的问题

通过章程文本分析可知,当前高职院校的治理组织建设取得了较好成绩,但其发展仍然面临着一些实际问题,在治理组织设置的完善性、职能界定的有序性、人员构成的多元性和运行机制的规范性等方面仍然不够完善,导致离理想发展状态还有差距。

(一) 整体性治理目标下的高职院校治理组织设置不健全

教育治理体系与治理能力现代化的目标,要求高职院校建立完备的治理体系和治理组织。但 20 世纪 90 年代以来,在新公共管理理论的影响下,我国高校内部治理呈现主体碎片化、目标碎片化以及机制碎片化的倾向,导致了高校内部治理出现碎片化困境①。分析章程文本可知,36

① 金姗姗.高校内部治理碎片化困境及其突破：整体性治理的视角[J].教育发展研究,2014(3)：36－41.

所高职院校的治理组织中，只有理事会、学术委员会、教学指导委员会、教职工代表大会、学生代表大会等组织的院校数量超过18所。其中，只有学术委员会和教职工代表大会是所有高职院校均设置的治理组织。以校企合作治理组织为例，研究表明，绝大多数高职院校未专门设立由主要校领导负责的校企合作治理组织机构，没有体现校企合作办学、产教结合的高职教育特性①。本研究的章程文本分析同样显示，36所高职院校中只有5所设置了校企合作理事会，明显滞后于高职院校校企合作的发展需求。可见，当前高职院校治理组织设置的"碎片化"现象的确存在，缺乏整体性和系统性，不利于高职院校治理体系建设目标的实现。

（二）组织职能界定不清晰影响了高职院校治理的有序性

大学组织职能是大学组织价值的体现②，高职院校治理组织建设必须明确组织职能，以体现职业教育的育人价值。但是，当前高职院校治理组织的职能界定不清晰，集中表现为两种情况：一是规定了治理组织的职能但较为模糊或简单。在行政权力组织方面，仅有16所院校的章程简要指出了该类组织的职权；在学术权力组织方面，不仅未明确学术委员会针对的权力事项，对学术委员会与教学指导委员会的关系界定得也较为模糊，如有院校章程明确规定设立两个机构，但并未有效界定两者的关系；在民主监督权力组织方面，只有15所院校的章程具体阐述了学生代表大会的权利。二是对治理组织的职能界定缺失。有2所院校章程未提及教职工代表大会的职能，有11所院校章程没有提及学生代表大会的职能。组织职能的界定模糊不清，极易造成权力行使中的"越位"和"缺位"，使组织功能受到影响和限制，阻碍了高职院校治理组织的有序运行。

（三）人员构成较为随意影响了多元主体参与治理的有效性

高等教育机构是典型的利益相关者组织。联合国教科文组织

---

① 董仁忠.高职院校治理结构研究[J].教育发展研究，2011(7)：36－38.

② 胡仁东.大学组织：价值及职能[J].现代教育管理，2010(2)：13－15.

1998 年在巴黎通过的《二十一世纪世界高等教育宣言：展望与行动》指出："高等教育所有的利益相关者——国家和高校的决策者、教职工、研究人员和学生、高校行政和技术人员、产业界和社区、非营利性组织——应更新为高等教育的一个要素矩阵(prime matrix)。"①高职院校治理必须实现多元利益相关者的参与，这就要求高职院校治理组织的人员构成多元化，从而代表多方利益，凝聚集体智慧。分析发现，当前高职院校部分治理组织的人员构成较为随意，虽然大部分院校章程对人员构成有规定，但描述完整的仅是少数，多数章程仅简单带过甚至不提。治理组织人员构成的随意性影响了多元主体有效参与高职院校治理的目标。

（四）运行机制不完善阻碍了高职院校治理组织的规范运行

运行机制要素是大学权力场域相互作用的具体展现，大学治理的运行以实践的现实性和有效性为前提和基础②。可以说，运行机制是高职院校治理组织完善自身建制、实现良性运行的必要保障。研究显示，76%的大学横向治理组织没有工作规程，组织工作随意性很大③。高职院校治理组织也面临着运行机制缺乏的问题。36 所高职院校章程对校务委员会、学术委员会、教职工代表大会、学生代表大会的运行机制尚未提及的分别有 25 所、27 所、23 所、27 所；5 所设有校企合作理事会的院校，其章程均未说明该机构的运行机制。可见当前高职院校并未充分认识到治理组织运行机制建设的重要性，也未通过章程加以规范，容易导致治理组织建设和运行呈现无序和随意性情况，从而影响

---

① UNESCO. World declaration on higher education for the twenty-first century: vision and action[EB/OL].(1998-09-09)[2019-03-08]. http://www.unesco.org/education/educprog/wche/declaration_eng.html.

② 胡仁东.大学组织内部治理的基本要素探析——基于权力场域的视角[J].中国人民大学教育学刊,2011(3): 41-48.

③ 严蔚刚.我国大学内部横向治理组织的现状、问题与建议——以 N 大学为例的调查研究[J].高校教育管理,2014(4): 16-24.

高职院校治理组织的规范发展。

三、完善高职院校治理组织建设的建议

现代教育治理可以围绕教育治理的主体、教育治理的内容和教育治理的方法即谁治理、治理什么和如何治理三个角度加以审视①。高职院校治理组织建设也可以此框架为指导，不断加强组织设置、明晰组织职能、制订组成规则、形成运行机制。

（一）完善组织设置，实现高职院校的整体性治理目标

政治权力组织、行政权力组织、学术权力组织、民主监督权力组织以及校企合作治理组织，作为既体现高校共性又体现职业教育差异性的现代教育治理权力类型，应在所有高职院校设置。高职院校必须加强治理组织设置，建立更全面、更有体系的治理组织群。在实践中，一方面，必须将上述五类治理组织框架作为学校治理组织建设的指南，确保每类治理组织设置的完整性；另一方面，要强化每一类治理组织或二级组织建设。在16类治理机构中，除了理事会、学术委员会、教学指导委员会、教职工代表大会、学生代表大会等设置数量超过半数的治理组织，其他较少设置的治理组织如校企合作理事会、专业技术职务聘任工作委员会和二级组织等，也必须加强建设。

（二）界定组织职能，明确高职院校治理组织的履责边界

整体性治理对高职院校治理组织的职能提出了纵向层次的整合和横向层级的联合、注重内部功能整合的要求②。当前一些高职院校的治理组织建设存在职能缺失和模糊不清两类问题，需要加以界定和明晰：一方面，对于章程中未明确职能的治理组织，如一些高职院校的学

---

① 孙绵涛.现代教育治理的基本要素探析[J].中国教育学刊，2015(10)：50-53.

② 崔炳辉.整体性治理视域下高职院校治理体系研究[J].江苏高教，2016(3)：148-151.

生代表大会，需要通过学校制度文件明确并扩大宣传，促使广大师生了解这些治理组织的具体职能，避免出现职能描述缺失的情况；另一方面，对于那些章程中有职能说明但较为模糊的治理组织，需要重新界定职能，以减少模糊性。在界定职能时，要重点说明学术委员会与其他学术专门委员会如教学指导委员会、学科评议委员会及科研工作委员会等之间的关系，确定是上下级关系还是并列关系①。在这方面，上海出版印刷高等专科学校的章程明确规定“学校设立教学指导委员会。教学指导委员会是学校学术委员会在教学工作中重要事项的决策审议机构”②，并明确了学校教学指导委员会的主要职责包括审议人才培养重大政策与措施、审定学生培养方案等六项。这种明确的说明方式值得借鉴。

（三）制订组成规则，确保高职院校治理主体的多元参与

高职院校的治理涉及不同的利益相关主体，因而其治理组织的人员构成也应体现多元化特征。美国社区学院董事会的人员构成体现了多元利益相关者共治的原则，代表了社区学院相关方的利益，具有重要的启示价值③。当前，我国一些高职院校的治理组织在人员构成上仍然较为随意，既缺乏有效的规章制度予以规定，又未能实现不同利益主体的多元参与，因此，必须明确这类组织的人员组成规则，根据不同治理组织的特性和职能范围，通过建章立制，有差异性地吸纳校领导、行政人员、教师、在校学生、毕业校友、行业企业骨干、社区人士等多元利

① 王玉学，吴楠，谢金华.试论学术委员会、学位委员会及教学指导委员会的关系——以广东首两批核准23所公办高校章程审查为例[J].高教探索，2016(7)：37－41.

② 上海出版印刷高等专科学校.《上海出版印刷高等专科学校章程》获上海市教委核准[EB/OL].(2015－12－22)[2019－03－13].http://www.sppc.edu.cn/21/6d/c28a8557/page.html.

③ 罗尧成，肖纲领.高职院校理事会的职能定位与运行机制——美国社区学院董事会的经验借鉴[J].高校教育管理，2016(1)：105－110.

益相关方,实现学校各治理组织的多元主体参与和开放式建设,进而达到高职院校各治理主体多元共治的良好效果。

（四）形成运行机制,推动高职院校治理组织的规范发展

完善的内部治理运行机制等是高职院校内部治理科学、有效的有力保障①。当前一些高职院校的章程并未明确规定部分治理组织的运行机制,不利于高职院校治理组织的有序运行,因而需要强化其规范性。一方面,要提高理论和思想上的重视程度,充分认识到这些治理组织建立完善有效运行机制的必要性和可行性;另一方面,强化对实践的总结完善与宣传,在实践中对这些治理组织的运行机制予以积极探索、提炼、完善并加以推广。针对部分高职院校章程中没有明确规定校务委员会、学术委员会、教职工代表大会、学生代表大会、校企合作理事会的运行机制的情况,高职院校可专门出台制度文件加以明确和补充说明,必要时可召集相关成员开展治理组织规范运行培训,形成具有高职院校治理组织特色的规范运行机制,有效地推动高职院校治理组织的协调发展。

总之,随着高等院校治理内涵的拓展与深化,高职院校的治理也必将不断迈向新的发展阶段,尤其是从宏观的外部治理走向微观的内部治理。治理组织作为体现高职院校治理水平的载体,能够为高职院校治理的发展提供机构保障。完善高职院校治理组织设置,优化高职院校治理组织的职能、制度与运行机制,加强高职院校治理组织的协同与合作,切实提升高职院校治理组织的规范与健康发展,应成为高职院校治理的理论共识。

---

① 林春明.高职院校内部治理现状与改革对策[J].教育与职业,2015(34):9－12.

第八章 国外高职院校治理体系建设改革的经验借鉴

创建特色是国内外职业教育发展的共同经验和一致认识，对高职院校而言，特色既是体现其存在价值，又是检验其办学水平的重要指标。历史实践表明，没有特色也就没有职业教育生存和发展的空间。因此，寻找适合各国国情或校情的特色发展模式，是各国政府和高职院校不断追求的理想。在多年的探索实践中，全球涌现了一些典型特色发展模式，如德国的“双元制”模式，美国的社区学院模式以及澳大利亚的 TAFE 模式等。根据主体的不同，高职院校特色发展模式大致可分为两种。一种是政府主导模式。这种模式基于政府本位思想，强调政府在特色发展方面的先导地位和主体作用，体现政府的责任，以政府的需求为导向来配置教育资源，侧重从宏观层面入手，重点考虑高职院校的类型特色，目的是提高高职院校的整体水平，如澳大利亚的 TAFE 模式。另一种是学校自律模式。这种模式基于学校本位思想，强调学校在特色发展过程中的本体地位，尊重学校的主观能动性，突出通过市场来优化配置教育资源。这种模式往往侧重从微观层面入手，重点是解决高职院校的办学特色，目的是提高学校自身的办学能力和竞争力，如美国的社区学院模式。这些模式下的高等职业教育，其现代化治理也显示出一定的特色。本章分析美国社区学院董事会的职能定位与运行机制、德国“双元制”模式下政府和行业企业参与职业教育治理的做法与经验、澳大利亚政府和行业企业参与职业教育的做法与经验，以期为多元主体参与国内高职院校现代治理提供有益的启示。

第一节　美国社区学院董事会参与学院治理的举措

社区学院是美国高等教育体系中的重要组成部分，也是世界高等教育领域一种具有鲜明特色的职业教育模式。美国社区学院与一般大学基本相同，享有很大的自治权利，较少受到官方的行政干预①。美国社区学院普遍具有董事会（board of trustees）的治理机构，一般在州委员会或是州社区学院董事会（the state Board for Community College）的授权下成立，是学校法定的所有者和管理者，是学校的最高决策机构和最高权力机构。校一级的权力体系主要有三方面构成：董事会、教授会、校长。社区学院董事会一般具有以下权限：负责确定学校的性质、目标和任务；任命并评价校长；制订学校长期发展计划；争取足够的资源，保障学校的正常运作；审批检查教育计划和对社区服务的计划；沟通学校和社区的关系；评价董事会成员的工作等。董事会有效治理的基本原则：董事会主要参与最终的决策，董事会关注的焦点应该放在未来，机构成果应由董事会衡量和监控，董事会的行为应由章程规定，董事会的任何决策只能是整体决策，董事会的授权委托给校长执行，董事会的决策最重要的是考虑学生的学习和学生

---

① 邱德雄，盛正发.美国社区学院建设经验及其启示[J].国家教育行政学院学报，2011(8)：88－91.

的成功①。

一、人员构成体现多元利益相关者共治原则

美国社区学院董事会是多元利益主体的结合体，其人员构成体现出鲜明的多元利益相关者共治特征。由于美国大多建立了区域性的社区学院系统，社区学院是该系统的重要构成，因此社区学院与社区联系非常密切，并代表了社区的公共利益，董事会成员也大都从社区成员中竞选或任命而来。在董事会的构成上，往往通过选举由社区各界的知名人士组成，其中有政府官员、企业家、法官、律师、牧师、校友，也有其他社会名流，充分体现了“外行管理内行”的特点，反映各行各业在高等教育领域的不同利益。这种多样化的成员来源，有效避免了大学内部利益群体对大学的控制，更好地反映出社会的需求，为社会各界服务，也可以向社会解释大学所做的工作，起到加强大学与社会沟通的重要媒介作用；还可以在政府和大学有冲突的时候，在两者之间起到“缓冲器”的作用，有利于各方面协调②。在待遇上，董事会成员只能报销与职务相关的直接费用，此外无其他报酬，公众参与和为社区做贡献是担任社区学院董事的重要动机。在换届上，不少社区学院董事会采取交错式，确保在职董事新老搭配。以美国四所社区学院董事会为例，其董事会成员数、职能、薪酬、任职方式等见表 8－1。再如西弗吉尼亚州皮尔庞特社区技术学院，该院坐落在西弗吉尼亚州的费尔蒙特市，是一所综合性社区学院，该院理事会由 12 人组成，其中 9 人由州长任命，成员来自本学区各个职业领域，既有退休教师也有汽车销售经理等人员，其

① 罗尧成，肖纲领.高职院校理事会的职能定位与运行机制——美国社区学院董事会的经验借鉴[J].高校教育管理，2016，10(01)：105－110.

② 宣勇.大学变革的逻辑[M].北京：人民出版社，2009：451－456.

余3人为学院教师、职员和学生代表(无投票权)①。柯克伍德社区学院董事会共有9名董事,其从事的职业涉及银行家、教育咨询师、拍卖师、博物馆馆长、社会活动志愿者、建材经销总经理、商业咨询、汽车个体经销商等②。由上可见,美国社区学院董事会成员构成的多样性特征非常明显,代表了社区学院相关方的利益。

表8-1　美国四所社区学院董事会的基本情况

学院名称	成员数	职能	薪酬	任职方式	任期
休斯敦社区学院(Houston Community College)	9	拥有对学院政策的最终决定和解释权,代表学院从事社区服务、演讲活动和法定事务等计划工作	无报酬,不能报销履职费用	在区域内的市民中竞选	错开任职,六年一个任期
潮水社区学院(Tidewater Community College)	12	在州社区学院董事会关于学院的政策、程序规章及行政区划范围内,积极回应各方需求	无报酬,与工作相关的食宿、交通费可报销	共三个区,每区四个人	四年一个任期,可续任两届
孤星社区学院(Lone Star College)	9	坚持道德标准,代表公共利益,设定政策方向,招聘、评估和支持校长,创设良好环境,履行公共责任等	无报酬,提供国家法律规定的健康和医疗保险,可报销履职实际费用	在区域内的市民中竞选	错开任职,六年一个任期

① 吴学敏.美国社区学院办思路对我们的启示[EB/OL].(2010-08-11)[2019-04-01].http://www.tech.net.cn/web/article view.aspx?cara_id=N018&id=2010081100009.

② Kirkwood Community College. Meet Kirkwood's Board of Trustees[EB/OL].(2013-07-15)[2019-04-06].http://www.kirkwood.edu/site/index.php?p=2032.

续 表

学院名称	成员数	职能	薪酬	任职方式	任期
辛克莱社区学院(Sinclair Community College)	11	批准由校长、行政官员及教职员工等提议的计划、内部政策及决定,对学院的教育政策、财务管理、人事任命和设施建设拥有最终决定权	不详	7人由地区管理者任命,4人由州管理者任命	错开任职,五年一个任期,可续任

注：相关内容来自对四所社区学院官方网站相关信息的整理。
休斯敦社区学院：https://www.hccs.edu/
潮水社区学院：http://www.tcc.edu/
孤星社区学院：http://www.lonestar.edu/
辛克莱社区学院：http://www.sinclair.edu/

二、职能定位注重多方沟通和统筹决策监督

美国社区学院董事会实际上扮演了沟通社区学院与政府、社区、校友、企业等之间关系的角色,同时承担着向外界寻求包括经费在内的各种资源的重任。首先,董事会要处理好与政府的关系。董事会是连接社区学院与当地政府的桥梁。政府对社区学院的管理是通过间接方式实现的,即运用法律、经费等手段,而董事会的主要责任就是在已有的法律框架内,通过制订社区学院发展规划和各种规章制度,敦促院长实现既定的发展目标。其次,董事会应处理好与所在社区的关系。社区是社区学院赖以生存的外部环境,两者之间存在千丝万缕的联系。董事会应通过各种途径加强与社区的交往：一方面,定期或不定期召开董事会工作会议,邀请社区代表参加,认真听取社区代表对学院发展的意见和建议;另一方面,尽可能多地吸纳社区代表进入董事会,社区学

院董事会多是从所在区域不同产业人群中选拔出来，一些董事会议还会定期或不定期邀请社区代表参加，因而社区学院董事会是代表社区利益、联系社区行业和企业等的重要渠道①。从社区学院内部看，董事会是社区学院的最高权力机关和决策机构，其主要职责是：确定学院的性质、任务及发展规划；任免学院校长，并对校长的工作进行评价；筹集办学经费；沟通学院与外部的关系，为学院发展创造有利条件等。美国社区学院一般实行董事会领导下的院长负责制，董事会负责重大决策，并有最终决定和解释权；校长负责政策的执行。即董事会通过制订规划、人事任免、经费拨付、工作评价等方式对学院进行宏观决策和管理，校长受董事会委托对学院具体的经常性活动进行管理。美国社区学院董事会对社区学院事务具有统筹、决定和监督权。首先，董事会需统筹考虑决定学院长远发展的事项，内容包括战略规划、院长选定、经费筹措等重大问题；其次，董事会对于学院的一些重大决策具有最终决定和解释权。董事会还具有监督学院运行和管理方式等职能，其中一项重要内容是对校长进行评估，评估目的是激发校长致力于需要完成的工作和选择对学院发展有利的事项，而不是容易和流行的东西。

三、运行机制与行政系统保持独立与协作

董事会运作的独立性是其履行职能的重要基础。美国社区学院董事会大多具有自身的运行系统。很多学院的董事会运行都依靠一定的规章制度，它们对社区学院董事会的运行机制有相应规定。如潮水社区学院以手册形式对董事会的职责和责任进行了限定；乌姆普加社区学院也以政策形式对其董事会的组成和权力、职能、竞选等进行了详细

① 徐魁鸿，张荣娟.美国社区学院管理体制研究[J].职业技术教育，2012，33(16)：79－82.

规定。而社区学院行政系统也具有相应的组织机构,如辛克莱社区学院院长内阁包括校长、办公室主任、副校长兼首席财务官、学校和社区合作方面的主管、学生财务服务总监和校长高级顾问、副教务长、教务长、主管招生和学生事务的副校长、主管机构发展的副校长、主管提升的副校长、主管区域中心的副校长、主管劳动力开发和企业服务的副校长、主管商业运行的副校长。董事会和行政系统具有一定的独立性。美国社区学院董事会在独立运作的同时,也保持着与行政系统相互协作的关系。一项针对两所美国社区学院董事会成员与行政管理者关系的研究表明,尽管两所学校的地理位置、管理理念和方法不同,两者有着不同的管理任务,但在这方面差异并不明显,其共同特点是董事会成员与行政管理者均建立了共同的教育价值观,都以支持性和创新性的伙伴关系为各自高校的制度环境做出贡献。另外,董事会主席是校长和董事会成员之间最重要的桥梁,在董事会与小组沟通方面,董事会主席对于校长的行动会给董事们带来何种反应都有深刻了解。运行机制注重与行政机构系统的独立与协作,使得美国社区学院董事会能够为社区学院的发展带来极大的促进作用。

四、采取多种举措提升董事会履职专业性

为了提升董事会成员的履职能力,任命专业的校长向董事会负责,接受董事会监督,学校从校长到普通员工的职责、权力、义务都有明确规定。各学校根据具体情况,适时确立和调整自己的办学方针、课程设置、师资构成、组织管理形式,确保责任清晰、政令畅通。美国社区学院采取了各种措施提升董事会履行职能的专业性,主要表现在建立专业委员会和加强对董事会成员的培训两个方面。第一是董事会下设若干专业委员会。一些成员较多的美国社区学院董事会通常会成立若干专业委员会以处理专门事务,它们是董事会实施决策的重要智力和专业

保障。如辛克莱社区学院董事会下设了人事和课程委员会、战略联系委员会和财务委员会。委员会会议在每月董事会会议的前一周举行。克拉克州立社区学院董事会在常规会议中会对其财务和设备委员会、人力资源委员会等委员会的报告进行审议，使得董事会在进行具体决策时具备专业性。第二是对董事会成员进行多方位培训。美国一些社区学院较为重视董事会成员的培训和发展。如孤星社区学院为确保代表的有效性，从而达到立法机关的意图和公众的期望，其董事会鼓励个别董事会成员致力于有关社区学院托管及其他能够帮助受托人有效履行职责的培训和继续教育项目，用于成员培训和发展的相关交通、住宿、饮食和会议费用能够得到报销。除了作为机构代表参加高等教育协会、立法会、州高等教育协调委员会、国会和联邦政府会议外，董事会成员一般每年还有一次到一个国家或地区参加委托培训会议的机会。多方位的培训让社区学院董事们能不断提高自身能力和素质，推动社区学院建设改革的科学发展。

第二节　美国行业企业参与社区学院治理的分析

美国社区学院的办学历史超过百年。美国社区学院协会发布的报告显示，截至 2016 年 12 月，美国共有 1 132 所社区学院，其中 986 所为公立学院，115 所为独立学院，31 所为部落民族学院（Tribal College）。社区学院提供开放式的高等教育，为美国 45% 的学生提供了服务，其项目包括为准备转到四年制高校学习的同学提供课程、为员工发展提供技能培训、开展无学分的项目、为以英语为第二语言的人员提供技能再培训、举办丰富的社区项目或文化活动等。针对我国行业企业参与高职院校治理存在的问题，美国在制定激励性的政策法规、形成科学的运行机制和搭建多样性的组织平台等方面值得我们借鉴。

一、制定激励性的政策法规

(一) 制定“美国未来技能计划”增强行业企业参与动力

2010年10月,美国总统奥巴马与总统经济复苏顾问委员会(PERAB)制定了“美国未来技能计划”(Skills for America's Future Program)①。该计划的初衷是希望努力建立并改善企业与社区学院的合作伙伴关系,促使行业企业与社区学院合作,共同为美国培养市场需要的大批专业人才,使美国社区学院的学生能够更容易地获得在劳动力市场中取胜所必备的知识和技能,从而使美国在全球经济中更具竞争力。2011年6月8日,奥巴马在北弗吉尼亚社区学院(Northern Virginia Community College)公开发表要实施“美国未来技能计划”的重大扩展的讲话②。他指出,这是一个由行业主导的计划,旨在大力改善行业企业与社区学院的合作伙伴关系,通过采取员工成长战略、职业培训计划、工作安置计划等措施,最大限度地发挥行业企业在职业教育中的作用。

通过该计划,行政当局对制造业建立了强有力的领导,美国政府利用技术部门、媒体公司和联邦机构的核心能力,再加上其他力量来强化这些措施,促进了美国行业企业与社区学院合作,参与社区学院治理。例如,美国制造商协会的附属非营利组织(NAM)在该项计划后,宣布将努力帮助50万社区大学生获取行业认可的证书,帮助他们在制造业获得安全的工作;美国未来技术和制造研究所的其他合作行业企业,也

---

① Skills for America's Future Program[EB/OL].(2016-09-14)[2018-08-23].http://forums.skillsforamericasfuture.org/.

② President Obama and Skills for America's Future partners announce initiatives critical to improving manufacturing workforce[EB/OL].(2016-09-14)[2018-08-26].https://www.whitehouse.gov/the-press-office/2011/06/08/president-obama-and-skills-americas-future-partners-announce-initiatives.

宣布将通过自己的举措全力以赴帮助“美国未来技能计划”的实现，以增强美国制造业劳动力的技术水平。

在美国，能够与行业企业各部门建立合作伙伴关系的社区学院是最成功的社区学院，因此，奥巴马政府通过《美国未来技能计划》的法案，希望建立更多的行业企业、社区学院及职业培训机构之间的深度伙伴关系。为此，该计划的目标是保证美国每一个州都有大型企业与该区域内的社区学院保持紧密联系，要求每州成立至少一个高效的企业与社区学院合作开展项目，根据就业市场的需求，帮助社区学院定制课程。这项计划吸引了摩托罗拉（Motorola）、普利兹克物业集团（Pritzker Realty Group）、Groupon Inc、实耐宝商贸（Snap-on）、盖普公司（Gap Inc.）等多家大型企业展开了与美国各州社区学院的合作①。可见，该法案为社区学院和行业企业之间建立密切联系提供了稳固的法制保障。该法案实施以后，盖茨基金（Bill and Melinda Gates Foundation）率先设立了一个五年的项目支持法案的执行，提高了学生就业率并增强了其他行业企业的动力②。

（二）修订《帕金斯法案》为行业企业参与提供经费支持

2006 年，美国政府颁布《卡尔·D. 帕金斯职业生涯与技术教育改进法案》（*Carl D. Perkins Career and Technical Education Improvement Act*）（简称《帕金斯法案》），其核心是州政府对职业生涯与技术教育（Career and Technical Education，CTE）资助拨款。2012 年 4 月，联邦教育部发布了新一轮《帕金斯法案》的修订提案，被称为《致力美国的未来：美国职业生涯与专业技术教育改革蓝图》（*Investing in American's Future: A Blueprint for Transforming Career and Technical*

---

① Building skills for America's future[EB/OL].(2016 - 09 - 14)[2018 - 09 - 01]. http://www.whitehouse.gov/blog/2010/10/04/building-skills-america-s-future.

② 刘翠航.美国社区学院新趋势、新政策及思考[J].职业技术教育，2013，34(13)：90 - 93.

Education)(简称《改革蓝图》)[①]。新一轮的修订案是以建立社区学院和行业企业间的密切联系为核心目标的改革,旨在建构美国高品质的CTE课程。为建设高质量的CTE课程,美国联邦政府、州政府及行业企业之间要形成紧密的合作,以此来保证CTE课程与市场的劳动力需求相吻合。与此同时,为保证CTE课程的有效性,联邦政府提出了严格的要求,要求州政府和各个经济发展机构确定所属区域的劳动力需求状况及经济发展迅速的行业,把CTE课程的重点放在这些行业上。

基于这个改革目标,《改革蓝图》提出:第一,社区学院要想继续获得《帕金斯法案》的资金支持,就必须与雇主、行业协会、劳务组织、公立或私营公司及其他组织通过联盟的形式建立合作关系,并且规定有企业赞助的社区学院才有资格申请该基金。企业的赞助既可以是现金,也可以是提供设备物资、场地的形式,以此来鼓励社区学院和行业企业深度合作[②]。第二,社区学院在获得美国联邦政府资助的同时也应获得企业的配套资源支持,如设施设备、培训场所、专业技术等。这主要是为了加强社区学院和企业的联系,促进校企融合。第三,未来社区学院的培训项目想要得到《帕金斯法案》的资助就要以校企融合、校企共同治理为方向,这为社区学院和企业的一体化进程打下了前所未有的坚实的基础。接着在2014年7月奥巴马政府正式签署了《劳动力创新与机会法案》(*Workforce Innovation and Opportunity Act*)[③]。该法案多次重申了《帕金斯法案》改革方案中关于社区学院与企业一体化进程

---

① Investing in America's future: a blueprint for transforming career and technical education[EB/OL].(2016-09-18) [2018-09-05]. https://www.ed.gov/news/speeches/investing-americas-future-blueprint-transforming-career-and-technical-education.

② 陆燕飞.从帕金斯法案的最新修订提案看现代职教质量观的建立[J].职教论坛,2013(25):29-32.

③ Workforce Innovation and Opportunity Act[EB/OL].(2016-09-20)[2018-09-10]. https://en.wikipedia.org/wiki/Workforce_Innovation_and_Opportunity_Act.

的许多条文，为社区学院和行业企业联合培养技术技能型人才的培训项目提供了相应的制度保障。

美国政府制定政策法规、提供经费支持，不仅考虑到对行业企业的激励性，也充分考虑经济和社会发展需要，以解决当前社会问题为目的，不断对法案进行修订，保持开放性和动态性①，最终形成与社会发展最适应、最具激励性的政策法规。

二、形成科学的运行机制

美国社区学院治理体系由董事会、校务委员会及学术评议会等治理机构组成。董事会负责从整体上确定社区学院办学的总方向和总目标；校务委员会以校长为首，负责执行董事会的决议以及处理学校日常行政事务；学术委员会负责处理学院的学术事务。这些治理组织机构都有行业企业代表的参与，通过科学的运行，促进了社区学院的发展。社区学院的运行机制可划分为决策机制、培训机制和认证机制。

（一）多元主体共同参与的决策机制

董事会是社区学院的最终决策者，首先由学术委员会或校务委员会对重要事务进行商议，再将意见提交给校长，最后由校长呈交给董事会核准。由表8-2可以看出，社区学院董事会成员除了政府代表、教师和学生代表之外，一般都会有行业企业成员参与，这些校外人士能够代表广大的社会需求，可以对学院的发展方向进行指导，这样就能促使社区学院的发展符合社会需求。董事会除了具有宏观决策，制订学校方针政策的职责外，还直接参与学校质量评估、证书制度；代表社会和校长举行联席会议，反映社会对人才的需求动态和毕业生在就业市场

① 孙云志.多元共治视域下高职院校治理考核评价指标体系的构建[J].教育与职业，2017(04)：24-29.

上的竞争力情况①。总体而言，这种共同治理结构以多元主体为中心，呈现出多元决策的趋势②。社区学院通过董事会集体决策、多元主体广泛参与、学校行政管理人员高效执行及社会共同监督的治理模式，使得各方利益代表都能够参与学校内部事务的决策，能够及时有效的缓解相互之间的冲突。通过共同参与的决策机制，促进相互沟通与交流，最终达到多种权利间的平衡。

表 8－2　美国三所社区学院董事会的基本情况

学院名称	成员数	职能	构成人员
圣莫尼卡学院(Santa Monica College)	8	是组织的权威和学院决策的主体；使校长管理教育项目和地区业务有所拓展；保证学院程序的有效运行；鼓励和支持教职员工，为他们的需要提供帮助	教师、校友、政府代表、学生、行业企业专家
霍华德社区学院(Howard Community College)	8	采用一系列关键的绩效指标，监督学校校长，并指导学院的发展	政府代表、教师、校友、行业企业专家
亚特兰大技术学院(Atlanta Technical College)	10	通过学校的项目和服务满足公民、行业企业的需要，在国家方针政策的指导下最大程度降低成本，提高效率；与行业企业沟通并维护相互间的关系	地区领导人和商业领袖

资料来源：相关内容来自对三所社区学院官方网站资料的整理。
圣莫尼卡学院：http://www.smc.edu/ACG/Pages/Board-of-Trustees1.aspx.
霍华德社区学院：http://www.howardcc.edu/about-us/leadership/.
亚特兰大技术学院：http://www.atlantatech.edu/about/local-board-of-directors.php.

① 贾汇亮.高校本科专业设置利益相关者共同治理模式研究[M].广州：广东高等教育出版社，2015：128.

② 李威，查自力.美国加州地区高等教育公共治理结构的特征研究——基于州教育法案和大学章程的分析[J].现代教育科学，2016(01)：139－144.

（二）提升董事会成员专业性的培训机制

社区学院董事会成员包括行业企业代表、校友、教师、政府代表等，成员来源广泛，教育管理能力参差不齐，因此学院通过多种措施提升董事会成员的治理能力，包括建立专业委员会作为董事会智库和加强培训两个方面：第一，设置多个专业委员会。设置多个专业委员会分别负责处理不同类型事务，委员会通过专业的调查研究，为董事会决策献计献策。如圣莫尼卡社区学院董事会下设受托人信息委员会、公民债券监督委员会（Citizen Bond Oversight Committee）、战略联系委员会和财务审计委员会。圣莫尼卡社区学院的委员会在董事会会议召开前就要提交专业报告，在董事会会议召开时则针对递交报告的内容进行审议，更具针对性和专业性。第二，对董事会成员进行全方位的教育管理能力培训。董事会成员来源多样，肩负的任务举足轻重，因此对董事会成员的培训至关重要。为确保社区学院代表的有效性，达到联邦政府和州政府的意图以及社会公众的期望，董事会鼓励成员参与培训和继续教育。董事会成员能够作为学院代表参加高等教育协会、国会和联邦政府会议、立法会等重要会议，深入了解政府政策，每年还有外出学习的机会，到另一个国家或地区进行专业的培训。通过多方位的培训，社区学院董事不断提高专业能力和素质，将自己的专业知识与治理学校的能力相结合，有效地推动了社区学院的发展。

（三）保障教育质量的第三方认证机制

社区学院在美国高等教育系统占据半壁江山，其教育质量主要依靠多元主体共同保障，除了政府和学校以外，行业企业也是参与社区学院监督评价的重要主体。其中，企业影响并参与教育的实施和其质量指标的制订，行业协会等第三方组织负责评价活动的实施①。作为第

---

① 李妍，郄海霞.问责制视角下美国社区学院教育质量评价主体分析及启示[J].职业技术教育，2016，37(12)：71－75.

三方的行业企业主要通过各种专业评估组织、咨询委员会、基金会等方式参与社区学院决策，同时充分发挥专业咨询和客观监督的职能。这种第三方认证机制具有公平性、独立性、中介性等特点，能够平衡政府和学校的权力，已经成为众多社区学院重要的运行机制。

第三方认证制度就是由社会中介机构对各个社区学院进行客观公正独立的认证。根据联邦政府政策和法律规定，每隔五年，教育机构需要接受一次评估认证，评估其办学资格、教学质量等内容，只有通过认证的教育机构才有资质证书，才能继续招收学生。评估机构既不属于政府，又不隶属于学校，但评估机构必须得到政府的认可，是专业的非政府组织，以此来保证评估质量。具体做法是由专业的行业认证机构组织评审；若该专业没有相关的行业组织，则由社会咨询机构审核。评审机构需要以专业建设的要求为依据，收集与评审有关的资料，根据要求审查学校的办学条件以及学生的学习效果，还需开展座谈会，对专业顾问委员会成员、行业企业代表及教师学生代表谈话，全面而深入地了解专业发展情况，据此做出评价报告①。政府尊重评估报告的结果，并依据评估报告对社区学院给予政策支持、基金奖励或提出专业预警，显示出了第三方评估认证机制的权威性。

三、搭建多样性的组织平台

（一）担任董事会成员，参与社区学院重大事项的决策

董事会是美国社区学院最重要的治理机构，是社区学院的法定代表机构和最终决策机构，具有最高决策权，所有事关社区学院发展的大事件都需由其进行决策。通过对圣华金三角洲学院、圣莫尼卡

① 冯海明.美国社区学院质量保障体系及启示[J].北京工业职业技术学院学报，2011，10(01)：48－51.

社区学院和深河社区学院的章程进行总结得知，董事会的权力和责任一般包括八个方面：一是负责确定学校的性质、目标和任务；二是任命并评价校长；三是制订学校长期发展规划；四是争取足够的资源，保障学校的正常运作；五是审批并检查教育计划以及对社区服务的计划；六是沟通学校和外部的关系；七是评价董事会成员的工作；八是审计检查学校财政方面的工作，包括预决算等。董事会进行有效治理的基本原则有：董事会主要参与最终的决策、董事会重点关注社区学院未来的发展、机构成果应由董事会衡量和监控、董事会的行为应由章程规定、董事会的任何决策只能是集体决策的结果、董事会的授权委托给校长执行、董事会的决策最需要考虑学生的学习和学生的成功。

美国社区学院董事会由多元主体构成，体现出利益相关者共治的特点。在董事会的构成上，以美国著名的圣莫尼卡社区学院、霍华德社区学院和亚特兰大技术学院为例，其成员都是由当地知名人士通过竞选选出，既有外部成员，如政府官员、行业企业专家、校友等，又包括学院内部成员教师、学生等，能够直接反映不同代表的利益。董事会成员多元化，能有效避免各利益主体权力寻租，反映市场需求，服务于社会①。具体见表 8－2。

行业企业代表是董事会中的重要成员，一方面能够促进社区学院与行业企业的密切联系，使行业企业代表作为劳动力需求方能及时有效地了解社区学院教学质量、学生学习效果、专业建设情况等内部资料；另一方面开拓了社区学院的办学视野和平台，增强了学院的社会影响力，最终达到了科学治理的目标。将行业企业的真实需求与学院的发展相结合，两者紧密联系在一起，也有效地调动了行业企业参与治理

---

① 罗尧成，肖纲领.高职院校理事会的职能定位与运行机制——美国社区学院董事会的经验借鉴[J].高校教育管理，2016，10(1)：105－110.

的积极性。行业企业代表通过董事会成员的身份参与社区学院的治理,把市场的需求状况和行业企业实际关心的内容通过直接融入学院的治理中,保证了行业企业在社区学院中的决策权,促使学院与行业企业共同发展。

(二)担任学术评议会成员,提供社区学院学术事务咨询建议

除董事会外,学术评议会也是美国高校内部治理的特色组织,为广大学术人员参与学校治理提供了平台。学术评议会是参与学院治理过程的主体,由教师组成,代表教师的权利,其权利和责任由法律赋予,在董事会政策和治理章程中有明确的说明。学术评议会的核心是保障教师在高校决策中的发言权,教师和以校长为代表的校务委员会需要共同分享学术事务中的决策权,避免决策权的过分集中,以学术权力制约行政权力。

学术评议会由学院多部门共同组成,每个部门选出 1~2 名代表,包括课程委员会、远程教育委员会、校园环境委员会、学生事务委员会等,这些部门涉及学校教学事务的多个方面,体现出多部门共治的特征。也有许多社区学院学术评议会的成员是来自行业企业的专家,根据各社区学院学术评议会的建议和企业需要,进行课程设置。具体见表 8-3。

表 8-3 美国三所社区学院学术评议会的基本情况

学院名称	成员数	职能	任期	共治部门	会议时间
圣华金三角洲学院(San Joaquin Delta College)	24	保证学术评议会政策制订与执行的公开性,促进社区参与学术委员会的共同治理,与学术管理者有效合作,定期评估学术项目与学习目标		22 个	每月两次

续　表

学院名称	成员数	职能	任期	共治部门	会议时间
圣莫尼卡学院(Santa Monica College)	32	学术委员会的成员代表学院所有教职员工,负责定期参加学术评议会的活动	1/3 的委员从全职教师中选举产生,每年选举一次,任期三年	26 个	每月两次
亚特兰大技术学院(Atlanta Technical College)	45	向董事会就学术和专业事务提供咨询服务	1/3 的委员从全职教师中选举产生,每年选举一次,任期三年	15 个	每月两次

资料来源:相关内容来自对三所社区学院官方网站相关信息的整理。
圣华金三角洲学院:https://www.deltacollege.edu/org/acadsen/.
圣莫尼卡学院:http://www.smc.edu/ACG/AcademicSenate/Pages/default.aspx.
亚特兰大技术学院:http://www.atlantatech.edu/about/local-board-of-directors.php.

学术评议会作为社区学院的治理主体之一,其职责和权利主要表现在以下方面:一是制订课程设置政策,包括设置成立一门课程需要的先决条件,设置课程的原则;二是有关学位和证书颁布的要求;三是划分学院的各个年级;四是审视学院制定的教育计划的发展;五是制订与学生入校和毕业相关的标准和政策;六是明确教师的角色定位;七是确保教师参与认证的过程,包括自学和年度报告等;八是制订与教师成长相关的活动;九是制订相关项目审查的流程;十是制订制度规划和处理未来预算的走向;十一是处理与学术人员的相关事宜;十二是制订董事会和学术评议会双方都认同的相关学术和专业问题的制度;十三是要考虑教师和学生提交的建议,以及采纳董事会对评议会管理的措施和行动;十四是评议会独立制订自己的运行章程,每月更新一次信息,以便更贴合实际情况和企业需求。

行业企业的人员通过加入学术评议会,能够直接参与社区学院课程、人才培养标准制订、师资选拔等活动，使得学院的专业发展与行业企业需求相一致、促使课程标准与行业标准相协调，专业应用性强，所培养出的人才能够与行业企业同步发展，也能将行业企业的用人信息直接传递到学校，形成紧密的利益共同体。企业根据本身需求，按照社区学院的目标，对接社区学院的项目，满足自身要求，广泛参与到社区学院专业建设的各个方面。同时，社区学院为满足行业企业需求，在专业建设、人才培养、课程设置等方面采取多样化的形式，灵活地与行业企业对接。基于这种共同的利益，行业企业逐步与社区学院建立了深度的伙伴关系，参与社区学院的治理。

（三）加入行业协会，拓宽参与社区学院治理的范围

1. 参与社区学院协会，监督社区学院的运行

美国社区学院协会成立于 1920 年，是非营利性的社会机构，在成立 100 余年的时间里，成为美国社区学院的主要倡导者，紧密的合作伙伴，代表全国社区学院的声音。社区学院协会的董事由来自各个社区学院的校长、副校长组成。社区学院协会与各个社区学院之间不是管理与被管理的关系，是各个社区学院保持联系的平台。协会主要工作内容包括：研究和拟定职业教育的方针政策、发展规划；起草相关法律法规，提出制定和修改建议；为社区学院发展争取经费支持；代表社区学院在政治活动中发表观点，负责与政府沟通；为社区学院提供培训；进行研究调查并公开发布报告；举办社区学院之间的联合会议，保持各社区学院之间的联系等。

美国社区学院协会 8 名执行委员全部来自不同的社区学院，代表学校的利益，协会的 9 位高级成员中有 2 位是行业企业代表，代表行业企业的立场，传递行业企业的信息。社区学院协会作为一个有效的沟通平台，与政府相关部门紧密合作，在国家层面宣传社区学院，影响政府制定政策、研究教育政策、开发市场、寻求政策支持等；与行业企业深度融合，提供行业企业的信息，创造行业企业与社区学院之间的交流机

会,直接推动了行业企业参与社区学院治理的有效开展,并且在这个平台中,行业企业能够更好地发挥监督作用,对社区学院的教学质量进行监督和控制。

2. 加入行业协会,参与社区学院专业标准的建设

美国行业协会在职业教育领域发挥了无法取代的作用:研究行业发展战略,制定行业发展规划,协调同行业企业间的关系,是职业资格标准的制订者;为企业与社区学院提供支持并参与制订审核标准,组织实施认证活动。行业协会代表也会参与社区学院治理,将行业发展情况、市场需求状况反馈给社区学院,社区学院以行业协会提供的资料为重要依据,及时调整教学。

以美国全国雇主领导者委员会(NELC)为例,该协会由经济发展委员会、企业协会、商会成员、全国制造协会组成,是一个工商联盟组织,其主要目标是增强企业参与职业教育的程度。该委员会由企业、商会、教师、学生、家长共同合作,通过提供综合性的平台保障教育改革的质量。又如美国门罗社区学院(MCC),该学院与得克萨斯州的劳动力协调委员会、小企业发展商会等组织形成了合作伙伴关系。其中,劳动力协调委员会不以营利为目的,享受免税待遇,大部分成员来自私营企业,成员主要由州长指定。这样一来,这些企业就能及时提供当前企业的生产经营状况及劳动力需求状况。劳动力协调委员会主要是协调雇主和雇员两种群体的关系,因此该委员会需要及时与社区学院取得联系,把握信息资源。

总之,行业协会在促进行业企业参与社区学院治理方面发挥了重要作用,拓宽了行业企业参与的范围,使行业企业获取更多的信息资源,以行业协会为平台直接促进了美国社区学院人才培养质量的提升。在彼此合作的过程中,合作平台的建设、行业企业与社区学院的有效对接、行业协会以及行业标准的推行等内容,值得我国高职教育在改革中借鉴参考。

社区学院在整个教学过程中与行业企业密切联系，以服务当地社区发展和满足当地民众生活需求为目标，并以此为依托进行专业设置、确定课程内容，保证了课程设置的有效性和适应性，避免了与教学和生产实践脱节的问题，这些是社区学院不断发展的关键。行业企业参与社区学院的治理，涉及学院内部管理、学科专业设置、课程标准建设、教学活动安排、教学质量评价等方面的内容。因此，社区学院能够运用行业企业的社会资源和技术条件，适应社会发展对技术更新的要求，培养符合行业企业需要的学生。

通过对行业企业参与美国社区学院治理的特点的总结分析，发现其治理切实有效，注重政策法规的激励性、保证运行机制的科学性和确保组织平台的多样性等。行业企业参与美国社区学院的治理，角色清晰、责权利一致，形成“共治”的治理模式，这些治理经验值得我国高职院校借鉴学习。

第三节　德国“双元制”职业教育模式治理的经验

德国职业教育体系一直被认为是促进德国经济发展的一颗璀璨明珠，也被认为是德国多元化生产模式成功的关键因素。德国的“双元制”教育制度是德国制造业在国际市场上保持竞争力的重要因素，这种理论与实践相结合的教育模式为德国劳动力市场不断地输入人才。“双元制”教育模式的特点包括以下几个方面：一是双元运行。一元是企业，一元是学校，企业起主导作用，从经费投入、培训过程到考核鉴定，都强调企业主体。二是双身份培训。初高中学生毕业后，可以到企业应聘，签订书面培训合同，由企业派到职业学校学习。签订合同的学生既是企业学徒，又是学校学生，学制一般为 2～3 年，企业培训时间约占总学时的70％～80％，学生学徒还可获得工资，一般为正式工人的20％～30％。三是双师教学。在企业实施技能培训的教师称为培训导师，企业员工具备一定的资格才能成为培训导师；在职业学校教授文化课和专业实训课的称为教师，职业学校教师为国家公务员，具备教学能力和行业经验。四是双证毕业。按照《职业培训法》，行业协会组织全国统一结业考试，通过考试的学生获得全国通用的行业证书。同时，职业学校对学生进行考核并出具证书。两种证书保证了能力评估标准的全国统一性，又多方考察了学生学徒的知识和技能。五是双层衔接。职业教育和高等教育有机衔接，构建职业和学业发展立交桥，完成"双元制"职业教育的学生可选择继续深造，获得大学文凭，也可以参加职业培训以获得职业经历和工作经验。① 以德国为代表的"双元制"职业教育治理模式运行效率很高，与政府、行业企业高度参与职业教育的治理密不可分。

一、政府参与"双元制"职业教育治理的运行方式

德国"双元制"职业教育全球闻名，实行一种"多元合作、企业主导、外部支撑"的办学体制。政府作为外部支撑的重要力量，主要是从立法、经费、监管考核三个方面参与职业教育的治理。

（一）完善法律保障

德国职业教育立法完备，从20世纪50年代至今，在立法、司法、行政和社会监督等方面，真正实现了有法可依、违法必究、健康有序的发展。德国的职业教育在学校名称、培养目标、专业设置、学制长短、办学条件、经费来源、教师资格、考试办法和管理制度等各方面，都有明确且具体的要求；同时，德国政府还设立了一套包括立法监督、司法监督、行

① 杨雁.德国"双元制"教育的政府主导机制研究[J].教育评论，2014(02)：165－167.

政监督和社会监督在内的职业教育实施监督系统，以法律的形式保障了职业教育的管理和运行，促进了职业教育健康有序的发展。

在职业教育的立法方面，除了有联邦法律之外，各州（省）也有针对本地区的具体法规，对校企合作各利益主体的权利和义务进行了明确的界定，为校企合作的健康发展奠定了良好的法制基础。如德国政府制定了《职业培训法》《青年劳动保护法》《劳动促进法》和《手工业条例》等法律法规来调整校企合作中的多方关系，对企业、学校、学生三者的义务、责任都做了明确规定。根据德国 1969 年颁布的《职业培训法》，凡涉及整个联邦的企业职业培训的法律、条例、方针和政策，均由联邦教育研究部和联邦经济就业部制定，而各行业职业培训的具体工作则由各地区行业协会主管。德国各相关部门、行业和地方出台了配套的具有法律效力的条例或实施办法，如《实训教师资格条例》《考试条例》等。

1969 年，德国国家大法《职业培训法》由联邦教育研究部和联邦经济就业部联合颁布，确立了国家对职业教育的调控权。2005 年修订的《职业培训法》更加明确了政府主导下的企业主体地位：符合《职业培训法》规定的企业才有资格提供培训；企业培训由联邦政府主管，必须遵守联邦政府制定的全国统一的企业培训规章条例；培训职业必须是《职业培训法》所规定的、全国统一的、国家认可的；职业名称、培训时间（三个月到两年）、课程大纲、技能和知识、组织准则以及考试标准等都有法可依，覆盖各种职业岗位群；学徒须与企业签订培训合同，合同的形式、内容以及双方的责任、义务都以法律形式确定下来，并受《劳动法》约束；企业必须给学徒培训生工资补贴，补贴每年增长一次，加班必须支付加班费；企业培训导师必须具备行业资格证书和一定的教学经验；各州政府监管下的行业协会负责监督、审查和考核职业教育全过程。

（二）提供经费投入

德国“双元制”职业教育的发展，离不开企业与政府对职业教育的共同投入，其主要经费来源是政府的拨款和企业的主动投资。德国的企业愿意为发展“双元制”职业教育投入培训经费，而国家和各级政府承担职业学校的各项费用。不仅如此，政府还专门拨款，支持“双元制”职业教育中的主管企业培训的各种行业协会，为德国职业教育的发展提供有力支持①。每年联邦政府、各州政府和市政府以及联邦就业服务中心花费约 920 亿欧元（大约占国内生产总值的 4.1%）用于教育，花费约 72 亿欧元（大约占教育支出的 7.9%）用于“双元制”职业培训。

政府为支持行业协会管理的企业培训或跨企业培训，还提供场所、网络建设、培训机构建立等补贴，使他们履行职业培训的任务。培训一个学生平均每年需要投入 1.7 万欧元，按三年计算共需 5 万多欧元，培训经费较高。学生进入职业学校学习是免费的，德国各级政府对职业学校的经费投入分级负责。如州政府负责公立职业学校教师的工资或养老金；地方政府或机构负责校舍维修、设备、管理费用及管理人员的报酬等，州政府也会给予经费补助。对于私立职业学校，州政府给予业务以及人事经费的补贴等。

德国政府还规定，在市场条件许可的情况下，企业培训经费可计入产品成本。企业可以从学徒在受训期间创造的部分价值中收回培训费。2000 年企业培训成本为 13 933 欧元/人，减去每个员工的培训收益 7 900 欧元，人均培训净成本平均约为 6 033 欧元，2007 年降低到 3 596欧元。德国的职业教育经费的“双元制”投入，极大推动“双元制”职业教育的发展，并深深影响世界各国的职业教育发展②。“双元制”体系中的职业学校全部由国家开办，从设备投入到师资、福利、待遇都由国家财政负担，教师享受公务员待遇，依照公共教育法，学校职业培训由各州的教育和文化事务部管理，按照各州专家委员会撰写的，由联

---

① 崔源，张磊.德国“双元制”职业教育模式的应用与创新[J].产业与科技论坛，2014，13(10)：171 - 172.

② 马宇.德国“双元制”职业教育发展特点新论[J].教育评论，2012(06)：150 - 152.

邦教育研究部依法颁布的课程框架组织教学。

（三）组织监管考核

德国现有160多万家企业，其中近1/3的企业参与职业教育，而且这些企业必须经过政府的相关资质认证后，才有资格参与职业教育。德国职业教育质量指标体系的研制和实施，为国际职业教育质量保障与发展树立了典范。以质量指标体系为依据，帮助德国政府从职业教育各层级和运行环节全面有效地实施教育质量监控与评价，为职业教育宏观管理提供了极具操作性的标准，充分发挥了政府统筹与监督作用；建立了以职业教育质量保障为目标、政府联席会议制度为载体、各级管理部门密切配合、社会各方共同参与的职业教育协同机制。以质量评价常态化为重要手段，增强了相关机构的质量保障意识，有力地促进了机构基础能力建设①。通过过程性监督与评价，使教学质量、教师专业化水平和学生职业能力获得明显提升，这一点从近年德国企业对毕业生工作能力满意度等调查结果呈持续上升趋势得到有力印证。德国政府对职业教育各个环节都有明确规定和统一标准，有效干预和监管，突出政府主导地位。

首先，联邦教育研究部是联邦政府负责指导与协调职业培训的国家主管部门，负责职业培训的立法工作。联邦职业培训研究院委员会是德国职业培训的重要机构，由雇主协会、员工协会、联邦政府与各州政府组成，定期召开会议，其主要任务包括：研究劳动力市场需求，向联邦政府提出职业培训方面的建议；每年在官方网站上发布职业培训报告。

其次，各州教育和文化事务部长常务会议，由州部长和参议员组成，其使命是促成各州和联邦政府之间的合作——联邦政府分管企业的职业培训，各州政府负责学校的职业培训。各州的职业培训委员会由雇主

① DIETMAR F. Qualität und qualitätsentwicklung in der dualen berufsausbildung in Deutschland［R］. Bottrop：Gesellschaft für innovative Beschäftigungsförderung mbH，2013：12－20，24－26.

代表、雇员代表和州政府相关工作人员组成，负责向州政府提建议，促进校企合作及学校职业培训的整体发展。职业学校的布局和专业设置由州政府合理规划、错位发展，避免同质化。一所职业学校一般只有2～3大类专业，同一区域内的所有职业学校几乎没有相同的专业。

二、企业参与“双元制”职业教育治理的运行方式

德国“双元制”职业教育办学体制是一种企业主导的体制，从办学本身来讲，在企业培训和职业学校教育中，企业培训居主导地位。从教学时间分配来看，企业培训占2/3，学校理论学习只占1/3。这说明，企业支配了绝大部分培训时间。从经费投入上看，企业的经费投入占70％左右。也就是说，企业承担了大部分职业教育经费[①]。具体来说，德国企业参与职业教育治理，具有以下特征：

（一）参与制定职业教育实训计划

德国企业实训系统包括直接在劳动岗位上的培训、在手工劳动部门“训练工场”中的培训、在机器生产部门“训练车间”中的培训，以及在某些事务部门“训练办公室”中的培训等。除劳动岗位以外的这些场所，一般都把它们称为训练工场。其设立目的，是确保学徒训练顺利实现预定的目标，通过系统的训练，使他们能获得基本的、全面的职业知识和职业技能。

企业必须按照国家规定的训练章程出发，为每个受训者制订训练的计划。企业的个人训练计划由两个局部计划组成。一是时间分配和升级计划，二是教导计划。前者保证企业训练的完美性和计划性，它说明训练职业“蓝图”规定的学习内容中，哪些内容在哪些企业内或者跨企业学习场所，在什么样的时间范围里按什么样的顺序加以介绍。后者保证

① 梁卿.德国双元制职业教育办学体制及其启示[J].职业技术教育，2016，37(04)：76－79.

企业里专业训练和跨企业训练的质量。它说明按训练总纲计划规定的学习内容和目的中，哪些专门涉及知识介绍，哪些涉及技巧训练，以及借助什么样的教导方法，能够把职业的内容转化为学习的内容。

（二）提供经费资助

除了政府对“双元制”职业教育的直接拨款，德国企业也乐于资助“双元制”职业教育。这种资助出于两点原因：一是优良的合作历史传统。无论是“职业学校”诞生之初的20世纪20年代，还是“双元制”职业教育体系逐渐形成的20世纪60、70年代，企业负责为职业教育提供办学经费，都是企业积极参与职业教育在经济方面的重要体现。二是企业自身的利益需要。企业积极资助与参与教育事业，会给企业赢得良好的社会声誉，扩大企业的知名度与社会影响力，同时获得国家给予企业的经费补贴，还能优先录用自己培训出来的员工，获得高质量的后备力量。

德国企业资助职业教育以两种模式实现。其一为企业直接资助。为考核一家企业是否具备参与和投资“双元制”职业教育体系，并成为其中的一元，相关行业协会会对企业进行办学资质的审查，只有经过审查的企业，才有机会投资“双元制”职业教育并成为办学的主体①。其二为以基金形式设立的集资资助。其中以企业对双元制职业教育的直接资助为企业资助的主要模式。另外，直接资助“双元制”职业教育的企业多为实力雄厚的大中型企业，而中小型企业投资职业教育的热情不高。原因主要在于大中型企业有经济能力去承担职业培训的费用，并提供良好的培训环境②。虽然企业为培养一名职业学院的学生需要不少花费，但企业仍把职业学院的培养途径看作是费用优惠的人才获取措施。职业学院成立理事会或董事会，该组织中有来自出资企业的代表，其主要职能是监督学校经费的使用情况。

① 张小雷.中德企业参与职业教育的比较研究[D].大连：辽宁师范大学，2008：14.
② 黄日强.德国职业教育经费的主要来源[J].世界教育信息，2006(10)：37－39，64.

（三）负责招收学生

德国职业教育的招生工作由企业承担。德国培训企业每年都会根据生产计划、生产组织结构的变化，新产品的开发和新工艺的采用等各方面因素，制订本年度培训生的招生计划。德国职业学校不向社会直接招生，也不与企业直接联系，而是由企业招收培训生，提出申请，由州文教部统一调配去职业学校学习，若专业不对口，企业也可以拒绝，本州没有的专业可由地方政府出资送受训者另地就读①。德国企业招生对象主要为结束普通学校义务教育的各类学校毕业学生。在义务教育阶段结束之前，大多数青少年已在为获取培训岗位而努力。他们通过各种渠道了解有关培训岗位的信息，并根据自身的特点和兴趣向相关企业提出申请，培训企业在对申请者的材料进行审查后，进行从业能力测试和获得印象的谈话，了解申请者的技术理解力以及动手动脑能力②。在谈话中通过根据系统设定的或者视情况而定的行为，观察涉及对报名者接受事务的敏感性、交际能力、表达能力、理解能力、随机应变的能力等的评价。测试和评价的结果决定报名者是否被录用，被录用的学生与培训企业签订培训合同正式成为企业的学徒，然后才能寻找对口的职业学校。

第四节 澳大利亚政府和行业企业参与职业教育治理的举措

澳大利亚职业教育起源于 19 世纪中后期，被称为技术教育(Technical Education，TE)，当时出现了一些为提高澳大利亚劳动力的技能而开设的矿业学校、技工学校、工人学校等。1973 年 3 月，澳大利亚技

---

① 夏成满.德国双元制职业教育制度及其启示[J].江苏高教，2005(01)：24－27.

② 黄日强，黄勇明.德国企业参与职业教育初探[J].外国教育研究，2005(08)：74－77.

术与继续教育委员会成立。从此，技术教育被称为技术和继续教育(Technical and Further Education，TAFE)。1974 年，坎甘(Kangan)在《TAFE 在澳大利亚：技术和继续教育的需要》报告里，对 TAFE 体系的内容和使命进行了论述，认为"TAFE 是描述所有有组织的和连续的课程(Programs)，设计这些课程的目的是传授以职业为导向的知识，并且开发个人的理解力和技能"，并明确提出"TAFE 应该包括所有具有职业目的的教育课程和那些被人们称为成人教育的内容"。他还提出终身教育理念，即要联结普通教育和职业教育并创建"通道"等，这为 TAFE 学院的发展提供了框架基础，也为高等职业教育的发展指明了方向①。

20 世纪 90 年代以来，澳大利亚在职业教育方面不断进行探索和改革，建立了"国家培训框架体系"，在学校引入了职业教育与培训，开发了"培训包"。近年来，澳大利亚习惯把职业教育称为 VET(Vocational Education and Training，职业教育和培训)。这一系列的新举措，使得其职业教育在全球成为最先进的国家之一，其中，政府和行业企业参与高职院校治理，是澳大利亚职业教育体制最鲜明的特色。

一、政府参与职业教育治理的运行方式

20 世纪 90 年代以后，澳大利亚联邦政府与州政府进行了更多有效的合作和沟通，这种合作克服了由各州自行掌握职业教育控制权的弊端，联邦政府日益发挥调控与整合的作用，这为推动职业教育的发展和校企深度合作提供了巨大的推动力②。

---

① 刘育锋.从重要报告看澳大利亚职业教育与培训发展轨迹[J].中国职业技术教育，2003(24)：18－19，31.

② KNIGHT B，MLOTKOWSKI P. An overview of vocational education and training in Australia and its links to the labour market. Adelaide：National Centre for Vocational Education Research，2009.

（一）提供法律保障

澳大利亚以法律的形式，规定国家、行业企业和职业教育与培训的提供者参与职业教育的权利、责任和义务，并建立一套监督系统，使行业企业参与职业教育有法可依，违法必究，是行业企业参与职业教育重要的动力和保障。澳大利亚政府在 1990 年 7 月颁布了《培训保障法》，该法规定年收入在 22.6 万澳元，折合人民币约 113 万以上的雇主，应将工资预算的 1%用于其员工进行资格培训，1991 年 6 月以后比例上调至 1.5%。凡是这项费用未达到最低标准的雇主，必须依法向国家培训保障机构缴付其差额。这些相关法律的不断完善，使行业企业参与职业教育的行为有法可依，使企业与学校和培训机构的合作更加规范。

1995 年，联邦政府发布了《澳大利亚资格框架》(*Australian Qualifications Framework*，AQF)。该框架明确了澳大利亚社会职业资格体系及类型，尤其是明确了不同职业、不同岗位对应的任职资格。与此同时，该框架还设置了严格的职业资格准入制度，将职业资格与社会成员的职业发展紧密相连。这样的制度设计为教育介入职业培训提供了可能，也确保了不同职业基本的人力资源质量。

《澳大利亚资格框架》从资格证书来讲主要包括证书、文凭和高级文凭三类。其中证书分四级，前两级属于入门性的证书，证书获得者可申请相关行业的初级工作；三级证书则属于较高级的证书，证书获得者可申请从事相关行业的中级管理者；而四级证书获得者则可从事经理级别的管理。文凭和高级文凭证书需要在获得四级证书的基础上，开展相关学习方可获得，其从事的则是更高级的管理工作。澳大利亚的资格框架规定具有前后衔接性，只有先取得低级的证书，才能获得更高级别的证书。另外，资格框架也规定，获得一定级别的资格证书后，必须有相关证书的工作经历后，方可申请更高级别的资格证书，以此促进资格证书与实践经验的有机结合，确保资格证书的有效性①。

资格证书的取得必须经过相关培训机构的培训。这些培训机构既包括公立培训机构也包括私立培训机构，两类机构共同构成了澳大利亚的职业与继续教育体系。由此可见，澳大利亚职业教育体系主要承担了职业资格培训的任务，是一种典型的职业培训机构，政府通过制定政策法规为职业技术教育提供了法律保障，从而从宏观层面参与了职业教育的治理。

（二）组织机构保障

行业企业参与职业教育需要组织机制和平台。澳大利亚国家职业教育研究中心报告指出，行业能够影响职业教育政策和发展方向的关键点在于组织体系②。为使国家职业教育与培训的主管部门能够最快了解行业需求，并及时进行政策调整，保证行业界与职业教育的信息畅通，澳大利亚在职业教育与培训部长委员会（Ministerial Council for Vocational and Technical Education，MCVTE）下设国家行业技能委员会（National Industry Skills Committee，NISC）和国家质量委员会。其中，国家行业技能委员会 9 名成员均为联邦政府及州和领地一级的行业和行业组织的代表，其职责是就职业教育与培训相关的事宜向职业技术教育部部长委员会提供决策咨询，包括就业计划、未来培训需求、企业与政府间的合作方式等③。2006 年 3 月，澳大利亚国家质量委员会（National Quality Committee，NQC）宣布成立，其成员由职业教育提供者、行业和工会代表组成，职责是负责职业教育与培训的质量监控，以及制定澳大利亚培训质量考核标准（包括培训机构注册标准和审

① 王晓华.澳大利亚职业教育制度设计及启示[J].清华大学教育研究，2011，32(01)：120－124.

② SCHOFIELD K. An industry-led system：issues for policy，practice and practitioners-issues for policy[J]. OVAL research working paper. 02－03.

③ 张斌.比较视阈下企业参与校企合作的激励与保障机制研究[J].职教通讯，2014(13)：51－55.

核标准)。另外,澳大利亚还通过11个具体的行业技能委员会(Industry Skills Councils),从不同的行业背景出发,研究企事业单位对职业岗位技能的客观需要,为职业教育的改革发展提供咨询意见。行业技能委员会的主要职能是收集准确的未来就业情报,向职业教育机构和政府提供有关行业技能和培训需求的信息,积极支持发展、实施和不断改进培训包。此外,在其他职能机构中,也有来自行业企业的代表①。

澳大利亚联邦政府还联合行业出台了一个保证职业资格培训质量的文件体系,即《澳大利亚培训质量框架》(The Australian Quality Training Framework,AQTF),该质量框架体系对每一个职业资格的技能标准给予了明确的规定,对各职业资格的考核点和评价方式也进行了详细的说明与规定。因此,该质量框架对确保各州培训质量标准的统一具有非常重要的作用,使受教育者获得的职业资格证书打破了过去的地域和州的限制,而具有了全国通用性。这在很大程度上保证了职业资格的基本水准,避免了各地继续教育机构因对资格证书的理解或培训水平不同,而导致的资格证书质量参差不齐的现象②。同时,《澳大利亚培训质量框架》还发挥着最权威且唯一评价标准的功能。对于全澳大利亚所有的培训机构来说,无论是公立的职业与继续教育学院,还是私立的培训机构,在进行职业资格培训时都必须遵循该质量框架,学生获得相应职业资格也需要符合质量框架的要求。在很大程度上,《澳大利亚培训质量框架》成了澳大利亚职业教育的核心标准,所有培训机构职业资格证书培训教育的开展,都必须遵循这一标准。

---

① 李敏.澳大利亚行业企业参与职业教育与培训的政策和机制[J].中国职业技术教育,2009(24):51-54.

② 王晓华.澳大利亚职业教育制度设计及启示[J].清华大学教育研究,2011,32(01):120-124.

（三）提供经费保障

澳大利亚职业教育的经费来源于政府拨款、企业投资和个人投入等多种渠道，政府拨款是澳大利亚职业教育经费的重要来源①。澳大利亚政府通常是通过法律规定的方式筹措职业教育经费。例如，根据《宪法》的规定，澳大利亚全国六个州和两个领地的政府，对各自的教育与培训负主要责任，包括职业教育与培训在内的教育立法、管理州和领地范围内的所有 TAFE 学院，以及为职业教育的运行和发展提供资金。根据 1988 年颁布的《就业、教育与培训法》的规定，澳大利亚设立了“国家就业、教育与培训委员会”以及其他四个理事会，即学校理事会、高等教育理事会、就业与技术结构理事会和澳大利亚科学研究理事会，负责为政府官员制定有关教育方面的政策、进行财政拨款提供信息和咨询建议。根据 1990 年颁布的《培训保障法》的规定，年收入 22.6 亿澳元以上的雇主应将工资预算的 1.5%用于对其员工进行职业资格培训。在澳大利亚全民法制意识较强的情况下，该国雇主们对《培训保障法》的这一规定是严格执行的。据澳大利亚有关方面的抽样调查，1990—1991 年度大约有 97%的雇主执行了这一规定。这些雇主用于职业培训的开支约为 36 亿澳元，约占其年度雇员工资总额的 2.6%。该国《培训保障法(修正案)》规定，免除在执行该法中表现突出者的费用，条件是它们能够证明自己在职业资格培训上的开支达到其年度雇员工资总额的 5%或更多②。

拨款途径是由学院向政府购买教育培训任务，并且保质保量完成培训，否则要将相应的资金还给政府。政府对各类培训机构的教学质量评估和经费拨款，仅以劳动力市场的就业率和行业部门的满

① 黄日强，胡淑坤，赵函.政府拨款：澳大利亚职业教育经费的重要来源[J].职教通讯，2010(01)：51－54.

② CLARK D C. Human Capital theory: individual and government decision making in education investment[M]. 2000：124－125.

意率为标准。就业率低于65%的培训机构将不能得到当年拨款和下一年度培训项目,连续几年就业率没有达标的培训机构,将会面临破产。学院自筹资金部分包括学费、管理费以及为企业开展各类服务的收入,盈利部分不纳税。对于私立职业教育机构,资金来源主要分为两部分:非政府资助和政府资助。每年澳大利亚政府将20%的政府资助项目公开招标,由各类私立与国立职业教育学院与机构进行竞标①。

二、行业企业参与职业教育治理的运行方式

(一) 参与职业教育的行政管理和宏观决策

1992年,澳大利亚成立国家培训署(Australian National Training Authority,ANTA),它是澳大利亚职业教育与培训体系的中央协调机构,对全国职业教育与培训进行宏观管理,保证了职业教育和培训的内容符合国内、国际产业界对知识和技能的最新要求,达到国际规定的资格水平,以及所获证书的权威性和通用性,它也代表联邦政府管理技术和继续教育(TAFE)学院。其成员由政府、行业企业、教育界的代表组成,7名成员中有5名来自本国的支柱行业。

2005年,国家行业技能小组(National Industry Skills Group,NISG)取代国家培训署董事会,其成员是联邦政府及行业企业代表组成,行业企业代表占了2/3,更加突出了行业企业在职业教育中具有发言权的特点。行业技能委员会是澳大利亚行业企业参与职业教育的主要机构,其成员由来自联邦以及负责职业教育与培训事务的官员、行业、工会代表组成,他们从不同行业背景出发,研究企业对职业技能的

---

① 邱国丹,黄雪英.试论澳大利亚职业教育中的政府作用——论实质性政府干预对中国职业教育发展的重要性[J].黑龙江高教研究,2008(11):69-71.

需要，为职业教育与培训的改革发展提供咨询意见。行业技能委员会的作用包括联系企业，协调政府与企业、企业与学院之间的关系，为政府和学院提供企业的需求信息，向企业宣传政府政策，把学院的教育培训推荐给企业等，在职业教育与培训适应就业形势、满足行业需求、争取经费投入以及为企业发展服务等重大问题的宏观决策方面产生了重要影响。

此外，澳大利亚行业协会还直接参与到职业院校的管理与决策中。职业院校的董事会有很大的权力，其成员也是来自企业一线的资深专家，他们对学校办学规模、基地计划、教育产品开发、人事安排、经费筹措等方面发挥了管理和决策功能①。

（二）参与国家能力标准制定和职业资格框架构建

行业企业积极参与国家能力标准的制定、开发和体系的构建。每个行业的国家能力标准是由相关行业的能力标准委员会来确立的。该委员会由来自企业以及政府的成员组成。它负责开发并向国家培训局报批能力标准，并负责随市场需求变化加以改变。开发的细则和政策由行业代表为主组成的国家培训局制定。能力标准有一个共同的表述格式，以确保一致性和全面性；能力标准的实施主要是通过行业组织制定的能力标准和资格证书为依据而设置的课程来完成。行业协会也参与国家资格框架的构建。

行业企业对职业培训机构认证框架的参与。澳大利亚职业培训机构认证框架（Registered Training Organization，RTO），是对各培训机构进行管理和评估的框架。澳大利亚所有的培训机构，无论公立还是私立，都必须经过联邦和各州的培训机构资格认证，该认证主要对机构的师资队伍、培训资源和条件，以及机构管理等方面进行评估，以此确

① 邓志军.澳大利亚行业协会参与职业教育的主要举措[J].职教通讯，2010(08)：47-51.

保培训机构的规范性和合法性。这种认证除培训机构成立时要进行认证外,培训机构每年都需要向有关认证部门上报相关材料,每三年进行重新登记和认证①。只有通过认证才具有从事培训业务的资格,否则培训机构的办学行为将被视为非法。该框架为确保培训质量提供了必要的制度支持,从培训机构这一源头上保证了培训的有效性和规范性。

行业企业对职业教育培训包的参与。培训包(Training Package)是由联邦政府组织,由澳大利亚 11 个行业协会和澳大利亚职业与继续教育机构共同制定的培训内容体系纲要,针对不同类型和等级的职业资格证书,出台相应的培训包。在此意义上,培训包实际上是各职业资格证书培训的指南性文件。在培训包中,对各职业资格证书所指向的岗位能力、技能要求和掌握程度等都进行了较为详细的说明,对该证书的考核要求也有明确的要求。各培训机构在实施具体培训前,需要按照培训包的要求组织相关人员,结合所在地区行业或学生的特点进行培训内容的二次开发,将培训包的框架性要求转化为具体的教学内容。培训包很好地解决了学校与行业需求的结合问题,很好地解决了课程教材开发的依据与标准问题。通过对培训包的二次开发,也很好地将国家标准与地区和机构差异结合起来,体现出原则的统一性与实施灵活性的有机结合。

(三) 参与职业教育的专业调整和课程开发

澳大利亚职业教育的专业设置完全根据市场需求,根据行业组织对人才数量及能力要求预测,由地方教育部门和行业组织审核确定。在国家培训局的协调下,澳大利亚的全国性行业培训咨询组织进行本行业的就业预测和职业分析,通过预测的数据和制定的能力标准,向 TAFE 学院和其他教育培训机构提供专业设置的依据。为确保培养的

---

① 王晓华.澳大利亚职业教育制度设计及启示[J].清华大学教育研究,2011,32(1):120-124.

学生符合劳务市场的要求，澳大利亚政府对 TAFE 学院的专业设置进行严格的审批管理，学院能否开设一个专业，需要经过地方教育部门和行业组织的严格审批。

课程的设置也是以行业协会制定的能力标准和国家统一的证书制度为依据，并根据劳动力市场变化来调整。澳大利亚职业教育提供的课程以实用课程为主，由行业培训顾问委员会制定，经国家培训局批准后颁发的培训包为依据。为确保 TAFE 学院课程开发达到标准，每一所学院都设有一个由行业专家组成的课程开发小组，负责学院新课程的开发和课程标准的制定。行业协会对职业教育课程的广泛参与，促使澳大利亚职业教育的专业调整和课程开发更具灵活性、规范性和市场性，也使得职业学校培养出来的学生能够直接上岗，与企业无缝对接。

（四）参与职业教育教学过程的组织与实施

澳大利亚行业协会积极参与职业院校的教学、实习及教学条件的改善。教学专家和行业专家共同组成教育专家委员会，进行教学研究、提出教学建议和咨询、进行专业设置和课程设计、评价教学效果。课堂教学注意调动学生学习的积极性，注重理论与企业实践相结合，强调学生分析、解决企业具体实际问题的能力。教学内容反映企业需求，联系企业实际，并根据行业协会制定的职业能力标准进行教学质量评价。教学实习也受到行业协会的重视，许多行业企业与职业院校签订合作合同，企业接受职业学院的学生来实习，利用企业的车间、基地、技术等为职业院校的实践课和实习提供条件。行业协会还定期对学校的教学质量进行评估，针对行业雇主开展职业教育与培训满意度调查。

（五）参与职业教育师资队伍建设

澳大利亚职业教育的师资队伍主要由专职教师和兼职教师组成。兼职教师主要来源于行业的专业技术人员。专职教师除了必须具备教师资格证书、相应的学历、学位和教学能力外，还必须具备 3～5 年在企业的工作经历，这是教师的招聘标准。新招聘的教师在从事教学工作的同时，还需要到大学教育学院进修，由学院资助取得教师资格证书。教师应聘后，也是有关专业协会的成员，参加行业协会的活动，接受新的专业知识和技能。他们不仅拥有扎实的专业知识、丰富的实践经验，还能把企业的生产、经营、管理及技术等方面的最新情况与学生所学内容紧密结合，及时传授给学生，真正做到理论联系实际。

第九章
高职院校现代教育治理体系建设的多元主体参与实践

在多元主体参与高职院校现代教育治理体系方面，政府、行业企业、教师、学生，作为最重要的四个主体，其参与治理均已形成了一定的具有代表性的模式。梳理、总结这些典型模式，可为高职院校的现代教育治理实践提供参考和借鉴。

第一节　政府参与高职院校治理的典型模式

提升政府参与高职院校治理的能力，是新时代办好人民满意的高等职业教育的必然要求。在促进高等职业教育改革发展方面，政府的作用主要是宏观调控，总量平衡，结构调整，监督和引导，制定特定的政策、法律，并采取一定的措施来推动高职院校围绕区域和国家经济社会发展办学，从而取得宏观的经济效益和社会效益。当前，政府在参与高职院校治理的过程中，形成了宏观指导、财政支持、监督评价三种主要模式，通过上述模式，实现对高职院校办学的权责分配与制度安排。

一、宏观指导模式

政府参与的宏观指导模式，是指政府部门为促进高等职业教育健康有序发展，运用宏观教育发展战略和政策，对高等职业教育从总量和结构上进行调节、控制，对高职院校的改革发展进行引导、规范，从而参与高职院校治理的一种模式。

在依法治国的背景下，高职院校的教学、科研、社会服务及国际交流与合作职能的发挥，离不开良好的法律环境和政策环境等宏观指导。一方面，建立健全相关的法律体系，是政府依法参与高职院校治理的前提①。另一方面，政府的宏观指导有利于明确其管理职责和权限，推进"全能政府"向"有限政府"转变，加快推进高职院校治理体系和治理能力现代化。当前，政府参与高职院校治理的宏观指导模式主要体现在如下三个方面：

一是制定法律法规。法律是高等职业教育运行的基本保障。1996年颁布施行的《中华人民共和国职业教育法》作为职业教育领域的基本法，对于推进我国职业教育制度体系建立，促进职业教育实践发展起到了巨大的推动作用②。地方教育立法是教育法律体系的重要组成部分，是国家教育法律的必要补充。结合地方教育实际，充分运用地方立法权进行地方教育立法是解决教育实践问题的积极思路③。在制定法律法规方面，国务院在2014年出台的《国务院关于加快发展现代职业教育的决定》(国发〔2014〕19号)，2019年颁布的《国务院关于印发国家职业教育改革实施方案的通知》(国发〔2019〕4号)等，对推进高等职业教育改革及现代化发

---

① 董仁忠.实现高等职业教育依法治理的基本条件——从依法治教现状谈起[J].职业技术教育，2011(13)：5－9.

② 张晓冬，史京娇.我国《中华人民共和国职业教育法》：现实问题与完善展望[J].职业技术教育，2018(30)：25－29.

③ 霍艳梅，郭彬，霍炳宇.地方教育立法的现状与思考[J].河北师范大学学报(教育科学版)，2009(12)：27－30.

展有着重要意义，为高等职业教育制度体系构建提供了充分的法律保障。

二是制定发展规划。规划是高等职业教育体系建设的基本导向。教育部于2014年出台的《现代职业教育体系建设规划（2014—2020年）》（教发〔2014〕6号）、2015年印发的《职业院校管理水平提升行动计划（2015—2018年）》（教职成〔2015〕7号）、2015年印发的《关于印发高等职业教育创新发展行动计划（2015—2018年）的通知》（教职成〔2015〕9号）等职业教育规划，以及2010年印发的《国家中长期教育改革和发展规划纲要（2010—2020年）》、2019年印发的《中国教育现代化2035》等教育发展规划涉及的高等职业教育条款，均为高职院校明确发展方向，开展相应的改革提供了规划指引。

三是出台政策文件。政策是建设优质高职院校和提升高职院校治理水平的规范、保障。除了法律法规和发展规划，政府有关部门对于高等职业教育的宏观指导，还包括出台相关的政策文件。如教育部2015年印发的《关于深入推进教育管办评分离促进政府职能转变的若干意见》（教政法〔2015〕5号），2018年印发的《职业学校校企合作促进办法》（教职成〔2018〕1号），分别为高职院校依法自主办学，实现校企合作办学，不断深化内涵建设提供了良好的政策与环境保障。

在宏观指导的法律方面，浙江宁波地区较为典型，该地区通过强化地方法律法规建设，对高等职业教育改革发展起到了很好的指导与促进作用。

宁波利用拥有地方立法权的优势，在2008年制定国内第一部职业教育校企合作的地方性法规——《宁波市职业教育校企合作促进条例》，并于2009年3月正式实施①。2012年，“《宁波市职业教育

① 张韦韦.解读职业教育的“宁波现象”——访中共宁波市委教育工委书记、教育局局长黄士力[J].教育与职业，2012(1)：86-89.

校企合作促进条例》实施办法”正式实施。

该文件的出台基于区域经济社会发展趋势及对职业教育校企合作规范管理的需要。当时宁波市急需大批高素质的各类应用型人才，迫切要求职业院校在培养创新人才方面发挥更大的作用。而实践中存在的困难和问题，已经在较大程度上阻碍了宁波职业教育校企合作的持续健康发展①。

《宁波市职业教育校企合作促进条例》（以下简称《条例》）立足于促进职业院校与行业、企业的合作发展，维护职业院校、企业和师生的合法权益。《条例》共有 24 条，其主要内容包括七个方面：一是界定“校企合作”的概念，规定“职业教育校企合作是指职业院校与相关企业在人才培养与职工培训、科技创新与技术服务、资源共享与共同发展等方面开展的合作”。二是明确职业院校在校企合作中的权利与义务，实现职业院校人才培养与企业需求的对接。要求加强政府统筹引导，充分调动学校和企业两个积极性，发挥行业独特作用。三是鼓励和强化企业社会责任的履行，充分发挥企业在校企合作中的主体作用。四是为校企合作提供资金支持，建立和完善多元投入和保障机制。五是建立实习学生意外伤害保险制度，设立校企合作发展专项资金资助。六是明确法律责任，规定对违反校企合作义务、损害校企合作主体的行为予以一定的责罚。七是明确职业教学校企合作的管理体制，要求“市和县（市）、区人民政府应当建立职业教育联席会议制度，统筹协调本地区校企合作的规划、资源配置、经费保障、督导评估等工作”。《条例》第一次较为明确地界定了校企合作的基本含义，确定实行政府引导、院校主动、行业中介、企业参与的“四位一体”运行机制。对违反校企合

① 沈剑光，严新乔.健全校企合作法律保障　促进职业教育健康发展——《宁波市职业教育校企合作促进条例》浅析[J].中国职业技术教育，2009(13)：19－23.

作义务、损害校企合作主体的行为予以一定的责罚。①

《条例》及其实施办法，为解决宁波市职业教育校企合作中存在的困难和问题，促进校企合作长效机制的建立，构筑职业教育高地，提高职业教育对经济社会的服务能力提供了法律保障，有力推动了宁波职业教育的发展②。宁波市地方职业教育立法工作，对于区域内高等职业教育的发展具有较强的指导作用，就政府参与高职院校治理模式而言，具有较强的示范作用。

二、财政支持模式

政府参与的财政支持模式，是指各级财政部门为提高高职院校的质量和整体办学实力，通过教育经费的投入，调整高等职业教育支出结构，优化资源配置，对高职院校的改革发展进行调控、扶持，从而参与高职院校治理的一种模式。

在高等职业教育财政体制中，政府的财政拨款，是政府履行教育财政职能的表现，也是保证与提高高职教育质量的重要保障，更是衡量高等职业教育发展水平的重要指标。有学者认为公共财政对高职教育的投入是其主要职能，是高职教育的物质基础③。也有学者的研究表明，高等职业教育经费的主要来源为国家财政教育经费④。在高等职业教

① 李亚平，和震.职业教育校企合作地方立法现状及立法建议[J].职教论坛，2017(25)：64－69.

② 沈剑光，严新乔.健全校企合作法律保障　促进职业教育健康发展——《宁波市职业教育校企合作促进条例》浅析[J].中国职业技术教育，2009(13)：19－23.

③ 郭国侠，向才毅，庞青.职业教育财政经费保障机制建设研究[J].中国职业技术教育，2012(12)：5－11.

④ 朱爱国.中央财政投入方式改变背景下的职业教育经费保障[J].中国职业技术教育，2015(12)：5－12.

育由规模扩张向内涵发展的关键阶段，高职院校办学条件的改善、教育质量的提高都依赖于政府的财政资金投入。受社会资源的稀缺性和政府财政能力的限制，政府在履行财政职能时，必须对教育财政职能进行科学定位，实现对教育资源的合理配置①。概括来说，政府参与高职院校治理的财政支持模式主要包括三个方面：

一是确立预算管理的主导机制。加强预算管理主导机制是助推高职教育改革发展转型，实现高职院校自主、特色发展的有效途径②。财政预算管理强调提高预算经费编制的科学性、准确性，明确管理责任，加强经费使用管理，切实提高经费管理水平。当前，政府对高职院校财政投入的预算管理，正不断从思路、主体、重点及组织实施等方面创新体制机制，强化预算管理在财政资源配置中的主导作用，形成促进预算编制、预算执行、绩效评价、财政监督“四位一体”的财政管理新理念。其核心内容是“绩效预算”理念的树立，即“绩效与结果相挂钩，预算以绩效为依据”，其核心理念包括以结果为导向、以绩效为依据、以评价为核心三个方面③。

二是加大对高职教育的财政经费投入。政府的财政经费投入是高职教育发展的物质基础。政府的财政经费投入包括国家财政性投入，以及各地方政府征收的用于教育的税费所形成的地方财政拨款，职业教育经费投入尤其职业教育生均预算经费投入，是衡量职业教育发展水平的重要因素。加大对于高等职业教育的经费投入，是当前各级政府部门参与高等职业教育宏观治理最直接、最重要的手段，对于高等职业教育的改革发展，也具有最为长久的调控作用。

---

① 吴立武.高等教育产品属性及其财政职能定位[J].江苏高教，2006(05)：35-37.

② 商兰芳.高职教育财政管理：问题与对策[J].教育发展研究，2014，34(17)：12-18.

③ 魏良华.我国高等教育财政预算管理模式改革研究[J].会计之友(上旬刊)，2008(09)：29-30.

三是丰富和扩大高职教育经费来源。拓宽筹资渠道是高职教育经费充足稳定的重要保障，政府参与高职教育的重要手段即丰富和扩大高职教育经费来源。一方面，政府鼓励高职院校建立与市场经济体制相适应的多元化经费支撑体系；另一方面，政府通过各种政策工具引导社会对高职教育的参与，提高公民捐资助学意识，吸引民营资本以多种形式投入到高职教育中，如企业兴办高等职业院校、校企共建实训基地、在高职院校设立奖助学金、实行以工代学制度等，有利于高职院校获得更多的资金来源渠道，形成全社会共同促进高职教育发展的合力。

在政府参与高职院校治理的财政支持模式方面，有关法律法规和政策文件，明确了各级政府对于高职院校建设与发展的财政支持。其中，上海市通过不断加大对高职院校的财政经费投入，很好地保障和促进了高职院校的发展，具有较好的典型性。

《中华人民共和国职业教育法》第 27 条明确指出："各级人民政府、国务院有关部门用于举办职业学校和职业培训机构的财政性经费应当逐步增长。"国务院于 2014 年印发的《国务院关于加快发展现代职业教育的决定》(国发〔2014〕19 号)规定，完善经费稳定投入机制，地方教育附加费用于职业教育的比例不低于 30%，加大地方人民政府经费统筹力度[①]。2014 年财政部、教育部联合下发的《关于建立完善以改革和绩效为导向的生均拨款制度加快发展现代高等职业教育的意见》(财教〔2014〕352 号)，规定各地高职院校年生均拨款水平应当不低于 1.2 万元。2015 年全国 31 个省(市、自治区)已经全部建立了高职院校生均拨款制度，为稳定我国高职院校办学经费提供了制度保障。2019 年颁发的《国务院关

① 中华人民共和国国务院.国务院关于加快发展现代职业教育的决定[EB/OL].(2014 - 06 - 22)[2019 - 04 - 18].http://www.gov.cn/zhengce/content/2014-06/22/content_8901.htm.

于印发国家职业教育改革实施方案的通知》(国发〔2019〕4号)规定，各地在继续巩固落实好高等职业教育生均财政拨款水平达到12 000元的基础上，根据发展需要和财力可能逐步提高拨款水平①。

近年来，上海市不断加大对高等职业教育的支出预算。2016年上海市教委制定《上海高等职业教育创新发展行动计划(2015—2018年)实施方案》，规定"实施高等职业院校办学标准达标工程，加大基本建设和设施设备投入力度。加大经费统筹力度，用好各类职业教育经费，发挥好企业职工教育培训经费以及就业经费等各类资金在职业培训中的作用"②。

在对高等职业教育的财政支持方面，上海坚持"财政引导、过程管理、科研支撑"理念，按照"承诺预算支持的优先、实施方案可操作性强的优先、预期成果量化程度高的优先"的原则。根据院校申报的项目和任务数量，分A、B、C三类，分别按照2∶1、1.5∶1、1∶1的不同比例配套经费，同时将承接的49项任务、12个项目划分为重点任务、难点任务、创新任务、深化任务和统筹任务等五类，实行精细化管理③。其中，基本支出预算是市级预算主管部门及所属预算单位为保障其机构正常运转、完成日常工作任务而编制的年度基本支出计划，包括人员经费和公用经费两部分。项目支出预算是市级预算主管部门及所属预算单位为完成行政工作任务、事业发展目标或政府发展战略、特定目标，在基本支出之外编

① 中华人民共和国国务院.国务院关于印发国家职业教育改革实施方案的通知[EB/OL].(2019-02-13)[2019-04-20]. http://www.gov.cn/zhengce/content/2019-02/13/content_5365341.htm.

② 上海市教育委员会.上海高等职业教育创新发展行动计划(2015—2018年)实施方案[EB/OL].(2016-10-28)[2019-04-22]. http://edu.sh.gov.cn/web/xxgk/rows_content_view.html?article_code=3022016005.

③ 中华人民共和国教育部.高职创新发展扬帆起航　行动计划落实后程可期[EB/OL].(2017-06-13)[2019-04-22]. http://www.moe.gov.cn/s78/A07/zcs_ztzl/ztzl_zcs1518/zcs1518_zcjd/201706/t20170613_306783.html.

制的年度支出计划。

通过对2015年至2019年上海市政府基本支出预算的分析发现，上海市政府对高等职业教育的财政支出预算整体呈上升趋势，年均增幅为13.08%，2019年和2015年相比，增幅达到36.94%，由学校统筹与自主安排的经常性经费总量大幅提高。政府对高职院校的财政投入不断增加，有力地推动了高职院校的发展。同时，基本支出占比增大，项目支出预算减少，尤其是2017年和2015年相比，基本支出增幅为95.68%，体现出支持院校发展自主权，减少政府干预的发展趋势，有利于高职院校办学自主权的落实。因此，上海市政府部门对于高职院校的财政投入模式，使得高职院校能够根据近期发展目标灵活使用经费，发展有了更充足的保障，不失为政府对高职院校进行财政支持，实现有效治理的一种典型模式。具体见表9-1。

表9-1　上海市2015—2019年高等职业教育支出预算表①

年份(年)	项目	支出预算			支出占比	
	功能分类科目名称	合计(元)	基本支出(元)	项目支出(元)	基本支出(%)	项目支出(%)
2015	高等职业教育	848 857 804	619 197 991	229 659 813	72.94%	27.06%
2016	高等职业教育	859 462 169	671 167 060	188 295 109	78.09%	21.91%
2017	高等职业教育	1 461 571 860	1 211 617 979	249 953 881	82.90%	17.10%
2018	高等职业教育	1 097 921 784	902 813 039	195 108 745	82.23%	17.77%
2019	高等职业教育	1 162 432 380	963 458 187	198 974 193	82.88%	17.12%

① 数据来源：上海市教委“信息公开”“部门预决算”栏目2015—2019年相关信息：http://edu.sh.gov.cn/html/xxgk/rows.list.40112.html.

三、监督评价模式

政府参与的监督评价模式，是指政府部门或委托的相关机构对高职院校进行质量判断、监督检查与评价，并给予咨询与指导，促进其办学水平和教育管理效能提升，从而参与高职院校治理的一种模式。

质量是职业教育的生命，是高职教育发展的可靠保障；完善的监督体系和机制，是确保高等职业教育质量保障制度和措施实现的关键环节和手段①。政府组织的教育质量评估，能够站在国家规划和要求的高度，指标体系全面科学，评估结论具有很强的权威性，能极大地敦促被评院校实现“以评促建、以评促改、以评促管、评建结合、重在建设”的评估目的，从而发挥调控作用，极大地推动高职院校办学质量和水平的提升。教育评价已成为提高大学办学质量和提升自身竞争力的重要途径，而评价结果更是直接关乎其发展②。当前，政府参与高职院校治理的监督评价模式主要体现在如下四个方面：

一是高等教育分类评价中的高职院校评价。完善多元化的评价机制，将各层面关涉评估的机构及其职能给予清晰的划分，合理分配政府、高校和社会在高等教育评估中的地位和作用。改革和完善高等教育评估的指标体系，按照高等教育机构分类，对综合性、多科性、单科性大学等进行系统分析和评估，以分类评估促进学校结合自身的基础、办学条件自觉确定学校的层次和类别定位③。教育评估（评价）既是政府部门监管教育机构的重要手段，也是促进高等学校提升办学水平和教

---

① 李光寒.论高职教育中地方主管部门的政府作为[J].继续教育研究，2009(05)：26－28.

② 郭庆志.新时期高等职业教育质量保障制度建设的思考[J].中国职业技术教育，2016(05)：14－17.

③ 高树仁，张秀萍.关于高等教育分类管理的若干思考——历史脉络、现实语境与政策设计[J].教育学术月刊，2012(04)：34－36.

育质量的有效举措。开展高等教育的分类评价，根据不同类型学校的特点制定不同的评价标准，采用不同的评价模式，建立不同的评价机制，引导不同地域、不同背景、不同类型的高职院校科学定位、错位发展、提高水平、凝练特色，有利于提高管理指导的针对性和实效性，提高政府决策及资源配置的科学性与合理性，促进和完善全面协调可持续发展的高等教育体系建设①。

二是高职院校人才培养工作评估。为推动高等职业教育持续健康发展，教育部从2004年开始正式启动高职高专院校人才培养水平评估工作，并印发了《高职高专院校人才培养工作水平评估方案(试行)》《高职高专院校人才培养工作水平评估工作指南(试行)》《高职高专院校人才培养工作水平评估专家组工作细则(试行)》等文件。其中《高职高专院校人才培养工作水平评估方案(试行)》规定了高职高专院校人才培养工作水平评估指标体系的一级指标，包括七个方面：办学指导思想、师资队伍建设、教学条件与利用、教学建设与改革、教学管理、教学效果以及特色或创新项目②。其中，第一轮人才培养工作水平评估以推进高职院校办学条件改善为目的，第二轮评估以促进高职院校内涵建设为目的。两轮评估对于高职院校的人才培养均具有极大的推动作用。

三是高职院校的专业评估。专业评估即对高职院校专业建设与发展情况的评估，考察内容涉及专业特色、专业设置结构、人才培养目标规格、课程内容与标准、教学条件等③。高职院校专业评估的主要作用在于推动专业建设，促进专业设置贴近地方产业结构，提高人才培养的

---

① 王国庆.高职院校专业竞争力的分类评价[J].职业技术教育，2013(22)：26－29.

② 中华人民共和国教育部.教育部办公厅关于全面开展高职高专院校人才培养工作水平评估的通知[EB/OL].(2004－04－27)[2019－04－25].http://www.moe.gov.cn/srcsite/A07/moe_737/s3876_qt/200404/t20040427_110099.html.

③ 王永林.我国高职教育评估层次的缺陷与完善[J].职业技术教育，2015(19)：42－46.

适应性，完善高职教育质量保障体系，形成内外衔接的专业发展机制，实现专业管理的科学化①。

四是高职院校的专项评估。在评估的组织实施上，一般由教育部业务主管部门或地方教育行政部门发起，选调相关领域专家成立评估工作组，拟定评估方案与指标，按评估对象特点开展评估。目前我国高职教育领域的专项评估活动有德育工作专项评估、就业工作专项评估、师资队伍专项评估、实习实训专项评估等。

在高职院校的监督评价方面，上海市的做法具有较好的典型性。该市通过建立分类管理体系，完善分类评价指标，强化评价结果运用，推动上海高职院校按照各自的特色准确定位，争创同类院校中的一流。

上海市把推进高校分类评价、促进高等教育内涵式发展，作为贯彻落实党的十九大精神的重要举措和贯彻落实全国教育大会精神的重要抓手，建立完善基于战略规划的市级统筹机制，构建高等教育综合改革框架和路径，明确高校分类管理方向，推进管办评分离。2018 年首次开展高校分类评价，并将评价结果在多方面运用，导向作用逐步显现。

上海市出台《高等教育布局结构与发展规划(2015—2030 年)》，制定全国首部地方性高等教育法规《上海市高等教育促进条例》，以法律法规明确高校分类体系，按人才培养主体功能和承担科学研究类型，划分学术研究型、应用研究型、应用技术型和应用技能型四种类型；按学科专业设置和建设，划分综合性、多科性、特色性三种类型。基于两个维度，形成“十二宫格”高校分类体系。截至 2019 年 3 月，划分学术研究型高校 11 所，应用研究型高校 11 所，应用技术型

① 陈寿根，万里亚.高职院校内部专业评估制度的设计[J].职业技术教育，2010(17)：5－8.

高校17所，应用技能型高校22所。高职院校属于应用技能型高校，是上海地区高等教育四种类型中的重要一类。上海对应用技能型院校的评价，坚持定量评价与定性评价、综合评价与单项评价、内部评价与外部评价相结合，既关注高校现有办学水平和办学绩效客观评价，也注重高校纵向成长发展评价，引导高校立足自身定位，不断提高办学水平和办学绩效。目前，该市逐步将分类评价结果作为政府经费投入、基建规划、招生计划、人事编制、学科评审等教育资源分配管理，以及高校党政负责干部绩效考核的重要参考和依据，实现高校“类型不同、要求不同、评价不同、支持不同”①，对于上海市应用技能型高职院校的建设与发展具有重要的导向与推动作用。

上海应用技能型高校分类评价指标(试行)的一级指标共4项，包括办学方向与管理水平、办学条件与资源、办学质量与水平、办学声誉与特色；二级指标共13项，包括办学方向、管理水平、师资队伍、教学资源、支撑平台、科研项目、学科发展、学生专业、创新成果、国际交流、社会服务、办学声誉、办学特色；三级指标共38项。相较于其他三类高校评价，上海市对于应用技能型高校的分类评价较为看重其“校企合作”的特色，如“双师型”专任教师占比、企业兼职教师占比、公开出版的校企合作教材数、校企合作项目(基地)数、社会培训人时数等指标。

第二节　行业企业参与高职院校治理的典型模式

行业企业的有效参与和监督，是提升高职院校治理绩效、完善现代

① 上海市教委.上海市探索开展高校分类评价工作[EB/OL].(2019-03-05)[2019-05-01].http://edu.sh.gov.cn/web/xwzx/show_article.html?article_id=99477.

高职教育治理体系建设的关键。2014 年,《国务院关于加快发展现代职业教育的决定》提出发展职业教育,要加强行业指导、评价和服务,从顶层设计上明确了职业教育中行业组织的三大职能①。在行业及企业的参与下,高职院校通过与政府部门、企业及产业之间的互动合作,实现专业群与产业链、课程内容与职业标准等方面的对接,将相应技术和技能的行业或企业标准,转换成职业院校教学中的专业教学和课程标准,从而提升高职院校的协同创新能力和区域服务能力②。当前,行业企业在参与高职院校治理的过程中,形成了共建产业学院、订单式人才培养、共建技术服务平台等主要模式,通过这些模式,推动了高职院校治理能力的现代化。

一、共建产业学院

行业企业参与共建的产业学院模式,指的是高职院校及部分本科院校开办,立足区域经济发展,与地方政府、产业协会及龙头企业深度合作,培养产业转型升级的高技能人才的联合办学模式③。高校产业学院是产教融合的一种新型组织形态,打破了传统的封闭办学模式,有效地整合了学校和企业的教育教学资源。产业学院的核心竞争力包括高效的资源整合能力、独特的专业集群以及高质量的毕业生三个方面④。该模式具有主体、教学内容、过程以及师资的开

---

① 高树仁,董新伟.论行业组织的职业教育职能及其建构路径[J].职教论坛,2016(13):77-81.

② 唐智彬.强化职业教育技术技能积累功能的内涵与意义[J].职教论坛,2016(02):1.

③ 刘国买,何谐等.基于"三元融合"培养应用型人才:新型产业学院的建设路径[J].高等工程教育研究,2019(01):62-66,98.

④ 宣葵葵,王洪才.高校产业学院核心竞争力的基本要素与提升路径[J].江苏高教,2018(09):21-25.

放性，人才协同培养的实用性，以及各类信息与资源的共享性等基本特征。

校企合作共建产业学院，意在长远。一方面，校企合作共建产业学院有利于满足高职院校供应合格技术技能人才的社会需求，形成产学研合作体制机制；另一方面，产业学院是高等职业教育发展的必由之路，能够深层次整合教育资源，提升专业技术人才培养质量，最终形成高职院校的核心竞争力和办学特色①。当前，行业企业参与共建的产业学院模式主要有如下实践类型：

一是校企双方共同为产业学院提供办学资源。高职院校产业学院的办学资源大体可以分为人、财、物三类。其中人力投入主要依靠高职院校组织抽调或者招聘，企业适当参与；财力投入的主体是高职院校和企业，企业通常承担院校建设的前期投入，招生以后则由高职院校负责产业学院的运行费用②。产业学院运营后，在政府推动下，以多种形式吸收行业协会的核心成员、优秀合作企业以及其他社会力量投资，补充学校资金需要。

二是由行业协会和龙头企业组成学院理事会。我国高职教育的产业学院缘起于广东中山。有学者分析了这些典型高职院校产业学院的办学体制机制，指出“产业学院的理事会由高校和相关政府部门发起，并且吸收行业协会和合作企业的相关人员参与，是产业学院真正的决策机构，负责审议、监督以及指导产业学院的办学经费、人才培养模式、专业课程设置等重大事项”③。以中山职业技术学院为例，其产业学院理事会是产业学院决策机构，对产业学院办学中专业设置、人才培养、

① 崔凤祥，崔星.探索高职教育的产业学院办学模式[J].继续教育研究，2010(10)：56－58.

② 吴显嵘.基于产教融合的高职产业学院建设机理及路径研究[J].中国职业技术教育，2018(29)：5－11.

③ 李潭.产业学院：校企合作新型路径[J].教育评论，2017(11)：27－30.

产学互动、办学经费等重大问题进行审议、决策、检查、指导、咨询、监督和协调①。学院实施理事会领导下的院长负责制，院长在董(理)事会领导下执行董(理)事会决策，履行基本教育教学职能，行使教育教学管理权限、承担教育教学的管理职责②。

三是校企协同开展人才培养及专业、师资共建工作。实现校企协同育人是高职产业学院创立的初衷和目的，也是高职产业学院的主要组织特征。其内涵包括以下三个方面：第一，人才共育。产业学院与企业共商创新型技术技能人才培养模式，共同拟定人才培养方案，按照工学交替、产学研一体化的原则进行课程设计和教学安排，实现高职教育教学理论和实践、专业和职业的统一。第二，专业共建。产业学院与行业组织、合作企业共同发起成立专业建设委员会，依托企业办专业，提高专业建设的针对性，推动学院的专业教育与市场需求紧密对接。第三，师资共培。产业学院与企业共同进行师资队伍建设，企业派遣技术骨干参与学院专业教学，并为学院教师提供实训岗位和培训服务，学院为企业的业务能手提供专业辅导和教学培训，帮助其成为合格的学院教师③。

四是校企联合进行人才培养质量评价。基于产业学院建设，学生在学校的理论课考评由学校主要负责，而在企业实训、实习期间，其实训、实习成绩的考核与评定工作则由企业负责。实训、实习结束时，企业指导人员将为学生出具一份实训、实习工作鉴定；学生要完成一份详尽的来自企业的实训、实习报告。学生毕业设计的鉴定及成绩的评定

① 郑琦.产业学院：面向产业集群的高职教育模式——基于中山职业技术学院产业学院的分析[J].职业技术教育，2013(35)：55－58.

② 万伟平.基于产教融合的“镇校企行”合作办学模式实证研究——以中山职院专业镇产业学院建设为例[J].职教论坛，2015(27)：80－84.

③ 吴显嵘.基于产教融合的高职产业学院建设机理及路径研究[J].中国职业技术教育，2018(29)：5－11.

由企业和学校联合组织进行①。这样，使得高职院校学生的评价，有了更加全面的视角。

上海工艺美术职业学院与WPP集团共建的WPP视觉艺术学院，就是高职院校产业学院建设的典型案例。

> 上海工艺美术职业学院通过办学体制创新，建立了两个高规格的二级学院：WPP视觉艺术学院和水晶石数字艺术学院。WPP视觉艺术学院由上海工艺美术职业学院与全球广告业界顶级的公司WPP集团合作，于2011年8月成立，旨在建立世界一流的营销策略规划及创意设计专业学院。该产业学院的运行有以下几个特点：
>
> 第一，WPP集团人员出任学院高层管理者。该校WPP学院和水晶石数字艺术学院均由合作企业(公司)派出人员担任院长、执行副院长，由企业主导进行专业教学，从而形成了独有的“职教特区”和企业托管办学体制。其中WPP视觉艺术学院企业托管的特色更为鲜明，其院长、执行副院长、学术委员会的大部分成员都由企业高级管理层担任。公司高管出任学院高层，为学院的企业式运作提供了人力和智力支持。
>
> 第二，WPP集团为学院提供办学资源。WPP集团实行双主体体制，上海工艺美术职业学院提供办学资金、基础教学团队等资源，WPP集团调动集团内国际专业人才资源、生产实例经验及海外培训资源，负责国际教学团队建立培养、教学方法研究设计、教学内容发展与授课、项目实例操练评估、学生实习就业辅导，务求达到行业与教育、实践与理论、本土与全球的无缝对接。公司为学院提供各种资源，极大地提升了学院的软实力。

---

① 刘育峰.产业学院背景下人才培养模式研究[J].成人教育，2010(03)：56－57.

第三,WPP集团参与学院课程建设。WPP视觉艺术学院按照WPP集团等企业用人标准,构建课程体系。学院不使用传统的专业课教材,而是由授课的专业人员编写,采纳行业最前沿的广告理念和案例专业课,老师也由广告传媒业的实战管理人员代替①。企业式的人才培养模式,使学院建立实用的教学课程体系,让学生在走进学校的同时即走进了企业,以企业为导向实施了人才培养的改革。

第四,WPP集团推动学院院校治理改革。WPP视觉艺术学院理事会和学术委员会的组建,直接解决了利益相关者参与学院治理的机制与途径,上海工艺美术职业学院和WPP视觉艺术学院不再沿袭隶属关系式的行政架构,而是形成委托与代理的关系。其结果是学院减少了行政的管束,扩大了WPP视觉艺术学院的自治空间②。

二、订单式人才培养

"订单培养"是指企业向高职院校下"订单",按照企业用人标准来完成高职院校的人才培养工作,其明显特征是企业把自身的特征和岗位需求等要素,渗透到高职院校人才培养工作中来,形成涵盖高职教育流程的一整套人才培育过程——从人才培育目标、教育教学计划的制定、课程体系建设、理论与实践的对接乃至具体的教育实践等等,企业都有效地参与进来,实现校企之间产学的深度协作③。也有学者认为,

① 上海工艺美院成立WPP学院[N].新闻晨报,2011-09-27(C12).

② 上海工艺美术职业学院教学改革深度报道组."职教特区":一个样本的视角 上海工艺美术职业学院教学改革深度报道之七[J].创意设计源,2012(02):40-49.

③ 郭娟.高职院校订单培养模式的现状问题及对策[J].中国职业技术教育,2014(33):81-83.

"订单培养"指校企双方在协商的基础上签订人才培养合作协议，根据双方要求共同制订并实施人才培养方案，在师资、技术、设备等办学条件方面进行合作，利用双方的资源优势，采取多种形式组织教学，实现预定的人才培养目标，并由企业安排学生实习、就业的一种合作办学模式①。由此可见，订单式人才培养模式突出"按需培养、企业录用"的特点：注重培养学生的实践技能和职业素质，提高学生学习的积极性；直接面向企业培养"对口"人才，具有很强的针对性；倡导面向工程的项目化课程体系，具有很强的实用性。

订单培养，既是强化校企合作育人和推进产教深度融合的有效手段，也是深化技术技能型人才培养模式改革的重要内容。高职院校与企业开展"订单"人才培养，能很好地提高学生在校学习的针对性以及应用性，且能够与企业的岗前培训结合起来②。订单培养促进了高职院校人才培养模式改革，很大程度上实现了校、企、生三方共赢。这种培养模式把企业人力资源配置与职业技能、技术培养有效对接起来，一方面大大减少了企业人力资源的投入，另一方面为学生提供了就业岗位。当前，行业企业参与高职院校治理的订单培养模式，主要体现在如下三个方面：

一是联合制订培养计划。按照培养掌握生产现场知识、管理经验、生产技能、毕业以后能迅速融入生产现场、成为企业生产骨干人才的总要求，结合企业产品技术特点及岗位人才要求，校企双方联合制订"订单班"培养目标和人才规格，将培养方案具体化，引入企业广泛使用的质量认证、员工培训包、技术培训包等技术措施，开设与企业理念、质量管理、生产过程优化、设备维护与保养及产品知识培训等直接相关的课

---

① 王亚芳.就业视角下的高职院校订单培养模式利弊分析[J].教育探索，2014(03)：136－137.

② 郭娟.高职院校订单培养模式的现状问题及对策[J].中国职业技术教育，2014(33)：81－83.

程，形成全新的订单培养计划，从而为企业培养能胜任生产现场班组长、工段长、设备操作员、生产技术员、品质管理员、产品试验员等岗位需求的高端技能型人才①。

二是校企共建课程体系。根据订单培养合作企业工作岗位对知识和技能的要求构建课程体系，坚持“实用”“够用”“适用”原则，整合课程内容，构建课程体系。同时，把合作企业相关岗位的职业资格证书或技能等级证书对应课程内容融入教学体系，强化学生核心职业能力的训练。校企双方依据工作岗位需求，设计出适用于课程教学的实际工程项目，突出学习项目的实践性。课程体系中的专业教学内容，不仅要满足企业当前和长远发展需要，也要兼顾学生的发展需求②。

三是校企共同完成学生评价。学校和企业共同建立综合评价体系并及时完善，对学生给出科学合理的评价。如基础课的评价主要由学校教师评价，专业课程的评价由校企双方共同评价，评价过程中注重学生技能考核和职业素养考核，过程考核可占60%或以上。顶岗实习成绩以企业评价为主，学校评价为辅，由企业按照职工标准进行管理和评价，主要评价学生的职业道德、工作态度、身体素质、专业知识、岗位技能和任务完成情况等内容。学生每学年要进行一次综合考评，由学校和企业共同完成，按照评选等级，颁发奖学金③。

无锡商业职业技术学院与台湾王品餐饮集团合作的“王品主厨订单班”，是将订人员、订数量的就业订单升级为订规格、订标准和订质量的深度人才培养订单，在订单培养方面具有较强的示范性。

---

① 邓志辉，卢庆林.高职院校订单培养模式创新与实践[J].中国职业技术教育，2012(24)：89－91.

② 刘学普，邵长文.高职计算机网络技术专业订单培养模式的创新[J].教育与职业，2015(05)：134－135.

③ 刘芹，袁科新.践行校企合作　深化产教融合——以山东商业职业技术学院为例[J].中国成人教育，2015(18)：110－111.

签订校企联合培养协议，建立“双元”育人的培养体制。该订单班基本的理论知识与技能主要由学校教师完成教授，学生的职业岗位实际操作知识和专业技能则由企业师傅进行传、帮、带。校企教师能发挥各自特长，分工合理，“双师”传授，有效实现理论知识与实践的紧密结合、技能训练与岗位需求的无缝对接。

形成“1＋1＋1”校企合作教学时序安排机制。学生第一学年完成校内课程；第二学年订单班学生同时完成校内课程＋企业课程，其中在校开设的企业课程，由企业专门为订单班学生“量身定做”，主要是让学生从心理上尽早接纳、融入王品集团，减轻第三年进入公司顶岗实习的压力，缩短培训时间，尽快胜任就业岗位；第三学年在企业师傅指导下，工学融合，开始顶岗实习。

实施校企共同考核的标准与制度。在“1＋1＋1”分时段教学模式中，由学校教师进行的理论知识与基本技能教学，由学校组织考核；由企业完成的实际操作知识和技能训练，由校企共同制订考核标准，企业完成对学生的考核。对学生（徒弟）考核的最终结果，决定着订单班学生能否直接正式上岗。该模式实现了学校与企业、教师与师傅的双重考核①。

该校在多年“校企融合订单培养”实践中积累了丰富的教学改革经验。荣获全国餐饮职业教育示范校、改革开放40年中国餐饮行业培养人才突出贡献奖，被评为全国商业服务业校企合作与人才培养优秀学校，两次荣获市职业院校产业发展贡献奖。

三、共建技术服务平台

企业参与共建高职院校技术服务平台的形式主要有两种：一是引

① 林玉桓.高职技术技能型人才培养的实践探索——以无锡商业职业技术学院“订单深度培养”为例[J].无锡商业职业技术学院学报，2015(01)：58－60，77.

入企业的资源，在校内建设技术服务平台；二是在企业的生产经营场所设立校外技术服务平台。《国务院关于加快发展现代职业教育的决定》指出："多种形式支持企业建设兼具生产与教学功能的公共实训基地。"教育部《关于印发高等职业教育创新发展行动计划(2015—2018年)的通知》指出："推动校企共建校内外生产性实训基地、技术服务和产品开发中心、技能大师工作室、创业教育实践平台等。"由此可见，国家高度重视高职院校技术服务平台建设，并从政策与制度层面做了规划与设计。技术服务平台是提高职业院校办学水平和实现校企深度融合的重要载体，是提高高职院校人才培养质量和就业竞争力的有效途径，也是行业企业深度参与高职院校治理的重要载体。当前，行业企业与高职院校共建技术服务平台主要体现在以下几个方面：

一是校企共同投入平台建设资源。高职院校以固定资产、科研技术和资金等要素投资技术服务平台；也可充分利用校园设施，为技术服务平台的建设提供保障，并在软件建设上给予配套。企业则投入固定资产、科研技术、资金等生产要素，将自身的企业管理制度和经验，融入技术服务平台的运营过程中，为技术服务平台的发展提供软硬件保障。

二是组建专兼结合产学研团队。以学校教学名师和来自企业的技能名师建设为载体，依托校企合作平台，集中校企合作平台中优秀技术人才，组建高水平技术服务团队，积极开展产品研发、社会服务等活动。帮助企业解决技术难题、提升技术水平，共同推动企业科研创新、技术进步和管理能力提高。

三是实行技术服务平台校企共管。技术服务平台采用"企业化""准员工制"形式进行管理，指导教师可以随时检查实训情况，及时解决实训中学生面临的难题。学生实训实行过程考核和结果考核并重，根据实训出勤率、工作态度、任务完成情况，由服务平台指导教师和学校实训管理教师，对学生实训进行定性和定量综合评价。通过实训增强学生对企业岗位及职业环境的适应性，实现校园文化与企业文化的高度融合。

由上海出版印刷高等专科学校牵头，富林特集团和上海印刷技术研究所参与共建的“柔版印刷绿色制版与标准化实验室”，是原国家新闻出版广电总局2016年批准的首批新闻出版业科技与标准重点实验室，下设“柔版印刷质量控制研究所”“柔版新材料应用研究所”“柔版制版与标准化研究所”三个研究所和“技术转移中心”。该实验室在校企共建技术服务平台方面具有典型性和示范性。

实验室由校企共同提供建设资源。学校与共建单位共投入专项建设经费2 000余万元，分别用于课题研究、人才引进、标准制订、行业调研、技术服务、论文发表、专利申请以及实验室的基本运行，实验室场地的整体改造装修，同时购置了一批代表世界先进水平的柔性版制版设备与检测仪器。

实验室拥有一支专兼结合、结构合理的研究人员队伍。实验室主任由学校校长担任，实验室副主任包括中国印刷技术协会柔性版印刷分会会长、富林特集团柔印产品事业部总经理以及学校相关校领导，实验室设有专职的执行副主任。专职研究人员主要由该校印刷包装工程系30余位骨干教师组成。兼职研究队伍建设方面，柔性引进来自中国印刷技术协会柔性版印刷分会、同济大学和华中科技大学等单位的10余名校外特聘专家，共享了校外的优质资源，推动了实验室研究水平的提升。

实验室设立学术委员会。聘用8位行业企业专家担任实验室学术委员会委员，确保实验室的建设紧密联系行业发展，使实验室研究方向和内涵建设瞄准国际先进水平。学术委员会每年召开两次会议，主要负责审议实验室的年度工作计划、重大学术活动、开放招标研究课题立项等；通过把握实验室发展方向，保证重点实验室建设目标和重大研究内容处于柔性版印刷技术最前沿。

实验室聚焦行业关键和共性技术。该实验室基于对政行企校多方资源的集聚，通过场地、专项经费、先进设备、专兼职研究队伍、制度建设等内涵建设，不断攻关行业关键技术难题，建设成果显著。通过召开专题研讨会，开展“高清柔印”“水洗柔版”“绿色光聚合型油墨”“柔印废渣”等领域研究，讨论行业关键、前沿与共性技术解决方案。

近年来，实验室申报国家新闻出版署、中国科学技术协会、上海市教育委员会、行业企业等项目近40项，成员发表学术论文100多篇，申请或授权各类专利30余项，主持、参与制订国家和行业标准12项，面向全国企业、行业协会和高校设立招标课题30余项。通过落实与富林特集团等共建单位的合作，形成校企深度合作的特色建设模式，该实验室连续三年(2017—2019年)获得国家新闻出版署“优秀新闻出版业科技与标准重点实验室”称号。

第三节　师生参与高职院校治理的典型模式

教师是学校的重要组成部分，是学校发展的基础。对高校来说，学校的改革和发展，离不开教职工的支持与参与，特别是教师对学校管理的参与，它是教师在高校主体地位和主人翁地位的体现，也是提高高校办学质量的核心。高校教师作为大学的直接利益相关者，参与学校治理有利于高校建立现代大学制度，推进学校管理民主化，促进高校管理科学化，同时有利于尊重和维护教师的合法权益，实现教师的自我发展。学生是学校的主体，学生参与学校治理，可以将民主管理落到实处，也让广大学生的知情权和建议权得到了充分保障和施展。长期以来，我国《教育法》《教师法》《高等教育法》等相关法律，对高职院校师生参与学校治理进行了明确规定，也取得了一定的成效。

一、教师参与高职院校治理的典型模式

我国制定了相关法律法规保障教师参与高校事务的权利，各高校也通过建立学术委员会、教代会、教授委员会等组织为教师参与学校治理提供渠道，确保教师参与管理的权利。不同高职院校也有一定的实践探索，保障了教师参与学校治理的权利。当前，教师在参与高职院校治理方面，形成了教职工代表大会和学术委员会两种主要模式。

（一）教师参与高职院校教代会治理模式

“教代会”模式是指由高职院校全校教职工民主选举产生的教职工代表，通过对学校重大问题进行审议建议、审议通过、讨论决定和监督评议，维护教职工的合法权益，提升学校治理水平，从而参与高职院校治理的一种模式。

教代会作为学校民主管理的基本形式，在高校的诸多事务中发挥着不可替代的作用，随着依法治校理念的深入实践，教代会在高校治理体制中的作用更为显著[①]。一方面，教代会切实有效地保障了教职工参与学校民主管理和监督的合法权益；另一方面，教代会是高校民主政治的要组成部分，有利于推进高校内部管理体制改革。

教代会主要有以下几个方面的职能：一是讨论通过岗位责任制方案、教职工奖惩办法，以及其他与教职工有关的基本规章制度，由校长

① 张安迎.高等学校教职工代表大会制度研究[D].北京：中国政法大学，2010：5-9.

颁布施行。二是讨论决定教职工的住房分配、福利费管理使用的原则和办法，以及其他有关教职工的集体福利事项。三是监督学校各级领导干部。四是教职工代表按照规定的程序，有权提出提案和议案，听取校长的工作报告，讨论学校的年度工作计划、发展规划、改革方案和教职工队伍建设等重大问题，并提出意见和建议。

南京铁道职业技术学院教代会认真把好代表选举、培训、履职三关，围绕学院重大事项、中心工作、热点问题选择议题，落实代表知情、审议、决定、监督四项权利，贯通提案征集、处理、反馈三个环节，形成教代会特色鲜明的“3343”运行模式①，具有典型性。

> 南京铁道职业技术学院教代会在学校党委领导下开展工作，每五年为一届，每学年至少召开代表大会一次。学校工会是教代会的工作机构，承担与教代会相关的工作。学校实行两级教代会制度，校级教代会对二级学院（部）教代会工作进行指导。
>
> 把好代表选举关、培训关和履职关等“三关”。一是把好代表选举关。按照《高等学校教职工代表大会暂行条例》和江苏省教育工委、教育厅《关于进一步健全和完善高等学校教职工代表大会制度的意见》，认真推选代表。二是把好代表培训关。教代会召开前，有计划、有目的、有重点开展培训如何履职，如何提高参政议政能力，强化责任意识和大局意识。三是把好代表履职关。开会期间，积极建言献策，充分行使权利；闭会期间，收集群众意见建议，发挥桥梁纽带作用。
>
> 围绕重大事项、中心工作和热点问题等“三大议题”。学校在教代会前召开专门会议，专题布置，研讨确定。一是围绕重大事项

---

① 顾建跃.论教职工代表大会制度建设与高职院校民主管理的实现——以南京铁道职业技术学院为例[J].市场周刊(理论研究)，2013(09)：33－34，93.

选议题。二是围绕学院中心工作、人才培养涉及的专业建设、师资队伍、实训基地等确定议题。三是围绕师生关注的热点问题选议题,包括收入分配、住房、医疗等制度改革,学生学习条件、生活环境和毕业去向等。

落实知情、审议、决定和监督权利"四项职权"。一是落实"知情建议权"。代表听取行政工作报告和经费预算执行情况,全面了解学校年度工作完成情况和经费使用。二是落实"审议通过权"。代表充分讨论并审议通过学院《人事分配制度改革的原则意见》。三是落实"讨论决定权"。教代会专门成立住房货币化条例制订工作委员会,起草《职工住房补贴实施办法》,既充分吸取代表意见,又更大范围征求广大教职工的意见。四是落实"民主评议权"。通过民主评议学院中层以上干部,对改进工作作风,密切干群关系,提高干部素质起到了积极作用。此外,教代会代表参与部门(单位)以及教职工年度考核工作。

抓好提案征集、处理和反馈工作等"三环"。一是抓好提案征集工作。教代会召开前,通过校园网等媒体向教代会代表征集提案,强调提案的重点、范围和上交的程序。二是抓好提案处理工作。及时调整充实提案工作委员会成员,对提案认真审核。提案立项后及时送达学校领导批阅并分发职能部门处理,规定承办部门必须在两个月内提出处理意见。三是抓好提案反馈工作。提案工作委员会十分重视对提案处理工作的检查督促和反馈。做到件件有交代,事事有回音。①

南京铁道职业技术学院教代会"3343"运行模式,是该校在实践中

① 顾建跃.论教职工代表大会制度建设与高职院校民主管理的实现——以南京铁道职业技术学院为例[J].市场周刊(理论研究),2013(09):33-34,93.

不断探索和实践的结果，通过这一模式的运行，促进了学校民主管理，推动了学校事业健康发展。

（二）教师参与高职院校学术委员会治理模式

教师参与高职院校学术委员会治理模式，是指教师通过在学术委员会中任职，在学科建设、学术评价和学术道德规范等方面，统筹行使学校学术事务的决策权、审议权、评定权和咨询权，从而参与高职院校治理的一种模式。

高校学术委员会是由专家学者代表组成的学术权力组织，肩负着学术引领、学术评价和学术仲裁的重任。加强高校学术委员会建设，发挥好学术委员会在高校学术治理中的管理职责，是实现国家一流大学和一流学科建设目标的必然要求，更是传承大学精神和实现大学使命的重要途径①。2014 年初，《高等学校学术委员会规程》正式颁布实施，对于高校加强学术委员会制度建设，落实“教授治学”理念，保障学者的学术权力，具有重要的现实意义和指导作用。教师参与高职院校治理的学术委员会模式主要包括如下几个方面：一是明确分类指导的学术委员会职责权限。学术委员会统筹行使高职院校学术事务的决策权、审议权、评定权和咨询权。二是建立严格健全的学术委员会工作制度。学校根据自身实际，完善学术委员会工作制度。三是重视学术委员会自身建设。在学术委员会建设中，加入学术权力的监督机制，有效保障学术委员会的健康运行。

常州工程职业技术学院在教师参与高职院校治理的学术委员会建设方面，具有典型性。

优化学术委员会人员构成。常州工程职业技术学院学术委员

① 张杰，邢国凯.高校学术委员会建设探析[J].黑龙江高教研究，2016(09)：46－48.

会，其委员候选人名额分配方案，由秘书处根据学科、专业构成情况提出草案，院长办公会议确定；各二级学院（部）在充分反映本级学术权力组织及广大教师意见的基础上等额推荐合适人选，经院长办公会讨论通过，公示无异议后由院长聘任。特邀委员由院长、学术委员会主任委员或者 1/3 以上学术委员会委员提名，经学术委员会同意后确定。学术委员会委员实行任期制，每届任期三年，连任原则上不得超过两届。每届新委员人数应不少于委员总数 1/3。学术委员会设主任委员一名，副主任委员两名，主任委员、副主任委员候选人由院长办公会提名，经学术委员会全体会议选举产生。

明晰学术委员会工作职责。常州工程职业技术学院学术委员会负责本单位选聘教师和推荐人才的学术评价工作；评审推荐本单位申报的各类科研项目和成果奖励；听取并审议二级单位学术工作的年度报告，审议二级单位专业建设规划、师资队伍建设规划和科研工作计划等；负责本单位学术规范和学术道德建设的有关工作；负责完成学院学术委员会委托的其他学术工作。

健全学术委员会运行机制。学术委员会下设秘书处作为日常办事机构，秘书处设在科技处。设秘书长一人，由科技处负责人兼任；设副秘书长若干人，由秘书长依据学术委员会职责提名，报学术委员会审议通过。学术委员会下设教学、师资、科学和学术道德等四个专门委员会，专门委员会根据由学术委员会审定通过的各专门委员会工作规程组建，经学术委员会授权具体负责处理专项学术事务并向学术委员会报告工作。各专门委员会日常办事机构设在相应职能部门，学术道德委员会日常办事机构设在高教所；各专门委员会组成人员在学院学术委员会委员中产生。学术委员会每学期至少召开一次全体会议，议题由主任会议确定并提前通知全体委员；经与会 1/3 以上委员同意，可临时增加议题。根据学术委员会主任委员或1/3以上委员提议，可临时召开全体会议。

常州工程职业技术学院学术委员会严格遵循学术规律，尊重学术自由、学术平等，鼓励学术创新，促进学术发展和人才培养，提高学术质量，保障教师、科研人员和学生在教学、科研和学术事务管理中充分发挥主体作用，促进了学院科学发展。①

二、学生参与高职院校治理的典型模式

学生作为学校的主体以及利益相关者，充分发挥其参与高职院校治理的创造能力和主观能动性，在学校相关事务的规划、实施、管理活动中发挥自己的智力和能力，有利于为学校实现办学目标贡献力量，同时体现自身价值。当前，学生在参与高职院校治理中，形成了学生代表大会制度和学生自我管理委员会两种主要模式。

（一）学生参与高职院校学生代表大会治理模式

学生代表大会制度（简称“学代会制度”）是以学生代表大会（简称“学代会”）为基石，由学生选举代表组成学代会作为学校学生权力机关，统一管理校内学生事务的制度②。

学代会制度的良好运行，是促进高职院校民主管理必不可少的手段与方法。一方面，全校学生能通过学代会依法行使民主权利，切实维护合法权益；另一方面，学代会有利于促进高职院校民主管理和民主建设。学代会是学生最高权力机构，学生代表代表全体学生行使选举权、

---

① 常州工程职业技术学院.常州工程职业技术学院学术委员会章程（修订稿）[EB/OL].（2016－03－25）[2019－05－10].http://www.czie.edu.cn/xxgk/article_aXdmdXNrdWdz_aXd1ZGlvb2R5_aXNpaXNvc295.html.

② 邱春宇，黎坤，范云龙.高校学生代表大会制度运行存在的问题与对策分析——基于广州的调查[J].太原城市职业技术学院学报，2018(02)：41－43.

提案权、质询权和监督权。学代会及其常设机构作为权力机构，不参与日常事务的组织和开展，所做出的具体决策均由学生会执行①。在学代会的建立、运行方面，常州纺织服装职业技术学院的做法具有典型性。

> 常州纺织服装职业技术学院让学生通过学代会参与到学校管理中，发挥了学生的积极性，培养了其综合能力，为维护学校改革发展与稳定大局、促进学校各项事业的蓬勃发展贡献了重要的力量。
>
> 第一，学代会人员构成。校级层面，学代会召开周期一般为一年。代表名额不少于学生会组织所联系学生人数的1%，名额分配覆盖各个二级学院、年级及主要社团，其中非校、二级学院学生会骨干的学生代表不低于60%。二级学院层面，严格执行学代会制度，会议召开周期为一年。积极推动完善各二级学院选举制度，通过各二级学院学代会的召开选举相应的学生干部，规范各级学生干部的任免工作。二级学院学生会组织主席团成员、主席人选由学生代表大会选举产生。学生人数低于400人的二级学院可探索召开全体学生大会并选举学生干部。
>
> 第二，学生会人员职责。学生会探索在校—二级学院—班三级设立权益部门，负责开展代表和维护广大学生合法权益的日常工作，普及维权意识，增大二级学院学生会组织权益服务工作在学生会组织考评工作中的比重。在校团委指导下，与学校相关法律援助机构建立经常性联系，为权益受到侵害的学生提供法律咨询、援助等服务，及时收集、听取并切实解决广大学生切身利益和普遍

① 史峰，姜小玲.高校学代会制度问题分析与对策研究[J].法制博览(中旬刊)，2014(05)：317，314.

诉求，形成报告提交学校党政部门，并进行跟踪反馈。

第三，探索实行常任代表大会（以下简称“常代会”）制度。常代会作为学代会闭会期间的常设机构，委员从学代会代表中推荐产生。常代会负责监督评议学生会组织工作、监督组织章程和工作条例的实施情况、听取审议学生会相关组织工作报告，选举决定学生会领导机构组成人员调整等重大事项，提出对学生会领导机构成员罢免意见并启动相应程序。常代会不得代替学生会组织行使权益维护等日常执行功能。①

（二）学生自我管理委员会治理模式

学生自我管理委员会治理模式，是指高职院校学生在职能部门政工干部、辅导员和班主任的指导下，积极参与学生事物的民主管理，协助学校建设良好的学习生活秩序和环境，从而参与到高职院校治理中的一种模式。

学生自我管理委员会作为学生参与高职院校治理的自治组织，能够提升人才培养的质量和学生管理工作的有效性。一方面，高职院校学生自我管理委员会可以发挥学生内部的力量，实现自我教育、自我监督和自我规范，最大限度地抵制不良思想的影响，充分锻炼学生的综合素质，维护自身的正当权益。另一方面，学生自我管理委员会可以为学生搭建一个自我管理的平台，有利于学校管理效率和教学质量的提高。

湖北生态工程职业技术学院的学生自我管理委员会模式，具有典型性。该校通过建立学生自我管理组织体系、健全学生自我管理制度、完善学生自我管理体系的外部引导与监督体系，推动学生积极参与学校的治理。

① 常州纺织服装职业技术学院.常州纺织服装职业技术学院学生会组织改革实施方案[EB/OL].(2017－11－13)[2019－05－13].http://tw.cztgi.edu.cn/2017/1113/c829a29203/page.html.

第一，建立学生自我管理组织体系。该校学生自我管理委员会分三条线组成：一是与教学管理和思想品德教育工作密切结合的渠道：校团委、学生会—二级学院团委、学生会—团支部、班委会—科代表、小组长—学生个人；二是与后勤管理密切结合的渠道：校学生公寓管理委员会—楼栋管理委员会—楼栋长—层长—寝室长；三是与学生自治组织密切结合的渠道：校社团联合会—各个学生社团。学生自我管理委员会参与学生事务的民主管理，及时反映学生的意见、建议和要求，维护学生的正当权益。在学生自我管理组织机构人员配备上设置了多种岗位，让每个学生都担任一项职务。

第二，健全学生自我管理制度，完善学生自我管理组织体系的内部运行机制。该校学生自我管理组织建立了例会制度、值班制度和奖惩制度等，出台了《学生干部工作手册》《学生会管理章程》《社团章程》等制度，在“自我管理、自我教育、自我服务”的宗旨下，自主组织、自发开展形式多样的知识竞赛、技能比赛，学生寝室卫生、安全检查，丰富多彩的文娱体育活动，以及优美校园、和谐校园、安全校园创建活动。

第三，依托校内相关职能部门，完善学生自我管理的外部引导与监督体系。该校学生自我管理委员会由学生工作处(团委)牵头管理、保卫处、总务处参与。学生工作处(团委)负责对学生自我管理委员会、校团委、校学生会及学生公寓管理委员会进行领导与监管；保卫处对学生自我管理组织机构进行安全管理教育；总务处指导学生自我管理机构对公寓、教室等场所设施进行维修与管理，及时处理学生自主管理机构提出的维修等后勤服务；各二级学院负责对本院学生会(院团委)、班委会(团支部)、科代表、小组长进行领导与监管。学生自我管理委员会形成联席会议机制。根据学生反映问题的实际情况，不定期召开与不同职能部门的联席会议，基本保证每月一次，协商解决广大学生集中反映的，关系学习、生活等切身利益的重大问题。

学生自我管理体系建立起来后，运行效果显著。在规范学生日常管理，丰富学生业余活动，提升学生实践动手能力、学生综合协调能力等方面都取得显著成效。同时，学生在社会活动参与率和获奖率上有大幅提高。①

① 侯梅，毛燕，陈敏，周忠诚.高职院校构建大学生自我管理体系的探索与实践——以湖北生态工程职业技术学院为例[J].绿色科技，2017(23)：60－62.

第十章 高职院校现代教育治理体系建设的支持保障

高职院校现代教育治理体系建设的质量与成效，与高职院校内外部多重主体相关，是高职院校现代化建设过程中的长期工程，需要从多个维度加以保障。从支持保障的角度看，高职院校现代教育治理体系的建设，需要确立职业教育法治理念与法治思维，完善以章程为核心的制度体系建设，构建支持治理体系建设的统筹机制，推进高职院校行政改制与机构建设。

第一节 确立职业教育法治理念与法治思维

党的十八届四中全会提出了依法治国的宏伟蓝图，系统论述了国家治理体系与法治之间的关系，要求把法治教育纳入国民教育体系和精神文明创建的核心内容，强化规则教育。法治是现代治理体系的本质特征。依法治国的本质要义是指国家机器的运行和国家权力的行使必须依法进行。教育领域的法治化，要求摒弃和改变非法治思维和非法治方式，通过科学立法、严格执法、公正司法和全民守法，以法治思维和法治方式推进教育的创新和发展，实现教育治理体系和治理能力的现代化①。高职院校现代教育治理体系的建设，离不开法治思维与法治方式，甚至要以法治思维和法治方式为前提。用法治思维方式贯穿教育治理的规划与整合始终，以法治引导教育治理方向，以法治达成教育治理共识，以法治规范教育治理程序，以法治确定教育治理方式，以法治保障教育治理成果②。具体而言，高职院校现代教育治理体系建设，应该从三个方面确立法治理念和法治思维。

一、建立完善教育政策法规，引导教育治理发展方向

完善的政策法律法规一方面能为教育治理提供法理依据和法律保障，另一方面为教育治理目标选择、方案制订和具体举措的出台提供科学引导。自党的十八届四中全会做出全面推进依法治国的战略部署以来，教育领域的法治建设也不断加强。我国高等教育通过《教育法》《高等教育法》《教师法》《民办教育促进法》等法律法规加以保障。高等职业教育的法律法规，则主要包括 1996 年出台的《中华人民共和国职业教育法》，国务院出台的职业教育行政法规，教育部出台的部门规章以及各地出台的地方性教育法规等。总体来说，高等职业教育的法治化进程较为缓慢。《中华人民共和国职业教育法》作为直接针对职业教育领域的法律，其修订工作较为滞后，其中部分条款与高等职业教育的发展现状不相适应。长期以来，除《中华人民共和国职业教育法》这一核心法律外，引导高等职业教育法治化建设的政策法规主要有三类：一是国务院出台的《关于大力发展职业教育的决定》《国家中长期教育改革和发展规划纲要（2010—2020 年）》等国家政策；二是教育部 2012 年

---

① 秦惠民.以法治思维、法治方式推进教育创新与发展[J].人民教育，2014(24)：1.

② 陈亮.法治思维引领下的国家教育治理体系创新[J].河北师范大学学报（教育科学版），2016(01)：109 - 114.

出台的《全面推进依法治校实施纲要》(教政法〔2012〕号),2014 年出台的《普通高等学校理事会规程(试行)》,2014 年出台的《教育部办公厅关于加快推进高等学校章程制定、核准与实施工作的通知》(教政法厅〔2014〕2 号)等部门规章;三是《地方高等教育促进条例》《地方职业教育体系建设规划》等地方性法规和文件。

这些引导和规范高等职业教育法治化的文件,存在的不足是:国务院及教育部用以规范高等教育发展的政策文件,具有较强的统摄性,高等院校只能参照执行,针对性不强。教育部 2019 年工作要点提出"做好科学立法工作,抓好执法关键环节,全面推动依法行政、依法治校,加强普法教育""推动职业教育法、学位条例、教师法修订工作"等内容,对于职业教育的法治化工作,以及《中华人民共和国职业教育法》的修订工作给予高度重视。未来高等职业教育的法治化建设,一方面要以修订完善的《中华人民共和国职业教育法》为指引,形成高等职业教育发展的科学、可行性法治重心;另一方面,要有针对性地出台有利于高等职业教育法治化发展的部门规章和地方性法规,使得高职院校法治化建设思维有更为明确的法律和政策依据,达到"有法可依"的高职院校现代教育治理效果。如 2015 年出台的《上海市人民政府关于加快发展现代职业教育的决定》(沪府发〔2015〕9 号),对于推动上海地区高等职业教育的法治化发挥了重要推动作用。

二、强化教育法律法规执行,规范教育治理运行程序

"有法可依"是高职院校现代教育治理体系建设的前提,"有法必依"则是高职院校现代教育治理体系的关键,对于教育法治理念和思维的形成具有重要推动作用。党的十九大报告提出,"建设中国特色社会主义法治体系,建设社会主义法治国家,发展中国特色社会主义法治理论,坚持依法治国、依法执政、依法行政共同推进"。高等职业教育领域

也应该强化依法执政和依法行政建设。纵观改革开放以来我国教育法治的历史，政府部门在依法行政方面存在依法行政意识和能力相对不足，与建设法治政府的要求不相适应的问题，如把法律作为管制的工具，把法治理解为“依法治人”；忽视权力法定、权利保障、程序正当、公开公正等法治要求；以审批、开会、行政命令等手段解决改革发展中的矛盾和问题①。这些问题放在高等职业教育法治化的视野中来看，同样适用。当前，高等职业教育的管理权限主要在地方政府部门。因此，高等职业教育领域的法治理念和思维的形成，必须强化相关法律法规的实践执行，避免“倦政”“乱政”行为，对于有关部门管理人员的随意施政、不作为、乱作为等行为，需要建立相应的监管和追责机制，使得高等职业教育的运行程序得到规范治理。

三、加大法治理念宣传力度，培育教育法治精神文化

法治文化是人们在法治实践中形成的，体现着法治精神和理念、原则和制度、思维方式和行为方式的一种进步文化形态，它具有引导功能、教育功能、规范功能和整合功能等②。高职院校要确立法治理念和法治思维，最具长久作用与价值的应该是形成校园法治文化，它让每位教育工作者都能够感受到依法治校的力量，不断扩大基层民主的话语权，树立以人为本、尊重主体需求的理念，彰显教育的公益性，以文化促进校园规章制度的完善，为学校现代教育治理体系建设提供坚实保障。基于政府有关部门建立完善教育法律法规以及学校强化教育法律法规的执行，不断规范教育治理运行程序的条件下，高

---

① 孙霄兵，翟刚学.中国教育法治的历史回顾与未来展望[J].课程·教材·教法，2017(05)：4－14.

② 刘立功.依法治校理念下的高校法治文化建设探讨[J].学校党建与思想教育，2017(12)：53－55.

职院校应该加强法治理念与思维的宣传力度，引导广大行政管理人员和师生树立依法治校、良法善治和接受监督等理念。为强化学校法治理念，形成学校法治精神文化，可以从两个方面做好相关工作：一是对领导干部及教师法治理念的宣传。建立领导学法制度，定期为领导干部及教师学法提供平台。二是对学生法治理念的宣传教育。开设法律基础课程，并及时更新课程内容；开辟第二课堂，利用司法机关、社区和法治教育基地等资源进行学生法治理念教育；充分利用校园广播、校报、校园橱窗、墙报以及校园网络等平台以及"3·15 消费者权益保护日""12·4 全国法制宣传日"等进行校园法治文化建设的宣传①。一些高职院校的校园文化不够浓厚，导致校园法治文化的功能较弱，容易被忽视。基于治理体系与治理能力的现代化法治，高职院校需要充分关注校园法治文化的功能与作用，确保学校现代教育治理得到有效保障。

第二节 完善以章程为核心的制度体系建设

章程是高职院校内部的最高"宪章"，也是国家法律法规和学校管理规范的关键链接点，建设高职院校现代大学制度，必须从章程建设入手，将章程作为形成治理文化的核心。《高等学校章程制定暂行办法》《全面推进依法治校实施纲要》等文件的出台，推动高职院校章程编制与核准迈上新的台阶，基本形成了"一校一章程"的局面②。在此背景

---

① 张蕊.关于高校法治文化建设的几点思考[J].人民论坛，2012(23)：122-123.

② 肖纲领，罗尧成.高职院校治理组织建设现状、问题及完善策略[J].教育与职业，2018(10)：11-16.

下，建立以章程为核心的制度体系，成了高职院校现代大学制度建设的当务之急。高职院校必须根据章程的规定，建立配套的制度体系，形成高职院校治理的框架结构，从而以体系化的制度来实现治理的规范化[①]。对于高职院校现代教育治理体系保障而言，一方面离不开外部政府、社会等主体的保障，需要真正落实"管办评"分离制度；另一方面离不开内部各主体的保障。

一、落实"管办评"分离制度，厘清高职院校外部权力关系

现代教育治理体系与治理能力的现代化，首先是政府治理的现代化。高职院校现代教育治理体系的建设中，政府是重要的主体，大多高职院校的章程中都对政府与高职院校的关系有初步说明。政府有关部门必须完善有关高职院校"管办评"分离的制度，促进高职院校办学自主权的实现。高等教育"管办评"分离的核心任务是构建政府、高校、社会之间的新型关系[②]。2017 年 1 月，《国务院关于印发国家教育事业发展"十三五"规划的通知》提出，到 2020 年，"基本实现管办评分离，形成政府依法管理、学校依法自主办学、社会各界依法参与和监督的格局，教育治理体系和治理能力现代化水平明显提升"[③]。当前，高校管办评分离已经进入攻坚克难的关键期，其真正落实需要以制度来保障各主体的责权内容、责权关系和履责机制。

一是以制度明确界定各主体的权责内容。传统办学过程中，高职

---

① 陈斌，曾忠，罗尧成.高职院校现代大学制度建设的理论认识[J].出版与印刷，2016(03)：3－5.

② 史华楠，魏训鹏.政府定位理论与高等教育管办评分离改革[J].江苏高教，2017(5)：19－24.

③ 中华人民共和国中央人民政府.国务院关于印发国家教育事业发展"十三五"规划的通知(国发〔2017〕4 号)[EB/OL].(2017－01－19)[2019－05－20].http://www.gov.cn/zhengce/content/2017－01/19/content_5161341.htm.

院校与政府的关系陷入了“政府大包大揽,管办评一体,高职院校成为附庸”的局面,政府应该做什么,高职院校应该做什么,权责较为模糊。现代高职教育,唯有明确界定政府和高职院校、社会各主体的权责边界,才能真正实现高职院校不同办学主体各司其职的结果。“管办评”分离,政府的主要权责在“管”,高校的主要权责在“办”,社会的主要权责在“评”。高职院校现代教育治理体系建设,需要牢牢把握管办评分离的思想,明确各方的责权,完善相关的制度,通过制度强化高职院校教育管理者与从业者的思想观念,形成“管办评”理念分离与制度的双向循环,相互促进。

二是以制度有效理顺各主体的权责关系。理顺管办评主体的权责关系,最紧迫的是要理清政府与高校的管办关系——政府加快简政放权步伐,确保“放下去”,回归到规划、服务、监督本位,高校加快办学能力提升,确保“接得好”,回归到自治学术、育人本位①。当前,高职院校的管理权限主要在地方政府,因此,应该重点理清地方政府与高职院校的管办关系,可以出台相关“负面清单”“权力清单”,就地方政府对高职院校管理的责权关系进行梳理,确保政府管得适当、有效,高职院校办得自主、如意。同时,应该出台制度,对社会评价高等职业教育进行有效规定,避免评价内容的过窄或过宽,评价方式不够科学等不良现象出现。

三是以制度科学构建各主体的履责机制。缺乏制约的权力容易导致腐败,绝对权力极易导致绝对腐败。当前,我国已经进入全面反腐倡廉,强调权力监督的时代。高职院校“管办评”分离,一个重要的内容是对政府的依法行政进行监督与问责,这是避免政府怠政无为、失职无责的必要条件。履责机制的设立,应该包含奖励机制,确保政令畅通,管理有方。《关于印发深化教育督导改革转变教育管理方式的意见的通

---

① 龚成.管办评分离与高校办学自主权的落实[J].江苏高教,2018(10):58－62.

知》(国教督办〔2014〕3号)明确,对于政府部门的督政,要建立地方政府履行教育职责督导评价机制,严格落实问责制度,引导地方政府优先发展教育事业,提高基本公共教育服务能力和水平①。当前,应该有效落实对于教育行政部门的依法行政工作进行有效督导评价,确保政府部门对于高职院校的行政管理合法、合规与高效。而对于社会评价高等职业教育的行为,也应该建立相关的“元评估”制度,确保社会对高等职业教育的评估科学、合理与有效。

四是以制度保障政府评估职能的有效实现。评估是政府实现对高职教育现代治理的一种重要方式,在“管办评”分离视域下,对政府在评估活动中的定位有如下思考:一是制订评估规则和质量标准,发挥指导和引导职能。在评估活动中,政府只需提供一个评估规则和基本的评估标准,高职院校在遵循评估基本规则和标准的前提下,可以根据本校办学实际、国家和社会的需要,确定自身的人才培养目标和质量标准,并以此为依据构建其内部质量保障体系,保证质量达到标准。二是支持专业评估中介机构建设,履行监督和服务职能。政府通过完善社会评估中介机构的法律法规建设,通过建立相关法律来规范教育评估中介机构的各类活动,同时,开展对社会评估中介机构及其人员的资格认证,提高机构运行的专业性,维护其良好声誉。三是根据评估结果落实绩效拨款,发挥激励和督促职能。政府应充分利用评估结果,通过实施实质性的绩效拨款,促进高校建立内部质量保证体系,将评估内化为高校的自觉行为。通过将拨款与质量评估结果相联系,以拨款作为指挥棒调节和监控高校的办学质量。政府通过科学地发挥在评估活动中的作用和职能,实现对高职院校的科学治理和有效治理。

---

① 国务院教育督导委员会办公室.关于印发深化教育督导改革转变教育管理方式的意见的通知(国教督办〔2014〕3号)[EB/OL].(2014-02-18)〔2019-05-23〕.http://www.gov.cn/gzdt/2014-02/18/content_2612480.htm.

二、完善内部综合性管理制度，理顺高职院校内部权力关系

《教育部等五部门关于深化高等教育领域简政放权放管结合优化服务改革的若干意见》(教政法〔2017〕7 号)提出，“加强自我约束和管理，抓紧修订完善校内各项管理制度，使制度体系层次合理、简洁明确、协调一致，使高校发展做到治理有方、管理到位、风清气正”。高校以章程为核心的制度体系，可以分为根本制度、一般制度、具体规章制度三个层次，其中根本制度即大学章程，一般制度主要涉及机构设置制度、管理制度和工作制度等方面，具体规章制度则是一般制度细分的相关制度①。各高职院校有必要以章程为核心，按照“科学、规范、可操作性强”的原则，对本校现有制度、规范性文件进行全面的清理、审查，修订、制订与完善学校的各项管理制度，形成规范有效的章程配套制度体系。结合高职院校内部制度层次特性，应该从强化章程的执行与评估、完善一般制度的系统性、具体制度出台的规范性三个方面来理顺高职院校的内部权力关系。

一是加强章程的执行与评估，提升章程的法治效率。在实现制度目标的过程中，方案确定的功能只占 10％，而其余的 90％取决于有效的执行②。当前高职院校“一校一章程”局面，为院校提供了基本的法治保障。但从实践来看，仍然有部分高校存在宣传不到位、未形成体系、评价监督不够、修订不到位、执行落实不到位等问题③，因而迫切需要加强章程的执行与评估。高职院校应该建立完善的章程宣传、执行与评估制度，必要时根据学校性质、任务及其组织构成和主要行为活动等基本内容的改革与变化，不断修订完善学校的章程条款，确保章程不

① 刘献君.论高等学校制度建设[J].高等教育研究，2010(03)：32－39.
② 张金马.政策科学导论[M].北京：中国人民大学出版社，1992：205.
③ 华战胜.高职院校章程的确立及推行[J].教育与职业，2017(08)：63－67.

是形同虚设，而是切实成为学校现代化治理的重要依据。

二是提升一般制度的系统性，构建清晰的制度架构。与普通高等院校相同，高职院校的一般制度主要涉及机构设置制度、管理制度和工作制度等方面。从保障高职院校的职能来说，具体包括党建管理制度、教育教学制度、科研管理制度、校企合作与社会服务制度、国际交流与合作制度、财务后勤等保障性制度等。从权力特征来看，高职院校的内部制度可以分为决策制度、执行制度和监督制度。从涉及权力的主体来说，高职院校内部制度可以分为党委制度、行政管理制度、学术权力制度、民主管理与监督制度、校企合作相关制度等。高职院校在进行制度建设时，应该有明确的区分，建立具有各自学校特色的现代大学制度架构。同时，高职院校制度建设重要而复杂，制度之间联系密切，因此，需要有党委（校长）办公室、制度建设部门、法务办公室等统筹协调的部门。

三是出台学校文件管理办法，强化学校制度规范性。在依法行政、依法治校背景下，从教育部到各级教育行政部门，都在及时进行规章制度的废改立工作，其目的是提高制度的规范性。高职院校内部的制度建设，从具体制度来说，最重要的就是提高制度建设的规范性。为达到这一目标，有必要出台学校制度文件管理办法，对具体制度的出台、执行与废止等环节进行规定，从而提升制度建设的效率。上海市教委在进行现代大学制度建设过程中，就高度重视各高校规范性文件的建设出台，从而保障制度建设的成效。这种做法，对于高职院校现代教育治理体系的建设而言，不失为一种可行、有效的借鉴。

第三节　构建支持治理体系建设的统筹机制

高职院校教育治理体系与治理能力的现代化，除了法治理念与法治思维的引导、章程为核心的制度体系建设外，还离不开相关的统筹机制建设，包括职业教育纵向贯通机制、产教联动发展体制机制、高水平院校和专业建设，这些是高职院校现代教育治理体系建设的基础性条件，应该从理念和实践上予以高度重视。

一、构建职业教育纵向贯通机制，打通高职教育发展"天花板"

当前，随着高等职业教育的快速发展，高等教育的规模得到极大扩展，高职教育也已经占到高等教育的"半壁江山"，但当前，职业教育还存在纵向发展不够畅通的问题，职业教育人才培养结构也不尽合理，本科以上职业教育缺失，人才结构断层，教育的"天花板"切断了高职学生的学历上升通道，也阻碍了职业教育的可持续发展①。高等职业教育的现代教育治理，需要打破这种职业教育"断头路"的局面，为高职高专院校学生提供更加畅通，利于学历提升的路径，为技术技能型人才的成长与发展提供更高水平的保障。《国务院关于加快发展现代职业教育的决定》(国发〔2014〕19 号)提出，"到 2020 年，形成适应发展需求、产教深度融合、中职高职衔接、职业教育与普通教育相互沟通，体现终身教育理念，具有中国特色、世界水平的现代职业教育体系"，并明确提出，"探索发展本科层次职业教育""引导一批普通本科高等学校向应用技术类型高等学校转型，重点举办本科职业教育""建立以职业需求为导向、以实践能力培养为重点、以产学结合为途径的专业学位研究生培养模式"②。该文件的出台，为本科院校举办职业教育，并探索专业学

① 张元宝，宋瑾瑜，黄晓赟.本科职业教育人才培养的实施路径研究[J].职教论坛，2018(04)：38－42.

② 中华人民共和国中央人民政府.国务院关于加快发展现代职业教育的决定(国发〔2014〕19 号)[EB/OL].(2014－06－22)[2019－05－26].http://www.gov.cn/zhengce/content/2014－06/22/content_8901.htm.

位研究生培养模式，打通高等高职高专—职业本科—应用型硕士—应用型博士的高职高专上升通道，提供了重要政策指引。2014 年，上海应用技术大学与上海信息技术学校和上海石化工业学校、上海第二工业大学与上海工业技术学校率先开启了“3＋4”中本贯通联合培养的先河，当年三所中职学校共招生 120 人。这一做法是中本贯通的重要范例，但对于高本贯通而言，意义相对较小。

2018 年 12 月，山东外国语职业学院升格为本科层次职业院校，开启了全国本科层次职业教育的“破冰”之旅①，探索了高职高专院校与本科职业教育贯通的改革尝试。2019 年 2 月，《国务院关于印发国家职业教育改革实施方案的通知》提出，“到 2022 年，职业院校教学条件基本达标，一大批普通本科高等学校向应用型转变，建设 50 所高水平高等职业学校和 150 个骨干专业（群）。”②当前，最主要的是要考虑本科职业教育的发展问题。其改革模式包括两种：一种是合作办学即联合培养模式，职业教育优质院校会同普通本科高校就某一优势对口专业进行合作，共同培养人才，学生既可以接受通识教育，又能接受完整的职业训练，毕业后获取普通本科院校颁发的本科学历、学位证书的办学方式。另一种是独立办学模式，本科或职业院校独自举办本科层次职业教育，培养应用型、技术技能型和复合型人才，并负责颁发学历、学位证书的办学方式③。在实践中，各地可以根据高等教育发展实践情况，有针对性地选择最切实际、最有效率的办学模式。

---

① 王桂利.本科职业教育破冰！山东外国语职业学院升格为本科[EB/OL].(2018-12-29)[2019-06-05]. http://respub.xrdz.dzng.com/content/201812/29/c578333.html?from=singlemessage.

② 中华人民共和国中央人民政府.国务院关于印发国家职业教育改革实施方案的通知(国发〔2019〕4 号)[EB/OL].(2019-02-13)[2019-06-08]. http://www.gov.cn/zhengce/content/2019-02-13/content_5365341.htm.

③ 郭福春，徐伶俐.本科层次职业教育发展路径探析[J].中国职业技术教育，2017(33)：23-26.

二、完善产教联动发展体制机制，提升企业参与高职治理水平

高职教育自诞生起，就具有鲜明的区域性特征，强调对区域经济社会发展的服务支撑作用。长期以来，高职院校在办学过程中，不断深化推进“校企合作”“工学结合”的技术技能型人才培养模式，但其层次较低，产教融合还不够深入，相关体制机制建设也不太健全，导致高职院校与区域产业发展还未能“同频共振”，尤其是对接区域前沿技术、引领区域产业发展的水平，还不满足行业产业发展对高职院校社会服务的要求，同时，行业产业参与高职院校治理的力度还非常有限。《国务院办公厅关于深化产教融合的若干意见》(国办发〔2017〕95 号)明确指出，“深化产教融合，促进教育链、人才链与产业链、创新链有机衔接，是当前推进人力资源供给侧结构性改革的迫切要求”，同时要求本着“统筹协调，共同推进；服务需求，优化结构；校企协同，合作育人”的原则与目标，“同步规划产教融合与经济社会发展，统筹职业教育与区域发展布局，促进高等教育融入国家创新体系和新型城镇化建设，推动学科专业建设与产业转型升级相适应，健全需求导向的人才培养结构调整机制”。该文件既是对长期以来高职院校校企合作规律的高度肯定，也是高职院校校企合作走向深入的重要标志，为行业企业深度参与高职教育治理指明了方向，为具有区域特性的高职院校改革发展注入了新动能。

因此，未来高职教育的发展，应该以深度服务行业产业发展为导向，进一步明确其社会服务职能，并提升行业产业参与治理的水平，协同行业产业，强化产教联动发展机制。

三、推进高水平院校和专业建设，着力提升高职教育内涵质量

高职院校的建设愿景与办学目标，直接影响着治理体系的水平和

结构，高职院校办学水平越高，对其治理体系的支撑要求也就越高。2015 年 10 月，国务院印发《统筹推进世界一流大学和一流学科建设总体方案》，启动了我国高等教育继“985”“211”计划之后的又一重要发展战略——“双一流”建设。当前我国高等教育已进入“双一流”深化期，一些地区也开始探索具有地方特色的“双一流”建设方案，如上海市推出了“双一流”地方版，启动了高水平地方高校建设计划，并将高职高专院校纳入其中。对于职业教育高水平建设，2014 年 6 月，国务院印发的《国务院关于加快发展现代职业教育的决定》，就进行了宏观论述：“建成一批世界一流的职业院校和骨干专业，形成具有国际竞争力的人才培养高地。”同时，2019 年 2 月《国务院关于印发国家职业教育改革实施方案的通知》（“职教 20 条”）更进一步指出，“启动实施中国特色高水平高等职业学校和专业建设计划，建设一批引领改革、支撑发展、中国特色、世界水平的高等职业学校和骨干专业（群）”，为引导全国高等职业教育的高水平和卓越发展指明了方向。一些地区也正在加紧推进一流高职院校建设，如《2019 年上海市教育委员会工作要点》提出，将出台《上海深化产教融合推进一流专科高等职业教育建设试点方案》①，大力推进一流专科高等职业教育建设试点工作。

可见，无论从国家层面还是省市层面，大力推进高水平高职院校建设，打造世界一流高职院校和骨干专业（群），是当前我国高等职业教育发展的重要战略。完善高职院校现代教育治理体系，建立高职院校现代大学制度，为世界一流的高职院校和专业（群）的建设和发展提供内在支撑；而世界一流的高职院校和专业（群）的建设目标，对高职院校的现代大学制度建设提出了更高要求，同时为高职院校现代教育治理体系的建立完善提供目标导向、发展标准等宏观维度的支持和保障，如果

---

① 上海市教育委员会.关于印发《2019 年上海市教育委员会工作要点》的通知[EB/OL].(2019-02-14)[2019-06-10].http://www.shmec.gov.cn/html/xxgk/201902/304212019002.html.

没有世界一流高职院校和专业(群)的建设目标,高职院校的现代治理体系可能陷入低水平建设境况,难以真正支撑现代高水平高职院校的发展要求。

第四节 推进高职院校行政改制与机构建设

当前,高等职业教育治理体系和治理能力的现代化,面临着一系列的挑战。基于新时代高职院校建设与发展的需要,有必要强化体制机制改革实践,推进高职教育的行政改制与机构建设。

一、成立职业教育统筹协调部门,实现高职教育统筹管理

职业教育的"跨界"本质属性,对政府部门的管理提出了跨部门的要求。当前,国家对于职业教育的管理部门中,教育部门与人社部门是最重要的机构,但有研究针对国家教育行政学院举办的第 32 期全国地市教育局长培训班学员进行的调查表明,53.6%的局长认为本地的教育部门和人社部门的合作关系一般,教育部门和人社部门的沟通协调并不顺畅,政府的作为不大①。这种关系的不协调,主要源于教育与人社系统主要职能的不同。要改变对职业教育管理政出多门,多头管理的弊端,必须建立职业教育统筹协调部门,形成对职业教育跨部门管理和合力。2018 年 11 月,国务院印发《国务院关于同意建立国务院职业教育工作部际联席会议制度的批复》(国函〔2018〕144 号),同意建立由国务院领导同志牵头负责的国务院职业教育工作部际联席会议制度,其主要职能包括

① 邢晖,李玉珠.地市统筹:职业教育政府责任的突破口——全国部分地市教育局长的调查与思考[J].教育与职业,2013(10):44 - 46.

"贯彻落实党中央、国务院关于职业教育工作的重大决策部署；统筹协调全国职业教育工作，研究解决职业教育重大问题；研究审议拟出台的职业教育法律法规和重大政策，部署实施职业教育改革创新重大事项；听取国家职业教育指导咨询委员会等方面的意见建议；督促检查职业教育有关政策措施的落实情况"等。联席会议由教育部、发展改革委、工业和信息化部、财政部、人力资源社会保障部、农业农村部、国资委、税务总局、扶贫办九个部门和单位组成，教育部为牵头单位。办公室设在教育部，主要承担联席会议组织联络和协调等日常工作[①]。《国务院关于印发国家职业教育改革实施方案的通知》(国发〔2019〕4号)，重申了国务院职业教育工作部际联席会议制度的意义，并提出要对其加以完善。这是从国务院层面以综合管理形式对我国高等职业教育进行管理协调的重要举措。

针对职业教育的跨界特性，以及教育部与人社部等部门协调沟通的高成本，各省市及相关下级机构也应该以国务院职业教育工作部际联席会议制度为参考，建立具有省市特色和符合实际的职业教育工作厅(局)际联席会议制度，由涉及职业教育事务的教育、人社、财税、信息化等部门和单位组成，教育部门为牵头单位，用于协调本地区职业教育(职业培训)和高等职业教育的管理关系。值得说明的是，因为职业教育与行业产业的紧密联系，各省市建立体现自身特色和符合实际的职业教育工作厅(局)际联席会议制度，可以考虑若干代表性企业成为联席会议制度的参与单位，以充分发挥其在职业教育政策和相关管理中的咨政建言作用。

二、深化高职院校办学体制改革，促进多元主体参与办学

高职院校诞生于经济社会发展对技术技能型人才的需求，因而应

① 中华人民共和国中央人民政府.国务院关于同意建立国务院职业教育工作部际联席会议制度的批复[EB/OL].(2018-11-20)[2019-06-25].http://www.gov.cn/zhengce/content/2018-11/27/content_5343832.htm.

该走市场化办学之路，这就要求其在办学体制上打破传统的政府一手办教育的模式，以确保高职院校的现代教育治理体系符合职业教育“跨界”本质特征的要求。当前，职业院校的民办校也得到了极大的发展，但公办高校仍然面临政府作为单一办学主体的问题，使得高职院校培养的人才，与市场和经济社会发展存在一定的脱节和滞后性。高职教育办学体制改革，必须将行业、企业作为高职教育的办学主体之一，行业、企业必须参与到高职教育体系之中①。2014 年 6 月，《国务院关于加快发展现代职业教育的决定》明确提出：“探索发展股份制、混合所有制职业院校，允许以资本、知识、技术、管理等要素参与办学并享有相应权利。”这一思路凸显了职业教育的本质和市场化特征，将是未来一段时间我国高职院校发展的重要趋势。混合所有制办学是指高职院校通过不同形式资本之间的相互融合和优势互补，充分实现社会资源的有效共享，是一种具备多元主体的新型办学模式。其具备不同所有制资本的融合和多元投资主体两个基本属性，特别强调校外的投资主体参与办学，共同投入，共同招生，共同培养，共同管理，合作共赢，风险共担，打造多种形式的多元主体融合的新的利益共同体②。

为深化高职院校现代教育治理体系建设，有必要形成多元主体参与高职院校办学的局面，这就要求根据相关文件精神，探索发展股份制、混合所有制职业院校，其模式包括两类：一是“大混合”模式，即国有资本与集体资本、私有资本、外资这三种资本中的一种或者几种在法人层面实现混合，如股份制、混合所有制职业教育集团模式，就符合 2015 年《教育部关于深入推进职业教育集团化办学的意见》提出的“探索集团内部产权制度改革和利益共享机制建设，开展股份制、混合所有制试点”的要求。二是“小

① 张应强.当前我国高等职业教育改革发展的两个问题[J].苏州大学学报(教育科学版)，2014(02)：39－45.

② 牛彦飞，吴洁，潘新民.高职院校混合所有制办学的实践探索与思考[J].教育与职业，2018(3)：44－49.

混合”模式①，即学院内部包括二级学院、专业、研发中心、实训基地等载体在内的二级办学机构层面的混合，或者具体项目的混合。这种模式既可以高职院校为主体，建立高职院校二级学院混合所有制；也可以建立企业二级学院。2015 年 10 月教育部《关于印发高等职业教育创新发展行动计划(2015—2018 年)的通知》提出，“鼓励企业与公办高等职业技术院校合作办学，建立企业二级学院”对这一模式的建设发展给予相应期望。

三、完善职业院校区域机构建设，推进高职院校协同创新

高职院校现代治理体系建设，是现代教育体系的重要内容，现代职业教育体系的内容则有利于高职院校现代教育治理体系的内涵扩展。教育部等六部门联合印发的《现代职业教育体系建设规划(2014—2020年)》明确提出，“创新职业教育区域合作机制”“深化区域内职业教育合作，鼓励各地打破行政区划限制，建立区域职业教育合作平台，协调职业教育发展政策”②。随后《教育部关于进一步推进长江三角洲地区教育改革与合作发展的指导意见》(教发〔2014〕7 号)要求，包括上海市、江苏省、浙江省、安徽省等在内的长三角地区“建立健全区域教育合作发展的体制和机制，在管理体制、办学体制、人才培养模式改革以及区域教育一体化建设等方面率先探索，提升区域教育的整体水平，努力构建具有区域特点、中国特色、世界水平的区域教育体系”③。当前，各地

---

① 王寿斌，刘慧平.混合所有制：高职改革“市场化”探索[J].教育与职业，2015(2)：22-28.

② 中华人民共和国教育部.教育部等六部门关于印发《现代职业教育体系建设规划(2014—2020 年)》的通知[EB/OL].(2014-06-16)[2019-06-27].http://old.moe.gov.cn/publicfiles/business/htmlfiles/moe/moe_630/201406/170737.html.

③ 中华人民共和国.教育部关于进一步推进长江三角洲地区教育改革与合作发展的指导意见[EB/OL].(2014-06-06)[2019-06-27].http://old.moe.gov.cn/publicfiles/business/htmlfiles/moe/moe_630/201406/170722.html.

均探索性地开展了区域职业教育和合作，各种区域职业教育联盟、产教园、一般性质的职业教育集团等区域协同机构，取得了一定的成效。如上海出版印刷高等专科学校发起成立的上海新闻出版职教集团，首批单位有 40 家，其中包括职业院校 7 家、行业协会及科研院所 6 家、企业 27 家；此外，该校还联合长三角地区相关新闻出版职业院校、企业、科研院所组建了长三角新闻出版职教创新联盟。常州五所高职院校和一所本科院校基于“集约办学、资源共享、规模效应、整体优化”的办学思路共同组建常州高职园区。但就高等职业教育的区域特性和开展高水平区域协同创新工作而言，还有一定的差距。当前高职院校区域职业教育协作还较为松散，取得的成效不够明显。

为推进高职院校现代教育治理体系，深化高职院校现代教育体系建设，有必要从三个方面入手：一是进一步完善已有的高职院校区域协同机构。对于已建成的区域职业教育联盟、产教园、职业教育集团，应该强化其体制机制建设，重点提升其服务协同组织成员单位的能力，真正为区域高等职业教育的建设与发展水平做贡献。二是建立区域职业教育实训共享型基地。区域职业教育共享型实训基地建设，有利于提高政产学研合作深度，节约实训成本，而且有利于改善实训基地的条件，完善不同类型师资的配备，促进不同院校学生技能水平的提升。三是建立区域职业教育研究机构。现代职业教育研究机构是现代职业教育实践发展的有力支撑，区域职业教育研究机构，有利于实现不同机构和人员的协同创新，聚焦职业教育前沿理论和实践问题，促进现代职业教育治理的发展和现代职业教育体系建设。当前，有部分地区成立了职业教育研究机构，如浙江省现代职业教育研究中心、吉林省职业教育研究中心和滇西职业教育研究中心，但大部分省份仍未建立具有一定规模的职业教育协同研究机构，且已有的职业教育研究机构，其协同力度偏小，对于区域职业教育建言献策的作用有限。因而一方面需要加大区域职业教育协同研究机构的成立步伐，在全国范围内形成具有各地区区域特色的职业教育研究机构；另一方面应该完善已有职业教育协同研究机构的体制机制，强化其区域协同属性，聚焦区域职业教育发展问题及趋势，开展高水平研究，从而为推动现代职业教育治理体系的完善提供理论指导与实践建议。

附录一
行业企业参与高职院校治理调查问卷

尊敬的行业企业领导及相关人员：

为了更好地培养企业未来发展所需的人才，增强高校服务行业企业的针对性及相关能力，我们开展了一项“行业企业参与高职院校治理的问题及改革对策”的专题研究，旨在为行业企业参与高职院校治理提出有价值的政策建议。请您在百忙之中抽空填写本问卷。本研究收集到的资料仅供论文撰写及相关研究分析之用，您的及时填写将非常有助于相关工作的开展，非常感谢您付出的宝贵时间！

“多元主体参与的高职院校现代教育治理体系研究”课题组

一、个人基本信息（在选项的序号上直接打√）

1. 您参加工作的时间：

① 5 年以下　② 5～15 年　③ 16～25 年　④ 25 年以上

2. 您目前的岗位：

① 企业负责人　② 中层管理人员

③ 技术骨干　④ 其他______

3. 您企业所属的行业类型，请填写______________。

4. 您所在企业的员工规模：

① 50 人以下　② 50～100 人　③ 100～300 人　④ 300～800 人
⑤ 800 人以上

二、问卷调查内容

1. 您最近一年参加高职高专院校各类活动的频率：
① 每月一次　② 每季度一次　③ 半年一次　④ 一年一次
⑤ 不固定参加

2. 您通过如下哪些方式参与高职院校的治理？（可多选）
① 咨询　② 审议　③ 决策　④ 监督
⑤ 其他________　⑥ 没参加

3. 请描述您参与高职院校治理的意愿程度：

参与治理的内容形式	参与的意愿程度				
	非常愿意	比较愿意	一般	不太愿意	不愿意
咨询	○	○	○	○	○
审议	○	○	○	○	○
决策	○	○	○	○	○
监督	○	○	○	○	○
其他________	○	○	○	○	○

4. 您参与了高职院校的哪些治理组织机构？（可多选）
① 校务委员会　② 学术委员会　③ 校企合作理事会
④ 教学指导委员会　⑤ 其他________　⑥ 没参加

5. 请描述您参与高职院校治理组织机构的意愿程度：

参与治理的机构名称	参与的意愿程度				
	非常愿意	比较愿意	一般	不太愿意	不愿意
校务委员会	○	○	○	○	○
学术委员会	○	○	○	○	○

续 表

参与治理的机构名称	参与的意愿程度				
	非常愿意	比较愿意	一般	不太愿意	不愿意
校企合作理事会	○	○	○	○	○
教学指导委员会	○	○	○	○	○
其他________	○	○	○	○	○

6. 您所在企业从哪些方面，以何种方式参与了高职院校的治理？

	咨询	审议	决策	监督	不需参加
学校战略规划	○	○	○	○	○
年度工作计划	○	○	○	○	○
年度财务预决算	○	○	○	○	○
学校基本管理制度	○	○	○	○	○
校园建设规划	○	○	○	○	○
大额资金使用	○	○	○	○	○
重大改革举措	○	○	○	○	○
学科专业设置	○	○	○	○	○
师资队伍建设	○	○	○	○	○
学校人才培养	○	○	○	○	○
学生就业指导	○	○	○	○	○
培养方案制订	○	○	○	○	○
人才培养改革	○	○	○	○	○
教育教学活动	○	○	○	○	○

7. 针对下表内容，您认为企业可从哪些方面参与高职院校的治理？

	咨询	审议	决策	监督	不需参加
学校战略规划	○	○	○	○	○
年度工作计划	○	○	○	○	○
年度财务预决算	○	○	○	○	○
学校基本管理制度	○	○	○	○	○
校园建设规划	○	○	○	○	○
大额资金使用	○	○	○	○	○
重大改革举措	○	○	○	○	○
学科专业设置	○	○	○	○	○
师资队伍建设	○	○	○	○	○
学校人才培养	○	○	○	○	○
学生就业指导	○	○	○	○	○
培养方案制订	○	○	○	○	○
人才培养改革	○	○	○	○	○
教育教学活动	○	○	○	○	○

8. 您认为政府在推动企业参与高职院校治理的过程中存在哪些主要不足？（最多三项）

① 缺乏政策法规保障　　② 缺乏专门项目支持

③ 缺乏专项经费拨款　　④ 缺乏有效监督评估

⑤ 缺少主导合作平台　　⑥ 其他________

9. 在高职院校层面，制约企业参与治理的主要问题有哪些？（最多三项）

① 学校积极性不高　　② 学校服务能力不强

③ 缺乏可操作的落实措施　　④ 信息沟通不畅

⑤ 双方权责不清　　⑥ 缺乏机制保障企业利益

⑦ 缺乏有效合作平台　　⑧ 其他________

10. 在企业层面，制约自身参与高职院校治理的主要问题有哪些？（最多三项）

① 企业积极性不高　　② 缺乏沟通主管部门
③ 企业参与动力不足　　④ 参与治理权力很弱
⑤ 参与治理面较窄　　⑥ 参与治理行动缺乏
⑦ 参与治理能力不足　　⑧ 其他________

11. 您对目前参与高职院校治理情况的整体评价？

参与的内容形式	很好参与	较好参与	一般参与	没有参与
咨询	○	○	○	○
审议	○	○	○	○
决策	○	○	○	○
监督	○	○	○	○
其他_______	○	○	○	○

12. 关于企业参与高职院校治理，您认为还存在着哪些主要问题，有何改革建议？

____
____
____
____
____

问卷调查到此结束！谢谢您的配合！

附录二

高职院校学生参与学校治理调查问卷

亲爱的同学：

本次调查的目的是了解高职高专同学参与学校管理的情况，以便教育行政管理部门和学校能够更好促进学生参与学校各类管理活动，为广大同学提供综合服务。调查信息将绝对保密，请如实填写问卷，在对应选项前的方框内打“√”。非常感谢您的支持和参与！

“多元主体参与的高职院校现代教育治理体系研究”课题组

第一部分　个人基本信息

1. 性别：□男　□女

2. 户籍：□本地城镇　□本地农村　□外地城镇　□外地农村

3. 所在年级：□一年级　□二年级　□三年级

4. 所在专业大类：□印刷包装设备类　□出版传播广告类
□文化管理类　□艺术设计类

第二部分　基本问题调查

说明：如果没有特别说明，以下均为单选题，谢谢配合。

5. 您学习为了什么？（可多选，最多三项）

□获得学历、资格证书　　□多学点文化知识，提升能力

□升职、加薪，或找一份更好的工作　　□结交朋友

□兴趣爱好　□父母要求　□没什么目的　□其他______

6. 过去一年，您参加以下各种学习的情况如何？

(1) 在学校接受学历教育　□有　□没有

(2) 在社会教育培训机构参加技能、证书学习　□有　□没有

(3) 在实习单位参加培训　□有　□没有

7. 您对目前已参与的学习(包括各类学校教学和单位培训等)效果满意吗？

□非常满意　□比较满意　□一般　□不太满意　□不满意

8. 您对学习什么最感兴趣？(可多选，最多三项)

□学历文凭类(如双专业、双学位、提升学历等)

□职业技能类(如技能培训、就业指导、创业服务等)

□语言文字类(如外语、普通话、方言等)

□信息技术类(如计算机、上网、手机的使用等)

□娱乐休闲类(如音乐、舞蹈、棋牌等)

□健康保健类(如心理健康、预防保健、美容保健、瑜伽运动等)

□家庭生活类(如投资理财、垃圾分类、饮食文化等)

□公民素养类(如历史文化、时事政治、法律知识等)

□其他________

9. 您的课余时间主要用在哪些方面？(可多选，最多三项)

□学习学校课程知识　□学习课堂上学不到的知识　□考各类证书

□兼职　□进行体育锻炼　□艺术欣赏与演奏

□参加学生社团活动　□参加社会志愿工作　□交友聚会

□游戏娱乐　□其他________

10. 您参与上述课余活动的主要原因是什么？(可多选，最多三项)

□学校的课程内容不能满足自己的需求　□出于自身兴趣爱好

□为将来就业准备　　□增加社会阅历

□提高自身实践能力　　□其他________

第三部分　制度需求专题调查

11. 对于学校与学习相关的各项制度的修订与完善，您是否愿意参与其中？

□非常愿意　□比较愿意　□一般　□不太愿意　□不愿意

12. 关于学校各项学习相关制度的修订与完善，请描述您实际参与的情况

□很多　□比较多　□一般　□比较少　□很少

13. 请您选出最常参与的制度建设或学校管理活动（可多选，最多三项）

□学校各类行政性委员会　□学生会与学生社团

□课程培养计划修订　□学生考核评价　□教师考核评价

□专项管理（如图书馆、宿舍管理等）　□学生信息员制度

□校领导接待日　□学校管理意见征询　□其他________

14. 在您参与的学校学习制度建设或学校管理活动中，您认为参与的层次属于

□高层次　□较高层次　□较低层次　□低层次

15. 请描述影响您参与学校制度建设与学校管理活动的主要原因（可多选，最多三项）

□学校教师没有相应理念　□与高校传统管理相矛盾

□缺乏参与的平台和途径　□自身缺乏参与的积极性

□缺乏参与的知识和能力　□参与过程缺乏有效指导

□缺乏参与的制度保障　□师生权力的不平等

□参与提升自身成效有限　□其他________

开放性回答：

16. 为了提高自己的终身学习和自主学习能力，您对改革学校的相关管理还有哪些建议？

____

____

____

问卷调查到此结束！谢谢您的配合！

案 例

行业企业深度参与、政企行校多元协同的高职院校现代教育治理体系建设探索[①]

高职院校现代大学制度和现代教育治理体系的建设，是实现我国高等教育现代化的必由路径和重要载体。在职业教育作为与普通教育并行的教育类型，国家实施“中国特色高水平高职学校和专业建设计划”的新时代背景下，探索形成特色鲜明的现代教育治理体系，是我国高等职业教育高水平发展和特色建设的必然要求。上海出版印刷高等专科学校以入选上海市教育委员会首批“现代大学制度建设试点”和“现代大学制度建设特色项目”建设单位为契机，贯彻落实国家和教育部有关现代教育治理的文件精神，深入探索并构建“行业企业深度参与、政企行校多元协同”的现代教育治理体系，形成了“人才共育、过程共管、责任共担、成果共享”的高素质技术技能人才培养新局面。

① 上海出版印刷高等专科学校系上海市教委公布的首批试点建设现代大学制度的七所市属高校之一，是试点高校中的唯一一所高职专科院校。本案例系学校现代大学制度建设试点探索的一项主要成果。

一、确立“部市共建”下的开放式教育治理理念

上海出版印刷高等专科学校创建于1953年，是新中国建立的第一所出版印刷类学校，是中国出版印刷专业教育的摇篮。自建立之初，学校就确立起“立足行业”的办学导向。2000年，学校成为国家新闻出版署与上海市人民政府“部市共建”高校，公办高校特性和行业属性进一步增强。当前，学校的现代教育治理体系建设得到中宣部国家新闻出版署、上海市人民政府和行业企业的大力支持。在国家骨干高职院校建设项目，世界技能大赛“印刷媒体技术项目”，原国家新闻出版广电总局首批新闻出版业科技与标准重点实验室——“柔版印刷绿色制版与标准化实验室”建设，以及学校的教学科研活动中，国家和上海市政府部门、行业协会及相关企业都对学校给予了大力支持。在此背景下，学校探索并实践了“部市共建、校企合作、行业指导、社会参与”的开放式治理理念，为学校现代教育治理体系的建设奠定了坚实基础。

二、搭建“政行企校”多元协同的学校治理架构

一是形成多元协同的校务委员会宏观运行架构。根据《普通高等学校理事会规程(试行)》《上海市教育综合改革方案(2014—2020年)》有关部署及上海市现代大学制度建设试点工作要求，学校积极探索校务委员会建设，出台了校务委员会章程和建设试点方案，明确了校务委员会组成人员名单，包括行业政府主管部门和地方政府部门领导，行业协会、合作企业领导和专家，学校领导、教授和师生等在内20余人，从校级层面确立了学校“政企行校多元协同”的治理架构，有力推动了主办者对学校办学的指导和监督，行业协会和合作企业对学校办学的了解和支持，学校内部不同主体对学校改革建设的知情权和民主监督。

二是建立以校企合作为核心的“三级贯通”运行体系。学校实施了学校、系(专业群)、专业三级贯通的校企深度合作体系,分别为校级的校企合作理事会、系级的校企合作理事分会和专业层面的专业建设工作委员会。校企合作理事会负责校企合作的规划引领、重大决策和综合协调工作,校企合作理事分会负责校企合作的联系交流、资源整合和建设指导工作,专业建设工作委员会负责专业建设的规划发展、合作建设和教学指导。校级层面的校企合作理事会,共有理事 159 人,其中来自政府的人员 7 名,事业单位 9 人,行业协会 21 人,企业 122 人。“三级贯通”的校企合作理事会建设,有力推动学校形成多元主体“合作办学、合作育人、合作就业、合作发展”的紧密型、深度合作体制机制。

三、形成“引行入校”的行业参与治理新型模式

学校是全国新闻出版行业职业教育教学指导委员会副主任和秘书长单位,也是近 20 家行业协会的(常务)理事单位,学校与这些行业协会保持着密切联系。行业协会定期指导学校的教育教学、行业标准研制和行业应用技术研发等工作。学校引入中国印刷技术协会柔性版印刷分会和上海市数字印刷协会两个行业协会(秘书处),便利校行两者间的深度合作。在学校申报国家新闻出版署“柔版印刷绿色制版与标准化实验室”、建设“富林特亚太技术研发中心”、牵头编撰的《2019 中国柔性版印刷发展报告》等事关行业研究与发展的重要工作中,中国印刷技术协会柔性版印刷分会都会密切参与其中。学校也与上海市数字印刷协会合作,主办“2019 数字印刷企业创新变革”年度论坛,推动了学校数字印刷相关专业的建设和科技服务工作。与行业的紧密联系和“引行入校”的运行模式,使得多家行业协会及相关组织有力推动学校发展,为学校的人才培养、实验室建设、科技工作开展创造了优良环境。

四、创新“产教融合”为核心的企业参与治理机制

形成全方位多元化的校企合作模式。学校与企业密切合作，构建了 140 个校企合驻厂工作站、20 个驻地工作站、10 个专家工作站、12 家“校中厂”实训基地以及多个专家工作室和海外工作站，建立了校企紧密合作网络。在各专业实施了“联合培养、共同考核、双向选择”的“学校教育教学＋企业教学实习＋顶岗实践＋就业”的校企全程合作培养模式。学校逐渐形成了“校台联盟”（学校与电视台）、“订单式”、“预备技师”、项目引领的“工作室”、工学交替的“厂中学”等多种人才培养模式。

实施基于世界技能大赛和行业技能大赛的基地人才培养。学校被国家新闻出版署确定为“国家印刷出版人才培养基地”，被国家人力资源和社会保障部确定为第 43、44、45 届世界技能大赛“印刷媒体技术”项目中国集训基地，被上海市人社局确定为上海市高技能人才培养基地以及世界技能大赛上海选手培养基地，被确立为中国印刷业高技能人才教育培训基地。学校先后培养了世界技能大赛“印刷媒体技术”项目银牌、铜牌和优胜奖获得者张淑萍、王东东、张在杰，学校成功助力上海获得第 46 届世界技能大赛举办权，多次荣获“国家技能人才培育突出贡献奖”。学校坚持“以赛促建、以赛促教、以赛促学、以赛促练”的原则，创新构建职业技能竞赛引领的人才培养模式，与香港印刷科技研究中心、上海市印刷行业协会合作等企业和行业协会共建培训基地（中心）。学校以世界技能大赛和上海及全国行业技能大赛标准为引领，推动行业技术技能标准与学校教育教学标准的有效对接。

开展校企合作治理组织机构载体建设。学校建有多元主体协同的实体科研机构“上海出版传媒研究院”，发起成立“上海新闻出版职教集团”，牵头组建“长三角出版传媒职业教育协作联盟”，建立上海市印刷

行业技术服务中心等密切联系行业企业的机构，实现区域行业企业与学校联动发展，推动行业企业对学校现代教育治理的跨空间、跨时间有效参与。

强化校企合作的制度机制建设。在现代大学制度建设过程中，学校以章程建设为核心，不断完善校企合作的各项制度。共新建或修订《上海出版印刷高等专科学校校企合作管理办法》《校企合作理事会例会制度》《校企合作项目登记制度》《校企合作项目评价制度》等校企合作制度、条例60余项，为行业企业参与学校教学、专业建设和人才培养改革提供了体制机制保障。

五、“政企行校多元协同”现代教育治理成效明显

学校“行业企业深度参与，政企行校多元协同”的现代教育治理体系建设成效显著。形成了“1＋13”(1个章程和13本专项管理制度汇编)制度体系建设成果，探索实践了以“党委领导、校长负责、多元参与、校企合作、双师治学、民主管理”为特征的具有高职院校特色的现代大学制度，推动学校各项工作科学规范有效运行。同时，学校实现了人才培养与技能培训对接、专业教师与能工巧匠对接、理论教学与技能培训对接、教学内容与工作任务对接、能力考核与技能鉴定对接、校园文化与企业文化对接的教育教学过程“六对接”。

学校承担全国新闻出版行指委高职专业教学标准修(制)订工作，牵头编撰并在国内首次发布并正式出版《2019中国柔性版印刷发展报告》《2020中国柔性版印刷发展报告》的出版发布，进一步扩大了学校在行业中的影响。学校还联合行业企业共建电子竞技运动与管理专业，学生多次获得美国印刷大奖“班尼”奖，以及被誉为设计界“奥斯卡”的德国红点奖，体现出学校政企行校、多元协同治理取得的明显成效。学校在人才培养改革上得到国内职业教育界的广泛关注，被业内誉为

人才培养的“上海版专”现象。学校与行业企业共建的行业研究中心不断增加，科研工作聚焦行业关键共性技术和产业发展前沿问题能力不断增强，应用型科研及服务社会水平得到行业的高度认可。

学校现代教育治理体系建设成果在《现代大学制度建设：理论与实践探索》（上海大学出版社，2017 年 6 月）、《教育部简报》（2017 年第 55 期）、教育部政法司网站（2020 年 2 月 12 日）中得到有效展示。以《国家产教融合建设试点实施方案》为行动指南，深化产教融合，促进教育链、人才链与产业链、创新链有机衔接，改革学校机构组织形式，建设产业学院已成为学校政企行校多元协同的现代教育治理体系建设发展新方向。